LUZ & SOMBRA

LUZ
&
SOMBRA
CONVERSAS COM JIMMY PAGE

Brad Tolinski

Tradução: Érico Assis

Copyright © 2012 by Brad Tolinski
Copyright da tradução © 2012 by Editora Globo S.A.

Título original: *Light & shade: conversations with Jimmy Page*
Tradução publicada sob acordo com Crown Publishers,
selo de Crown Publishing Group, uma divisão de Random House, Inc.

Todos os direitos reservados. Nenhuma parte desta edição pode ser utilizada
ou reproduzida — em qualquer meio ou forma, seja mecânico ou eletrônico,
fotocópia, gravação etc. — nem apropriada ou estocada em sistema de
banco de dados, sem a expressa autorização da editora.

Texto fixado conforme as regras do
Novo Acordo Ortográfico da Língua Portuguesa
(Decreto Legislativo no 54, de 1995)

Editor responsável: Carla Fortino
Assistente editorial: Sarah Czapski Simoni
Tradução: Érico Assis
Preparação de texto: Márcia Duarte
Revisão de texto: Ana Maria Barbosa
Revisão técnica: Mauricio Cailet
Projeto gráfico: Alexis Cook
Capa: Eric White
Foto da capa: Gijsbert Hanekroot/Redferns
Editoração eletrônica: Eduardo Amaral

Dados Internacionais de Catalogação na Publicação (CIP)
(Câmara Brasileira do Livro, SP, Brasil)

Tolinski, Brad
Luz & sombra : conversas com Jimmy Page / Brad
Tolinski ; tradução Érico Assis. -- São Paulo: Globo, 2012.

Título original: Light & shade : conversations wit Jimmy Page.
Bibliografia.

ISBN 978-85-250-5275-9

1. Led Zeppelin (Grupo musical) 2. Músicos de rock - Inglaterra
Entrevistas 3. Page, Jimmy - Entrevistas I. Título.

12-12630   CDD-782.42166092

Índices para catálogo sistemático:
782.42166092

Direitos de edição em língua portuguesa para o Brasil
adquiridos por Editora Globo S.A.
Av. Jaguaré, 1485 – 05346-002 – São Paulo/SP
www.globolivros.com.br

A Kane e Nico Tolinski

SUMÁRIO

INTRODUÇÃO xi

CAPÍTULO 1 3
"Quase sempre que a gente tocava acontecia uma briga . . . "

CAPÍTULO 2 17
"Eu queria tocar a todo volume. . ."
INTERLÚDIO MUSICAL 28
Uma conversa com Jimmy Page e Jeff Beck

CAPÍTULO 3 37
"Eu aproveitei tudo que podia. . ."
INTERLÚDIO MUSICAL 52
Os Yardbirds segundo Chris Dreja

CAPÍTULO 4 67
"Eu queria todo o controle artístico na minha mão. . ."
INTERLÚDIO MUSICAL 98
Uma conversa com John Paul Jones

CAPÍTULO 5 109
"Que se danem os anos 1960! Vamos desbravar uma nova década. . ."
INTERLÚDIO MUSICAL 129
Uma conversa com Jimmy Page e Jack White

Sumário **vii**

CAPÍTULO 6 139
"Disseram que estávamos cometendo suicídio profissional. . ."

CAPÍTULO 7 157
"As turnês eram puro hedonismo. . ."

CAPÍTULO 8 179
"Essa era a minha vida — a fusão de magia e música. . ."

INTERLÚDIO MUSICAL 208
Uma conversa com Danny Goldberg, relações-públicas do Led Zeppelin

INTERLÚDIO MUSICAL 213
Os dez maiores momentos da guitarra no Led Zeppelin

CAPÍTULO 9 221
"Perdi o chão. . ."

INTERLÚDIO MUSICAL 230
Uma conversa com o vocalista do The Firm, Paul Rodgers

CAPÍTULO 10 243
"Eu ainda tenho muito a contribuir e a dizer na música..."

INTERLÚDIO MUSICAL 254
Um inventário das principais guitarras, amplificadores e efeitos de
Jimmy Page

CAPÍTULO 11 263
"Mais velhos e mais sábios . . ."

INTERLÚDIO MUSICAL 284
Uma conversa com o estilista de moda masculina John Varvatos

GRAND FINALE 289
O mapa astral de Jimmy Page na interpretação da astróloga
Margaret Santangelo

OBRIGADO 295
BIBLIOGRAFIA 297

LUZ & SOMBRA

INTRODUÇÃO

HÁ MAIS DE CINQUENTA ANOS o guitarrista/compositor/ produtor Jimmy Page exerce influência sobre a música contemporânea, tanto de maneira ampla quanto de outras menos perceptíveis. Ainda na adolescência, ele e meia dúzia de outros músicos ajudaram a levar o blues norte-americano às Ilhas Britânicas, a centelha de uma revolução que preparou o terreno para artistas como Rolling Stones, Jimi Hendrix e Cream. Seu virtuosismo na guitarra, atingido em infinitas sessões de estúdio nos anos 1960 ao lado artistas tão díspares quanto Nico, Joe Cocker, Donovan e Them, ajudou a criar a trilha sonora da explosão de juventude que foi a Swinging London. E, décadas depois, seu trabalho inovador como guitarrista, compositor e produtor do Led Zeppelin dominou os anos 1970 e continua a ressoar.

Hoje, Page continua sendo uma força dinâmica cuja criatividade não para de surpreender. Sua recente "autobiografia fotográfica", *Jimmy Page by Jimmy Page*, é tanto um belo projeto quanto uma maneira original de rever sua vida e carreira, ao mesmo tempo que seu website jimmypage.com, com imagens bem escolhidas e conteúdo realmente informativo, deve satisfazer a legião de fãs que ele tem pelo mundo.

xii *Introdução*

Considerando suas tamanhas realizações e seu rico histórico, é de presumir que existam diversos livros sobre ele. Contudo, o mundo de Jimmy Page permanece, em grande parte, inexplorado.

Parece ser mais um mistério envolvendo o Led Zeppelin, mas na verdade é um dos que tem solução mais simples. O que está em jogo é a reserva de Page; ele é, afinal, o homem que decidiu vestir-se de eremita no álbum ao vivo *The song remains the same*, de 1976. Mais significativo, porém, é o fato de Page manter uma relação desconfortável, às vezes antagônica, com jornalistas e críticos musicais — justamente as pessoas que costumam escrever biografias do rock 'n' roll.

Por que tanta hostilidade? Por mais absurdo que possa parecer, quando o Led Zeppelin estava começando a emergir, no início dos anos 1970, a imprensa roqueira não tinha, para dizer o mínimo, o mesmo entusiasmo pela banda e pelas músicas que hoje são adoradas por muitos.

A revista *Rolling Stone* foi particularmente feroz. Em 1968, o crítico John Mendelsohn escreveu uma vivissecção de 389 palavras na qual afirmava que o primeiro álbum do Led Zeppelin trazia "pouco que seu irmão gêmeo, o Jeff Beck Group, já não tenha dito ou dito melhor três meses atrás". Meses depois, a *Rolling Stone* escolheu o mesmo Mendelsohn para resenhar *Zeppelin II*, o qual tratou com desdém: "uma canção particularmente pesada que se estende pelos dois lados do disco".

E não era só a *Stone* que cometia exageros com o Led Zeppelin. Em dezembro de 1970, a lendária revista *Creem*, de Detroit, publicou a famosa "antirresenha" de *Led Zeppelin III*, em que o crítico Alexander Icenine simulou inanidades de chapado para expressar desprezo total pelo álbum:

> Mas o que é um Led Zeppily? De vez em quando faço a mim mesmo esta perguntinha quando deito a cabeça no travesseiro. Ou, então, como que um Red Zipper não é um Load Zoppinsky? Muitas vezes não acho explicação, e aí eles se recusam a dar uma palavrinha.

E como Jimmy Page reagiu a essas e outras "sóbrias" avaliações de seu trabalho? Deu as costas para toda a comunidade que escreve sobre rock.

Quanto maior ficou a banda, melhores ficaram as resenhas. Aí a atitude fria de Page frente à imprensa começou a arrefecer. Mas o estrago já estava feito. O veterano jornalista Jaan Uhelszki relembra uma conversa com Page durante a turnê do Led em 1977 que é tão engraçada quanto reveladora.

"Eu estava na estrada com a banda fazia mais de uma semana e não conseguia convencer o Jimmy a dar entrevista", disse Uhelszki. "Enfim, no último dia da turnê, ele topou gravar desde que sua assessora estivesse junto. Só descobri na hora da entrevista que, por decisão de Jimmy, eu devia fazer a pergunta primeiro à assessora, para que ela repassasse a ele — embora todos falássemos a mesma língua e eu estivesse a menos de dois metros dele. E foi assim durante quase uma hora."

Mas talvez Page tivesse motivo para não baixar a guarda. A maioria dos jornalistas só queria saber das histórias de que ele era viciado, que fazia bizarrices sexuais com as *groupies* e se realmente havia feito um pacto com Satã. Poucos jornalistas tratavam a ele ou a sua banda com o mesmo respeito que tinham por colegas como John Lennon, Keith Richards e Pete Townshend. No fim das contas, tudo isso foi irrelevante. Jimmy transformou sua obsessão pela privacidade na essência de seu carisma. Virou o maior enigma do rock.

É aí que eu entro.

MINHA PRIMEIRA conversa com Page aconteceu na primavera de 1993. Sendo editor-chefe da revista *Guitar World*, eu mesmo me atribuí a tarefa de entrevistar Page para uma matéria sobre sua parceria, na época recente e controversa, com David Coverdale, do Whitesnake. Mas meu verdadeiro interesse era bem mais pessoal. Eu, um filho dos anos 1970, cresci com o Page dos Yardbirds e do Led. Sempre admirei suas inovações como guitarrista, compositor e arranjador. Como produtor, acredito que ele está lá no alto junto aos grandes inovadores, como Phil Spector e George Martin.

Como jornalista, sempre me questionei por que ninguém perguntava a ele sobre *aquilo*, e imagino que Jimmy se perguntasse o mesmo. Era sobre isso que eu queria ler e escrever.

xiv *Introdução*

É claro que eu estava plenamente ciente da reputação arisca de Page com os jornalistas, então me preparei para uma situação difícil. Não vou dizer que a gente se acertou como dois *bustles in a hedgerow*, mas posso dizer que ele gostou do fato de podermos conversar sobre sua música de maneira relativamente sofisticada e bem instruída em relação à parte técnica. Tendo acumulado algumas horas da nossa primeira entrevista, tivemos um pequeno percalço quando ele começou a fingir cansaço, de brincadeira, por conta da natureza quase forense, talvez um pouco exagerada, das minhas perguntas. Intrépido, segui em frente, e, por milagre, ele continuou lá mais uma hora sem nenhum sinal da atitude de lenda do rock. Dava para ver que ele estava feliz de entrar numa discussão séria sobre sua música — não só sobre o Led Zeppelin, mas também sobre sua parceria com Coverdale, que o ocupava havia mais de um ano.

E isso me leva ao propósito de *Luz & sombra: conversas com Jimmy Page.* Este livro é, em grande medida, uma extensão natural daquele primeiro encontro. Acredito que Page é um dos músicos mais importantes e mais menosprezados do último século. Eu o tenho sem reservas lá no topo, ao lado de artistas revolucionários como Muddy Waters, Miles Davis e Chuck Berry, visionários que fizeram a ponte entre o sucesso artístico e comercial. Sua música sobreviveu à prova do tempo e continua a intrigar gerações de fãs, mesmo os que nasceram anos após o Led Zeppelin pendurar as chuteiras. Suas palavras, ideias e narrativa são de relevância histórica.

Tomei como objetivo fazer esse homem, famoso por sua privacidade, falar nos mínimos detalhes sobre sua longa carreira, repleta de histórias, o máximo de vezes que pudesse. Acabei conseguindo convencê-lo com frequência. Graças a meu cargo na *Guitar World*, tive várias oportunidades de bater papo com Jimmy nas últimas duas décadas. Embora não possa dizer que sejamos amigos, temos uma relação amigável e conseguimos fazer essa ponte com base no profissionalismo mútuo, que gerou respeito.

Quando digo "profissionalismo mútuo", quero dizer que ele sempre foi acessível, educado e respeitoso comigo — contanto que eu seguisse algumas regras básicas e tácitas. Ele queria que eu fosse assíduo no meu dever de casa, que tivesse todos os fatos à mão e garantisse que, dentro do possível, nossa conversa ficasse centrada na música. Desde que eu mantivesse minha parte do acordo (tácito, repito), ele era absolutamente agradável e respondia as perguntas da maneira mais sincera que podia.

Sabe uma coisa de que ele não gostava? De perguntas subjetivas, que pudessem levá-lo a especular opiniões de outros sobre a sua música e qualquer coisa relacionada a falar mal de outro artista. Qualquer pergunta assim podia fazer um papo perfeito se encerrar de forma abrupta e só ser retomado muito depois. Como jornalista, vez por outra achei essas restrições um pouco limitantes, mas nunca chegaram a ser um problema sério, pois sempre havia terreno fértil a percorrer.

Já que estamos falando de assuntos proibidos, vale a pena discutir rapidamente o interesse de Page pelo ocultismo (que é uma das primeiras coisas que as pessoas me perguntam ao saber que passei um tempo com ele). Ao contrário da opinião popular, ele nunca escondeu o fascínio que tem pela magia e pela metafísica, em particular sua manifestação na música. Mas, no fim das contas, ele achou que havia pouquíssimo valor em discutir tais assuntos em profundidade, pois seus comentários seriam vistos de forma sensacionalista, mal interpretados ou tirados de contexto. Ele acreditava que poderiam banalizar ideias que para ele são importantes e fazê-lo parecer um excêntrico. Acho justo.

Contudo, ficou esclarecido que seus estudos são componente importante de sua arte, então fiz questão de preencher algumas lacunas relativas a seus interesses sempre que achasse relevante. Se isso abrir a porta para aqueles que buscam informações mais aprofundadas sobre magia cerimonial, metafísica e astrologia, tanto melhor.

DEIXANDO O ABRACADABRA de lado, *Luz & sombra: conversas com Jimmy Page* tem um intuito muito específico. Não é uma biografia reveladora no sentido tradicional, mas um olhar esclarecedor (espero) e definitivo sobre a vida musical de um gênio do rock 'n' roll contado em suas próprias palavras. No documentário *A todo volume*, Jimmy fala brevemente o que a expressão "luz e sombra" significa para ele: "A dinâmica... do sussurro ao trovão; o som que atrai, que intoxica. O que mais me fascina na guitarra é que ninguém toca do mesmo jeito. Cada um tem o seu modo, e a personalidade sempre transparece". Considere este livro uma expansão dessas ideias básicas e uma rara oportunidade de ouvir um mestre explicar sua música.

Você vai notar que outras vozes que não a de Page aparecem neste livro, mesmo que de maneira esparsa. Algumas foram incluídas para acrescentar valorosas perspectivas externas quanto a certos argumentos históricos ou musicais que Page faz. Também utilizei essas vozes para acrescentar detalhes interessantes à narrativa de Page. Por exemplo, a discussão que John Varvatos propõe sobre Page e seu impacto na moda foi acrescentada simplesmente porque senti que ele era uma pessoa particularmente qualificada para tratar de um tópico que acredito ser elemento importante do legado de Page.

Cada uma dessas inserções tem a intenção de acrescentar o que Jimmy chamaria de "luz e sombra" ao retrato de um homem muito complexo.

Brad Tolinski
22 de dezembro de 2011

[CAPÍTULO]

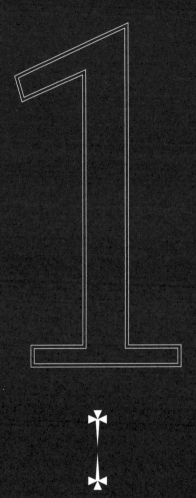

JIMMY PAGE DESCOBRE A GUITARRA, TORNA-SE
LENDA NA SUA CIDADE, FAZ ESCOLA DE ARTES E COLABORA
PARA A EXPLOSÃO DO BLUES NA GRÃ-BRETANHA.

Page com sua primeira guitarra, 1958 (© *Tony Busson*)

"QUASE SEMPRE QUE A GENTE TOCAVA ACONTECIA UMA BRIGA . . ."

É UMA HISTÓRIA MUITO, muito antiga, o coração pulsante de mitos tão diversos quanto ancestrais. Um jovem de origem simples encontra o misterioso talismã e ao dominá-lo muda os rumos de sua vida. O garoto embarca numa extensa jornada, na qual são testadas suas habilidades, sua força e sua resistência para determinar seu valor. Ele enfim desvenda o fantástico poder do talismã, obtendo para si a grande glória e promovendo, até mesmo, o reordenamento do cosmos. Assim foi com Jimmy Page, fundador do Led Zeppelin e uma das grandes lendas da guitarra.

James Patrick Page nasceu em 9 de janeiro de 1944, um domingo, no bairro londrino de Hounslow. Filho de James e Patricia, sua família permaneceu naquelas redondezas por quase uma década, até que o vizinho barulhento, o Aeroporto Heathrow, convenceu-os a se mudar para o calmo subúrbio de Epsom, em Surrey. Como comentou Page, seco: "Quando os jatos chegaram, a família partiu". É aqui que a história realmente tem início.

"A coisa mais estranha da mudança para Epsom foi que havia um violão na casa nova", contou Page ao jornalista britânico Charles Shaar Murray em 2004. "Não sei se o pessoal anterior havia esquecido, ou se [era de] um amigo da família — ninguém sabia como havia chegado lá."

6 LUZ & SOMBRA

Seria exagero sugerir que a descoberta de Jimmy, o misterioso violão deixado para trás, tenha sido obra da divina providência. Contudo, é indiscutível que um homem que milhões viriam a chamar de "Rei" levou Page a perceber que seu destino estava vinculado a dominar o violão que lhe surgira de presente. Jimmy já declarou que a gravação de Elvis Presley de "Baby let's play house", com os cortantes *licks* rockabilly encharcados de reverb do guitarrista Scotty Moore, foi uma das faixas que determinou que ele levaria a música a sério. "Ouvi o disco e quis fazer parte daquilo", explica ele. "Sabia que estava acontecendo alguma coisa."

Aos treze anos, Page aprendeu a afinar o violão com amigos do colégio e a dedilhar acordes rudimentares com músicos da região. Fora isso, foi autodidata. Aprendeu a tocar de ouvido as músicas de Lonnie Donegan, sensação britânica do *skiffle*, assim como as dos primeiros roqueiros dos Estados Unidos, como Presley, Eddie Cochran e Gene Vincent.

Impressionado com a dedicação, o pai de Jimmy comprou-lhe um violão *sunburst* Höfner President com abertura em *f*, que lembrava as grandes Gibsons que seus heróis Moore e Chuck Berry tocavam. Em pouco mais de um ano, Page já estava bom a ponto de tocar duas canções no programa da BBC *All Your Own*, um show de talentos adolescentes apresentado por Huw Wheldon. Os vídeos da apresentação de 1958 mostram o precoce Page em sua guitarra com entusiasmo e confiança, tocando a divertida "Mama don't allow no skiffle around here" e "Cotton fields", do Leadbelly.

Pouco depois, Page comprou sua primeira guitarra maciça, uma Futurama Resonet Grazioso 1958, de três captadores, que lembrava a lustrosa Fender Stratocaster, a preferida de estrelas do rock como Buddy Holly. Ele continuou a crescer em seu ofício tocando em várias bandas de Epsom, e em 1960 chamou a atenção do empresário musical Chris Tidmarsh, que veio recrutá-lo para uma banda de roqueiros chamada Red E. Lewis and the Red Caps, cujo nome era um tributo aos heróis de Jimmy, Gene Vincent and the Blue Caps.

Page recorda que aqueles primeiros shows eram divertidos, mas sempre uma arruaça. "Eu ainda estava no colégio, então só tocávamos no fim de semana", disse ele. "Mas foi uma experiência que me abriu os olhos. Quase

"*Quase sempre que a gente tocava acontecia uma briga . . .*" **7**

sempre que a gente tocava acontecia uma briga. Não era como as brigas de hoje, que as pessoas levam tiro, facada, morrem. Era mais um esporte de contato. Perdia o primeiro cara que caísse no chão, e era isso. Mas eu tive que aprender a baixar a cabeça e lidar com todo tipo de situação."

Meses depois de Jimmy juntar-se aos Red Caps, Tidmarsh, que mudou de nome para Neil Christian, demitiu Red E. Lewis e fez-se vocalista da banda. Rebatizou o conjunto como Neil Christian and the Crusaders e pegou a estrada a todo vapor, tocando no circuito inglês de clubes de ponta a ponta.

Grande parte da popularidade do grupo devia-se ao garoto prodígio Page, que conseguia duplicar os sons famosos da época com sua recém-comprada Chet Atkins Country Gentleman laranja, da Gretsch. Do rock potente ao R&B de Chuck Berry e Little Richard até instrumentais mais lentas como a "Sleep walk" de Santo & Johnny, incluindo aí o que estivesse no top 20, Jimmy sabia tocar de tudo e o fazia com talento.

Embora as apresentações sempre fossem legais, as condições de subsistência, o ritmo das performances e os itinerários pesados de viagem eram um castigo tanto emocional quanto físico. Nos dois anos que se seguiram, a Neil Christian and the Crusaders viveu dentro da van e nos clubes onde eram atração principal, dormindo no chão, sobre os instrumentos.

Uma noite, no verão de 1962, Page desabou logo após o show. Foi diagnosticado com um tipo de mononucleose e pouco depois entregou sua carta de demissão.

A INTRODUÇÃO DE JIMMY ao mundo do entretenimento tinha sido bagunçada, mas não havia dúvida de que, ao chegar aos dezoito anos, ele já era um guitarrista refinado, mais maduro do que sua idade atestava. Sua reputação crescera a tal ponto que, mesmo quando ainda estava nos Crusaders, ele foi convidado a tocar na gravação de 1962 com dois dos músicos mais respeitados do rock inglês: o baixista Jet Harris e o baterista Tony Meehan, que tocavam com uma das maiores bandas do Reino Unido, The Shadows. A canção que gravaram foi "Diamond", instrumental composta por Jerry Lordan que chegou ao número 1 nas paradas britânicas no início de 1963. Também foi nesse

8 LUZ & SOMBRA

período que o virtuose britânico da harmônica de blues, Cyril Davies, falou com Page para fazer parte de sua influente R&B All-Star Band. Mas após sua experiência com os Crusaders, Jimmy estava em dúvida quanto a virar músico itinerante.

Enquanto se recuperava da doença, Page começou a pensar sobre seu futuro. Adorava tocar guitarra, mas o período na banda de Neil Christian o fez reconsiderar a carreira de músico. Ele vinha fazendo muitas pinturas e desenhos nos períodos de ócio e decidiu se inscrever em um curso preparatório no Sutton Art College, em Surrey. No ano e meio seguinte, Jimmy aplicadamente se dedicou à sua formação e, talvez tão aplicadamente quanto, continuou a tocar guitarra.

Page começou a passar suas noites assombrando a pequena mas crescente cena dos clubes de Londres, tocando em lugares como o Marquee Club e o Crawdaddy Club em Richmond. A explosão do blues britânico estava em estágio embrionário, mas ele já era bem versado na música sulista dos Estados Unidos. Seu interesse fora provocado anos antes pelo seu adorado rockabilly, porém os entusiastas do R&B e colecionadores de discos locais atiçaram as chamas.

Assim como havia devorado os *licks* dos guitarristas de Gene Vincent, Cliff Gallup, e de Ricky Nelson, James Burton, Page consumia com voracidade os estilos solo e rítmicos de blueseiros como Hubert Sumlin, Elmore James e Matt "Guitar" Murphy, guitarrista de Memphis Slim. Durante seu período nos Crusaders, Jimmy tentou incorporar sua nova paixão ao repertório da banda, mas sua música não fechava bem com as massas dos salões de baile, principal público do conjunto.

Contudo, os tempos estavam mudando. Um ou dois anos depois, fãs britânicos começaram a ter mais interesse por sons da América negra. No Norte da Inglaterra, os Beatles estavam fazendo grande sucesso tocando o catálogo R&B da Motown de tendências *dance*. Mas no Sul um grupo de músicos pequeno e dedicado começou a estudar e executar o blues elétrico cru que era lançado pela Chess Records e por outros selos de Chicago. Em 1962, o harpista Cyril Davies e o guitarrista Alexis Korner abriram uma nova residência às quintas-feiras no Marquee Club com sua banda, a Blues

"Quase sempre que a gente tocava acontecia uma briga . . ." **9**

Incorporated. Os shows eram ponto de encontro de moderninhos e músicos que curtiam o som de Muddy Waters, Howlin' Wolf e outros grandes do blues de Chicago. Jimmy logo foi convidado a liderar uma banda que se apresentava no Marquee durante os intervalos de cada atração principal.

Nesse período, Page percebeu quanto ainda era apaixonado pela guitarra. Enquanto meditava sobre seu futuro, o destino interveio e ele foi convidado para participar de várias gravações. Logo estava pensando que a carreira de guitarrista de estúdio seria uma ótima forma de ganhar a vida sem ter que sair em turnê.

CONVERSA

P:

VOCÊ COMEÇOU A TOCAR GUITARRA
QUANDO ELA AINDA ERA UM INSTRUMENTO
RELATIVAMENTE EXÓTICO, INCOMUM.
QUAL FOI SUA INSPIRAÇÃO PARA COMEÇAR?

JIMMY PAGE Como muitos jovens do meu tempo, eu adorava o rockabilly de Elvis e Gene Vincent, movido a guitarras. Hoje aquilo me deixa surpreso: as guitarras eram muito abrandadas, mas me interessava muito por elas porque pareciam altas, no volume mais alto. Eu só ouvia a minha música e, na minha mente, pelo cone do alto-falante, eu entrava num mundo só meu. Fingia estar no estúdio com esses artistas e engenheiros, e a gente estudava o eco e como a música era criada. Podia ser só ilusão, mas eu achava que sabia distinguir o som gravado em sessões diferentes e o que estava sendo usado. Tinha alguns ecos e reverbs que eram esmagadores. Agora ouço esses mesmos discos e todos esses efeitos ficam lá no fundo. Mas isso só mostra o quanto estudávamos esses discos, a sede que a gente tinha. Todos nós — Eric Clapton, Jeff Beck, nossos contemporâneos — passamos pelo mesmo processo. Aqueles primeiros discos de rock e blues nos pegaram de jeito.

Quando o blues entrou em cena?
PAGE Não demorei muito para notar que as minhas músicas preferidas de Elvis, como "Hound dog" e "Milk cow blues", haviam sido escritas e gravadas originalmente por blueseiros. Começamos a descobrir gente como Arthur Crudup, que escreveu o hit de Presley "That's all right". Assim, de pedacinho em pedacinho, você começa a entender todo o cenário musical. Você descobre que a música é um mapa que precisa desdobrar.

Comecei a procurar essas fontes da música de Elvis com a ajuda de um amigo que colecionava discos. Ele tinha uma pilha sensacional de álbuns de blues e, generoso, me deixava ouvir todos. Ainda não se tocava blues nas rádios nem nos clubes, ainda era uma coisa underground; era raro encontrar discos.

Não é difícil entender minha tendência para o rock e o blues. Eu era guitarrista, e essas variedades de música são muito centradas na guitarra. Se você fosse guitarrista na época, teria um apetite voraz por Chuck Berry e pelo blues que vinha de Chicago.

O fato de o blues tratar de sexo e do diabo também devia atrair um cara jovem.
PAGE Quando ouvi essas músicas pela primeira vez, elas literalmente me deram um calafrio na espinha. Ainda dão.

Por sorte, havia outras pessoas que amavam o rock, o blues e o R&B, e elas também começaram a colecionar álbuns obscuros. Em pouco tempo, formamos uma rede de gente que trocava músicas. Emprestavam o disco só para você poder treinar um solo. Ninguém tinha dinheiro para comprar todos os álbuns, que eram raros e importados, mas funcionava. Foi um período muito, muito importante.

Além dos colecionadores, quem foram os outros heróis que levaram o blues e o rock à Inglaterra?
PAGE Bem, pode-se mencionar Alexis Korner e Cyril Davies, que tinham uma banda chamada Blues Incorporated. Alexis tocava violão e Cyril era fantástico na harpa elétrica, e no início dos anos 1960 eles armavam umas jams de blues nas noites de quinta no Marquee Club. Não havia nada assim em Londres naquela época. Os Rolling Stones tocaram lá antes de serem famosos, Clapton devia estar na plateia, e eu sempre participava das jam sessions entre as atrações principais.

Alexis também foi o primeiro a trazer os blueseiros Muddy Waters e Sonny Boy Williamson para a Inglaterra, uma coisa incrível.

O Marquee era grande?
PAGE Acho que cabiam umas duzentas pessoas lá. Na época parecia bem grande, isso eu garanto! [risos] Para mim era uma grande oportunidade. Lembro de uma noite em que Matthew Murphy veio tocar no Marquee. O lugar estava atulhado, porque todo mundo amava ver ele tocando. Estávamos todos pirados, prontos para ver ele tocar um rock, aí ele olhou pra gente e disse: "Não, cara, só quero tocar um jazzinho". Ninguém esperava aquilo. Foi muito engraçado.

Que tipo de música você tocava na época?
PAGE Eu estava tentando tocar como Matt Murphy! [risos] Acho que também estava tocando um pouco de Freddy King.

"Quase sempre que a gente tocava acontecia uma briga . . ." **13**

O lançamento de *King of the Delta blues singers*, de Robert Johnson, foi significativo no Reino Unido de 1961?
PAGE Significativo foi, porém levou um tempo para ele cair no boca a boca. Mas, acredite, existia boca a boca. Foi assim que ficamos sabendo de Freddy e Albert King, Robert Johnson e vários outros blueseiros country.

O que você achava dos blueseiros brancos, contemporâneos seus? Você gostava dos Stones, dos Animals e do início dos Yardbirds, ou achava que eram uns metidinhos tentando tocar música dos negros?
PAGE Não havia nada de esnobismo; cada um estava tentando fazer o seu blues. Eu tinha ouvido falar dos Stones com o engenheiro de gravação Glyn Johns. Eu trabalhava como músico de estúdio na época, e ele era louco por eles. Enfim consegui assistir a um show deles e fiquei bem impressionado. Eles tinham pegado com tudo a batida do Muddy Waters. Brian Jones em especial tocava de maneira muito autêntica.

Um dos marcos na evolução do blues britânico foi Sonny Boy Williamson tocando e gravando com Eric Clapton e os Yardbirds. Clapton, que estava na banda na época, disse que aquilo foi um verdadeiro aprendizado, mas que acabou não dando muito certo. O que você achou da colaboração deles?
PAGE Quando ouvi falar disso, achei empolgante. Quer dizer, ninguém esperava que os Yardbirds parecessem uma das bandas da Chess, mas acho que fizeram um trabalho muito confiável. Eles tinham o jeito deles de fazer blues, e não tem nada de errado nisso. Tinha muita coisa acontecendo na época, cada um queria dar um passo a mais na música.

Então você viu o movimento britânico apenas como mais um passo na evolução do blues.
PAGE Mais ou menos isso.

É justo dizer que o Led Zeppelin usou o blues como suporte para criar algo moderno, quase futurista?
PAGE Claro. Bom, nós tínhamos uma seção rítmica que era mágica, não

era? Qualquer coisa que a gente tocasse chegava a outra dimensão. Foi o que fez a gente se soltar, eu e o Robert Plant. Mas não éramos os únicos — tem o Cream e o Jimi Hendrix, que estavam explorando territórios parecidos. Hendrix levou o blues ao espaço sideral, não acha?

Parece que havia dois lados quando vocês começaram a aparecer. Havia os puristas, que tentavam capturar todo o som e espírito do blues de Chicago, e havia aqueles mais interessados em testar os limites. Eu diria que você e Jeff Beck pertenciam ao segundo grupo. Vocês não eram chamados de hereges?

PAGE Jeff e eu tínhamos uma visão mais ampla da música, mas nunca entendi isso como uma batalha contra os blueseiros tradicionais. Eu admirava o que faziam os puristas tipo Clapton, e havia vários outros igualmente brilhantes. Pessoalmente, não acho que você vá encontrar melhor exemplo do blues britânico do que o Fleetwood Mac original, com Jeremy Spencer e Peter Green.

Quando ganhou proeminência ao entrar nos Yardbirds, você já tinha uma carreira musical pregressa bem interessante. Havia tocado com Neil Christian and the Crusaders e acabou se tornando músico de estúdio e produtor musical dos mais requisitados. Pode nos dar uma ideia da sua vida como guitarrista bem no início dos anos 1960?

PAGE Eu ainda era adolescente quando toquei com Neil. Tocávamos um pouco de tudo: Chuck Berry, alguma coisa de Chet Atkins e muito pop da época. Isso aí foi a época da Gretsch laranja.

Ganhamos boa reputação, mas o negócio das turnês ainda era rudimentar, e eu achava tudo muito complicado. Lembro uma vez, por exemplo, que estávamos indo para Liverpool, a van quebrou e tivemos que pedir carona. Quando chegamos, estávamos tão atrasados que pudemos tocar apenas 45 minutos. E, como só tínhamos as guitarras, fomos forçados a tocar com amplificadores dos outros, e ficou horrível. Não tínhamos dinheiro, então acabamos dormindo numa salinha do clube, no meio das cadeiras e da bosta do armário de primeiros socorros, e fazia muito frio.

Enfim, por conta das viagens e das condições adversas, eu estava sempre com mononucleose. Passou um tempo e eu comecei a achar isso um saco.

"Quase sempre que a gente tocava acontecia uma briga . . ." **15**

Decidi juntar meus trapos e voltar à escola de artes, que eu gostava muito. Mas eu só tinha dezoito anos e ainda não sabia ao certo o que ia fazer da vida.

Como você voltou à música?
PAGE Eu nunca a deixei. Eu fazia, por exemplo, jam sessions nas noites de domingo, na casa dos meus pais, com Jeff e outros músicos. Aí, em meados de 1962, Alexis Korner e Cyril Davies começaram a organizar as jams de blues no Marquee Club [*de Londres*] nas noites de quinta. Faziam muito sucesso. Aliás, dá para traçar todo o princípio da explosão do blues britânico a partir dessas jams. Todos os músicos se encontravam lá, pois era a única opção na cidade. Comecei a subir no palco regularmente, e foi lá que conheci Clapton e os integrantes dos Stones. Foi antes de qualquer um de nós ter alguma fama.
Naquele período percebi que ainda tinha paixão por tocar. Quando os shows no Marquee começaram a ganhar fama, passei a ser chamado para sessões de estúdio.

[CAPÍTULO]

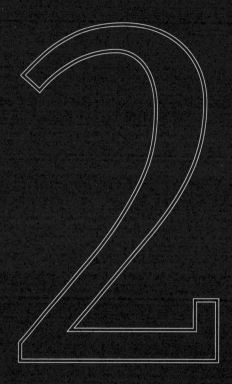

Jimmy torna-se um dos guitarristas
de estúdio mais requisitados do Reino Unido
e resolve largar tudo para entrar
nos Yardbirds.

Page com Carter-Lewis e os Southerners, 1963 (© *Getty Images*)

"EU QUERIA TOCAR A TODO VOLUME..."

A CARREIRA DE PAGE como guitarrista de estúdio começou no início de 1963, mas só ganhou impulso no final daquele ano, quando ele foi convidado a tocar numa sessão com John Carter e seu grupo de estúdio chamado Carter-Lewis and the Southerners. "Your momma's out of town", de Carter, com a guitarra de Jimmy, teve um sucesso moderado, mas suficiente para ser considerada a "melhor opção das paradas".

O lendário produtor Shel Talmy ficou particularmente impressionado com o domínio que o jovem guitarrista tinha de rock e blues e pediu a Page para colaborar com o álbum de estreia dos Kinks, em 1964, assim como no primeiro e marcante single do The Who, "I can't explain". Mas era só a ponta do iceberg. Pode-se ouvir Jimmy em centenas de faixas daquela época, incluindo o hit devastador de Tom Jones "It's not unusual", a dramática "Goldfinger" de Shirley Bassey e o clássico rock-blues de garage "Baby please don't go", da Them. Era tão requisitado que se estima que sua guitarra seja ouvida em 60% dos discos lançados na Grã-Bretanha no início dos anos 1960.

Nesse período, Jimmy apoiava-se principalmente na Les Paul Custom preta que comprou quando estava na banda de Neil Christian. Com seus

20 LUZ & SOMBRA

três captadores humbucker, apelidada de *Fretless Wonder* ["maravilha sem traste"], ela lhe garantia amplitude tonal, o que tornava o instrumento perfeito para praticamente tudo que ele era chamado a tocar. Em trabalhos de orientação mais acústica, ele tocava uma guitarra *archtop* Cromwell de 1937. Seu amplificador preferido na época era um Burns, embora em 2009 ele tenha se recordado de usar vez por outra um Fender.

Os efeitos eletrônicos haviam acabado de chegar ao mercado, mas Page, agora que era alguém no epicentro da cena musical londrina, muitas vezes era dos primeiros a saber das últimas inovações tecnológicas. Por exemplo, quando um inventor desconhecido chamado Roger Mayer criou um dos primeiros pedais utilizáveis de fuzz, Page reconheceu as possibilidades que aquilo oferecia e começou a utilizá-lo imediatamente.

"O primeiro fuzz box que eu fiz, em 1964, foi o que Jimmy usou em discos de P. J. Proby", contou Mayer ao jornalista Mick Taylor. "Na época ele fazia duas ou três sessões por dia e, assim, um bom número de discos de sucesso tinha meus fuzzes." Mayer acabou criando toda uma coleção de pedais revolucionários para gente como Jeff Beck, Dick Taylor da The Pretty Things e Jimi Hendrix, que usou uma das unidades de distorção de Mayer em "Purple haze".

Após dois anos labutando nas trincheiras dos estúdios, Jimmy estava a toda. Num período incrivelmente curto, ganhara proficiência numa grande amplitude de estilos, em múltiplos gêneros, e sabia dar solos e ritmos dinâmicos sob pressão. O jovem músico também ficava atento e aprendeu a produzir sessões observando os melhores produtores na ativa, na Inglaterra. Logo começou a construir suas teorias sobre gravação, mixagem e engenharia e sobre como os discos de rock eram feitos.

Mas a formação musical de Page não parou por aí. Mesmo fora do estúdio, ele estava a par das tendências musicais novas e exóticas. Foi um dos primeiros músicos da Inglaterra a comprar uma cítara — anos antes de George Harrison, dos Beatles — e aprendeu a afinar o instrumento com o lendário Ravi Shankar. Também acompanhava de perto a cena florescente do folk tradicional que impregnava os cafés de Londres. Virtuoses acústicos como Davey Graham, John Renbourn e especialmente Bert Jansch tiveram

"Eu queria tocar a todo volume. . ." **21**

efeito profundo sobre Page, apresentando-o a afinações alternativas e técnicas de dedilhado que ele tornou suas em futuros clássicos do Led como "Black mountain side" e "Bron-Yr-Aur".

Tudo o que Page aprendeu na época lhe serviria muito bem à frente, mas nesse meio-tempo ele descobriu que o agito da vida em estúdio estava começando a perder a graça. No decorrer dos anos 1960, as bandas foram ficando mais versadas nos instrumentos. Assim, Page começou a tocar menos em gravações legais de rock e mais em comerciais e jingles. Para cada hora empolgante no estúdio — como quando ele ajudou Brian Jones, dos Rolling Stones, na trilha sonora de *Mord und Totschlag* (ou *A degree of murder*), filme do diretor alemão Volker Schlöndorff — havia um absurdo de gravações de pura monotonia com músicas de elevador. O *pap*, em vez do pop, começou a tomar conta de seus dias, e o emprego anteriormente idílico de Page nos estúdios começou a parecer uma prisão perpétua numa cela sem janelas.

Em 1965, mais ou menos um ano depois de ficar completamente desencantado com seu trabalho de estúdio, Page recebeu uma oferta do empresário dos Yardbirds, Giorgio Gomelsky, para substituir Eric Clapton, que ia deixar o pioneiro grupo de blues-rock. Os Yardbirds haviam acabado de colocar seu primeiro hit no topo das paradas, "For your love". Page, contudo, tinha medo de ofender o amigo Clapton e por isso recomendou para a vaga o amigo de infância Jeff Beck.

Embora não tenha arrependimentos de ter entregado o fantástico emprego a Beck, Jimmy, cansado de seu papel não oficial de "a face oculta por trás dos super-hits", já havia dado passos sutis — e não tão sutis — rumo à libertação dos grilhões do estúdio. No início de 1965, lançou pelo selo Fontana um single solo, deliciosamente agressivo, intitulado "She just satisfies", no qual cantava e tocava todos os instrumentos, com exceção da bateria. A faixa continha um riff demolidor, o vocal vociferante e uma forte intervenção de harmônica que chamou a atenção de vários ouvidos.

No final do ano, Page recebeu mais uma oferta atraente. O empresário dos Rolling Stones, Andrew Loog Oldham, e seu sócio, Tony Calder, o convidaram para o cargo de produtor do selo independente de sucesso que comandavam, o Immediate, lar de grandes nomes dos anos 1960, como

22 LUZ & SOMBRA

Small Faces, The Nice e Fleetwood Mac. O guitarrista aceitou na hora. Entre suas funções, Page produziu um single da *chanteuse* alemã Nico, que logo se mudaria para Nova York, onde trabalharia com o Velvet Underground.

O mais significativo é que Page produziu diversas gravações revolucionárias em 1965 para John Mayall and the Bluesbreakers, com a participação do ex-Yardbirds Eric Clapton. Entre as faixas que fez para a Immediate estão a notável "I'm your witchdoctor" e "Telephone blues". Page, impressionado com a guitarra forte e potente de Clapton, ficou obcecado em capturar cada detalhe na fita.

Page recorda: "Eric estava usando uma Les Paul com um dos amplificadores novos do Jim Marshall, e era a combinação perfeita. Mas foi uma gravação engraçada, porque Eric usava feedback para a sustentação de algumas notas, e o engenheiro nunca tinha visto um guitarrista usar aquilo, por isso ficava abaixando os *faders*. O cara não acreditava que ele estava tirando aquele som da guitarra de propósito".

Não há como destacar suficientemente a importância dessa gravação, tendo em vista que ela representou o nascimento do som da guitarra moderna. E, embora tenha sido Clapton a tocar, foi Page que fez seu trabalho ser devidamente capturado na fita.

CONVERSA

P:

COMO ERA O AMBIENTE NOS ESTÚDIOS
QUANDO VOCÊ COMEÇOU A TOCAR?

JIMMY PAGE Eu ainda era muito novo — a maioria dos caras que tocavam nos estúdios tinha duas vezes a minha idade —, mas eles precisavam de um garoto das ruas para tocar mais rock nas gravações. Logo comecei a tocar de tudo, desde violão em álbuns folk até base em sessões de jazz. Hoje é assustador lembrar de todas essas coisas que fiz, mas topei tudo. Agarrei a oportunidade com unhas e dentes e segui em frente. Foi um grande aprendizado.

Você sentia saudade de tocar em banda?

PAGE No início não, porque para mim, na época, ser músico de estúdio era muito legal. Quando comecei a tocar nas sessões, eu não sabia ler partituras, mas acabei tendo que aprender porque o serviço ficou mais complicado. Nas primeiras sessões o produtor só dizia: "Ah, toque o que quiser. Ótimo". Porém depois não foi assim. Quanto mais sessões eu tocava, mais eles queriam que eu visse os passarinhos nos fios de luz — ler e tocar o que estava na partitura, entende? E aquilo acabou ficando chato.

Enquanto você tocava em estúdio, ainda parecia ter acesso ao mundo lá fora. Você não conseguiu trabalho de estúdio para Jeff e não produziu ótimas gravações de Clapton pós-Yardbirds?

PAGE Sim. Em certo momento fui contratado para trabalhar como produtor na Immediate Records e chamei Jeff para algumas gravações. Com Eric foi semelhante. Fui chamado pela Immediate Records para produzir faixas para uma série especial de blues britânico [*An anthology of British blues, vols. 1 e 2*]. Fechamos quatro músicas para o Eric, que tinha começado a trabalhar com John Mayall, incluindo aí "Telephone blues", que acho que foi um de seus melhores solos.

Os Yardbirds convidaram você a entrar no grupo depois que Eric saiu.

PAGE É, na verdade eles me convidaram duas vezes. Convidaram antes mesmo de Eric sair da banda, porque o empresário deles, Giorgio Gomelsky, queria algo mais comercial e Eric era mais purista; Giorgio queria forçá-lo a sair. Aí me convidaram de novo quando Eric deixou a banda. Mas eu ainda ficava receoso de me adoentar durante as viagens e não tinha muita certeza sobre como lidar com Eric, pois éramos amigos. Então recomendei Jeff Beck, que foi sensacional nessa de levar os Yardbirds a outro nível. É incrível a criatividade que há naqueles álbuns dos Yardbirds.

Infelizmente, pouco depois disso, começaram a me passar várias gravações não tão divertidas. Aí, quando Jeff me chamou para juntar-se a ele nos Yardbirds, eu já estava com muita vontade de entrar na banda. Mesmo assim não me arrependo do trabalho de estúdio, pois foi uma excelente preparação.

Você já fazia experimentos com eco, distorção e feedback em 1963 e 1964. Contudo, nunca recebeu o devido crédito, pois era uma coisa que fazia nos bastidores, em várias gravações de estúdio. O que você lembra da evolução e do uso de efeitos de guitarra naqueles dias?
PAGE O ponto de virada foi quando Roger Mayer começou a fazer pedais de distorção. Lembro de um show no início dos 1960, quando Roger veio falar comigo e disse que trabalhava no Almirantado Britânico, no departamento experimental, e que podia construir a engenhoca eletrônica que eu quisesse. Sugeri que ele criasse alguma coisa que fosse melhor que a distorção que se ouve em "The 2000 pound bee", do The Ventures. Ele voltou com o primeiro fuzz box que era bom de verdade. Foi ótimo, pois foi a primeira coisa que conseguiu gerar uma sustentação realmente boa. Depois daquilo, ele passou por todo o cenário musical britânico. Fez uma para o Jeff, uma para o guitarrista da The Pretty Things, e aí começou a trabalhar com Jimi Hendrix.

Parece que há um salto quântico nas gravações, digamos, do início dos Beatles e dos Yardbirds em 1966 até a estreia do Led Zeppelin no início de 1969. Em muitos desses discos faltava a profundidade sonora da música gravada no final dos anos 1960.
PAGE Não sei se concordo totalmente com isso. As coisas gravadas no [*Estúdio*] Sun ainda soam ótimas em todos os sentidos, mas acho que você está se referindo aos primeiros álbuns que saíram da Inglaterra. Você tem que entender que muitas das bandas no início dos anos 1960 estavam sujeitas a produtores e engenheiros que não entendiam nem gostavam de rock. A

qualidade dos discos começou a mudar quando as bandas passaram a ter mais controle e engenheiros como Glyn Johns e Eddie Kramer começaram a se envolver.

O primeiro disco do Led, por exemplo, deve ter soado bem porque eu tinha bastante experiência em estúdio de gravação e sabia exatamente o que queria e como conseguir. Foi uma vantagem tremenda. Além disso, a qualidade das gravações em geral melhorou com a introdução da máquina oito pistas [de rolo]. Aquilo abriu um novo mundo de possibilidades.

Sua contribuição à arte da gravação foi significativa. O primeiro álbum do Led definiu um novo padrão de profundidade e de dinâmica, e você teve papel determinante na criação do som.
PAGE O básico era saber posicionar o microfone — saber distanciar os instrumentos para deixar o som respirar. Na minha época de estúdio, trabalhei com um baterista fantástico chamado Bobby Graham. Naquela cabine apertada, com o microfone colado na bateria, ele tocava que nem o diabo, mas o que ficava gravado era o mínimo.

Não demorou muito tempo para descobrir o motivo. A bateria é um instrumento acústico, e a acústica precisa de respiro. Simples assim. Então, quando gravei com o Led, principalmente com John Bonham, eu simplesmente deixei os microfones longe para pegar o som ambiente. Não fui a primeira pessoa a se dar conta disso, mas certamente fui eu quem deu um jeito de fazer aquilo funcionar a nosso favor.

Pode parecer estranho, mas sua forma de lidar com a microfonação foi um retorno ao estilo de Sam Phillips, que usou a microfonação ambiente para criar o som característico do Sun.
PAGE É verdade. Você tem que capturar a expansão do som, mesmo que isso demande um grande espaço físico. É isso que fazia o rockabilly soar tão bem.

Quais foram os melhores bateristas que você já ouviu ou com quem tocou?
PAGE É meio óbvio, mas tenho que dizer John Bonham. Não sei se você ouviu a *bootleg* de, quem sabe, "Trampled under foot", em que ele está testando

outros ritmos e pirando no chimbal. A independência que ele tinha era sem igual. Hoje só se ouve falar na independência dos bateristas do jazz. Ele cagava na cabeça de todos eles.

Você produziu o instrumental marco de Jeff Beck, "Beck's bolero", em 1967, com Jeff na guitarra, Keith Moon na bateria, John Paul Jones no baixo e Nicky Hopkins no piano.

PAGE É, e toquei guitarra base numa Fender elétrica de doze cordas. Tenho que admitir que foi memorável. Moon destruiu um microfone de 250 dólares quando estávamos gravando, só de acertar com a baqueta, sem querer. Na metade de "Bolero" dá para ouvir ele gritar, aí ele atinge o microfone e daí em diante só se ouvem os pratos. A música continua. Foi meio engraçado.

Antes de formar o Led Zeppelin, você foi o guitarrista principal dos Yardbirds e antes disso era um dos principais guitarristas de estúdio da Inglaterra e um produtor em ascensão. Que impacto isso teve no seu trabalho com o Led?

PAGE Foi tudo de grande valor. Aprendi muito a ter disciplina. Aprendi a ler partituras e a tocar coisas que jamais tinha imaginado, como trilhas de filmes e jingles. Toquei até um pouco de jazz, que nunca foi o meu forte. Mas ter que improvisar com gente como Tubby Hayes, que foi um grande saxofonista de jazz na Inglaterra, ou tocar em diversas gravações pop de Burt Bacharach me deu uma visão e uma percepção fantásticas dos acordes. Mas ser músico de estúdio não era pra mim — não era rock 'n' roll. Eu queria tocar a todo volume!

INTERLÚDIO MUSICAL

UMA CONVERSA COM
JIMMY PAGE E JEFF BECK

Jimmy Page e Jeff Beck já tocavam juntos e trocavam *licks* quando eram adolescentes. Um pouco mais velhos, mudaram o som do rock 'n' roll. Décadas depois, a influência de ambos continua a crescer.

JIMMY PAGE, Jeff Beck e Eric Clapton, possivelmente os guitarristas mais importantes da história do rock, foram todos criados em cidadezinhas ao sudoeste de Londres, a poucos quilômetros de distância. É como se Willie Mays, Mickey Mantle e Hank Aaron fizessemparte do mesmo time de beisebol infantil.

"Ah, meu chapa, acho que eles colocavam alguma coisa na água", riu Beck.

"Não dá para acreditar, né?", diz Page. "É um raio de quanto? Vinte quilômetros? O que eu acho mais marcante é que, mesmo não tendo nos conhecido quando crianças, nossas histórias foram muito parecidas. Éramos os estranhinhos — entre os quatrocentos alunos do colégio, os únicos que tocavam guitarra."

"Mas acabamos nos encontrando, pois começamos a ouvir falar daquele um e daquele outro que tocavam esse violão diferente", disse Beck. "A cidade ao lado é sempre melhor, entende?"

E tudo ficou melhor com uma ajudinha da irmã mais velha de Jeff, que apresentou Beck a Page no início dos anos 1960. "Ela fazia faculdade de artes e me falou de um cara que tocava esses 'violões engraçados' que

30 LUZ & SOMBRA

nem o meu", lembra-se Beck. "Eu disse: 'Como assim, violão engraçado?. Ela disse: 'Ah, sei lá. Esse violão com formato diferente'. E foi assim. Peguei o ônibus e fui para a casa do Jimmy. Acho que a gente tinha dezesseis ou dezessete anos."

Não surpreende que os dois tenham feito amizade muito rápido. Ambos eram sedentos por saber mais e começaram a passar horas tocando juntos na casa de Jimmy, trocando *licks* e o pouquíssimo que cada um conseguia saber dos heróis do rock e do blues nos anos 1950. Dali em diante, os caminhos de Jimmy e Jeff ficaram permanentemente entrelaçados.

E, mesmo depois de quarenta anos vivendo a *vida loca* do rock 'n' roll, fica claro que Beck e Page continuam sendo algo raro — amigos. Sem os dois, teríamos um mundo da guitarra bem diferente, sem dúvida. As coisas que hoje achamos normais — distorção, feedback, *power chords*, improvisos demorados, harmônico artificial, afinações exóticas e o uso controlado da alavanca — foram todas pioneirismos de Beck e Page. Assim como Chuck Berry, Elvis e os Beatles, esses dois gigantes criaram o molde do som do rock 'n' roll.

Vocês dois tiveram uma progressão muito rápida. Como foi isso? Seria porque um estimulou o outro?

JEFF BECK É, eu fiquei muito animado de ter o Jimmy morando tão perto de mim. Você precisa de um parceiro para trocar ideias.

Mas a minha irmã foi muito importante nisso, porque era ela que trazia os discos para casa. Ela era quatro anos mais velha, tinha um pouco de grana e podia viajar para comprar os novos álbuns de rockabilly. E você tinha que ter os álbuns para aprender, pois não se ouvia rock 'n' roll nas rádios britânicas. Quer dizer, às vezes se ouvia "Be-bop-a-lula", do Gene Vincent, ou "Lucille", do Little Richard, mas só nesses programas de mais pedidas. Você tinha que ficar horas esperando que tocassem alguma coisa interessante.

JIMMY PAGE Houve uma época em que as rádios britânicas não podiam tocar rock 'n' roll — tinha virado palavrão. Aí tínhamos que sintonizar a Rede das Forças Armadas dos Estados Unidos na Alemanha.

Jeff Beck e Jimmy Page (© *Ross Halfin*)

Vocês lembram de algum *lick* específico que tenham trocado quando andavam juntos?
BECK Nós tocávamos músicas do Ricky Nelson como "My babe" e "It's late", porque o guitarrista dele, James Burton, era muito bom. E ficávamos tocando de improviso. Lembro que o Jim tinha um gravador de fita com duas pistas que era um sonho. Ele plugava o microfone, que vinha com o gravador, debaixo de uma almofada no sofá. Aí eu batia na almofada e saía o melhor som de bumbo que já se ouviu na vida!

32 LUZ & SOMBRA

Que guitarras vocês tinham nessa época?
PAGE Na época acho que eu tocava uma Country Gentleman da Gretsch.
BECK Tive algumas guitarras nesse começo, incluindo uma que eu mesmo fiz. Eu tinha uma Guyatone, japonesa, uma Burns e aí finalmente consegui uma Fender Telecaster.

E os amplificadores?
BECK Eu tinha um amplificador com alto-falante que eu mesmo fiz; era gigante, ridículo, tomava conta da casa inteira. Coitados dos meus pais! Tinha uma caixinha pequena, mas criava um muro sonoro de respeito.

Onde vocês aprenderam a construir amplificadores?
BECK Era só você ir numa loja de eletrônicos, comprar um chassi com tubos, pegar as caixinhas e aí construir um gabinete em volta. Eu comprava as caixinhas numa loja e perguntava como eu conseguia mais agudo. Aí o dono dizia: "Como assim? Aí tem todo o agudo de que você precisa. Olha só, basta tirar todo o grave". E eu pensei: Olha só que legal. É só tirar todo o grave.

Aí ele fez um pedido pra mim de umas caixinhas chamadas Axiom 300s, que eram de partir a cabeça ao meio nas frequências mais altas. Eu era doido pelos agudos, e minha mãe ficava louca, já que ela não tinha ouvidos, digamos, afinados para aquele volume.

Estamos falando de quanto, em termos de watts?
BECK De dez, sete watts. Não sei bem.

E isso bastava para fazer os pais de vocês pularem no sofá?
BECK Fala sério! Dez watts numa salinha machucam quando você bota o volume lá em cima.
PAGE Lembro de tocar com o rádio dos meus pais. Acho que foi a primeira vez que toquei guitarra elétrica. Um dia descobri que o rádio dos meus pais tinha uma entrada atrás. Não acreditei quando o som começou a sair pelas caixinhas.

BECK Pois é! Dava para se imaginar tocando no rádio. Aquilo era sensacional. Você podia inserir seu próprio solo num disco! A equalização não era muito boa, mas era um brinquedinho mágico.

Como era o seu primeiro amplificador comercial?

BECK Demorei muito para conseguir comprá-lo. Lembro de tentar arranjar grana para ir a Londres com o meu amigo, que era doido por guitarras, e nós dois juntos ficávamos enchendo o saco do pessoal que trabalhava na loja de instrumentos. A gente via amplificadores absurdos, tipo Fender Bandmaster ou algo do tipo, e começava a pensar: Oh, meu Deus, eu tenho que ter um assim. Mas não tínhamos dinheiro. Então íamos lá, plugávamos num amplificador bom e ficávamos tocando até que nos mandassem embora. Aí ficávamos tresloucados uns seis meses, só pensando naquele sonzaço que a gente tinha conseguido tirar.

Jeff, você teve alguma reserva quanto a tomar o lugar de Clapton nos Yardbirds?

BECK Nem por um instante. Eu tocava numa banda muito boa chamada The Tridents, e eles estavam sempre falando dos Yardbirds. Eu não tinha ouvido nada deles, mas sempre falavam que o Eric Clapton era isso, o Eric Clapton era aquilo. Vou te dizer, eu estava ficando cansado de tanta devoção ao cara. Eu dizia: "Ei, foda-se o Eric Clapton, *eu* sou o guitarrista de vocês".

E aí um dia a gente estava numa lojinha, tinha um rádio transistor tocando a versão dos Yardbirds de "Good morning little school girl", com o Eric na guitarra. E eu: "Ah, ótimo, fantástico!". Mas não achei grande coisa.

Então tomei coragem e, de repente, faço parte dos malditos Yardbirds e estou de frente para o público do Eric no Marquee. Fiquei um pouco nervoso, mas também sabia que era a melhor chance que eu teria na vida. Então aproveitei. E, por sorte, tive uma ótima noite. Usei todos os truques que eu conhecia e fui ovacionado pelo público de pé.

Depois daquilo, o grande teste foi tocar num clube em Richmond, onde iam os fanáticos de verdade do blues. Era um lugar meio fedorento para tocar, e as pessoas literalmente subiam nos ombros umas das outras. Foi a primeira vez que senti que ia ser esquartejado. Mas dei uma de metido. "Então tá, seus merdas, tomem isso aqui!"

Seu estilo de tocar mais despojado e eclético marcou bem a diferença em relação ao estilo de Eric. Os Yardbirds foram receptivos desde o início com essa diferença?
BECK Sim, eles foram sensacionais. Mas pode ter sido porque tinham acabado de fazer sucesso com o primeiro hit deles, "For your love", o que começou a tirá-los do circuito dos clubes. Se não tivessem tido aquele sucesso, talvez buscassem em mim algo que criasse uma emoção nova, o que teria sido um grande fardo.

Mas antes que eu me desse conta estávamos pegando avião pra cá e pra lá, já que o disco ia muito bem, mesmo que eu não tivesse tocado nele. A gente subiu que nem foguete e eu achava tudo demais. Tinha o melhor emprego que se podia ter. Os Yardbirds já tinham reputação, e eu só segui o compasso. Não tive nem que comprar um terno novo para ficar igual ao resto da banda — eu usava o do Eric, que servia muito bem em mim.

Sim, mas os outros membros dos Yardbirds foram receptivos com seu jeito de tocar diferente?
BECK Bom, no single seguinte, eles me deixaram pirar no lado B. Fiz "Steeled blues" para manter o esquema do blues. Mas aí eles começaram a me pedir para ser mais solto, tipo: "Pode fazer mais das suas manhas?". Então comecei a trazer um monte de geringonças e técnicas que eu usava nos Tridents — eco, distorção, batidas no amplificador, feedback, essas coisas.

Seu primeiro grande hit com os Yardbirds foi "Heart full of soul". A música era diferente por dois motivos: primeiro, foi um dos primeiros rocks a incorporar um riff de tom mais oriental e, segundo, foi o primeiro single significativo que se construiu em torno da distorção do fuzz, precedendo em meses músicas como "Satisfaction", dos Rolling Stones, e "Taxman", dos Beatles.
BECK Bom, os Yardbirds tinham acabado de fazer um hit com "For your love", que tinha um cravo, por isso queriam tentar outros instrumentos.

Aí eles contrataram músicos indianos de formação clássica para tocar cítara e tabla em "Heart full of soul". O problema é que eles não entendiam o compasso 4/4. Quando eles foram embora, fiquei com aquele riff na cabeça e comecei a tocar oitavas na corda de sol. Aí, deixando as notas levemente fora de tom com *bending*, simulei uma cítara. Então tive a ideia de usar o fuzz para sujar o som.

O Jimmy estava no estúdio nessa hora, e peguei emprestado o fuzz box Roger Mayer dele para testar a ideia. Depois, quando fui gravar minha parte, usei um Tone Bender Sola Sound, um dos primeiros fuzz boxes disponíveis nas lojas.

Jimmy, qual é sua performance predileta de Jeff Beck?
PAGE Ainda lembro do dia em que o Jeff veio na minha casa, quando ele estava nos Yardbirds, e tocou "Shapes of things" para mim. Era tão boa, tão distante de tudo, à frente do seu tempo. E acho que tenho essa reação toda vez que ouço o que ele faz.

Jeff, qual é sua performance predileta de Jimmy Page?
BECK Puxa, o que eu posso dizer? Sinto tanto orgulho quando vejo gente tecendo tantos elogios ao Led Zeppelin e por saber como tudo começou. Tem um panorama maior aí, maior que selecionar alguma coisa que ele tenha feito. Tenho certa predileção por "Kashmir", mas sempre que ouço Jimmy no rádio imediatamente penso nos grandes momentos que tivemos e nas músicas que tocamos.

E de Eric Clapton?
BECK Ele é o embaixador, né? Todo mundo faz referência a ele. É o grande nome na guitarra.
PAGE Ele tem um toque mágico, com certeza. "I ain't got you", com os Yardbirds, foi muito, muito boa. E o trabalho dele ainda é perfeito. Ele não perdeu a mão.
BECK O Eric tem muito a oferecer. Além de tocar muito bem, faz canções com as quais o mundo consegue se identificar.

[CAPÍTULO]

Jimmy entra nos Yardbirds, aprende a ser um astro do rock e cria as bases do Led Zeppelin.

Os Yardbirds: (a partir da esquerda) Jim McCarty, Chris Dreja, Keith Relf, Page e Jeff Beck, 1966
(© Bowstir Ltd. 2012, Gered Mankowitz/mankowitz.com)

"EU APROVEITEI TUDO QUE PODIA. . ."

ENQUANTO PAGE perdia a paciência com os estúdios, os Yardbirds, com Keith Relf nos vocais e na harmônica, Paul Samwell-Smith no baixo, Jim McCarty na bateria, Chris Dreja na guitarra base e Beck na guitarra solo, começaram a empilhar hits como "Heart full of soul" e "Shapes of things", que conseguiram trazer tanto inovações quanto sucesso comercial. Infelizmente, a sequência de hits dos Yardbirds teve seu preço: a banda teve que passar por "pacotes de viagem" destrutivos nos Estados Unidos e gravações apressadas.

O baixista Samwell-Smith tentou melhorar a situação buscando mais controle. Fez uma aliança com o segundo empresário dos Yardbirds, Simon Napier-Bell, para assumir a produção dos discos do grupo. O baixista cumpriu bem seu papel e produziu algumas das melhores faixas da banda. Mas mesmo com mais influência no quesito artístico, Samwell-Smith continuou insatisfeito. Quando ele deixou os Yardbirds, em meados de 1966, Jeff Beck prontamente recomendou Jimmy Page para substituí-lo.

"Jimmy não era baixista", disse Beck. "Mas a única forma de envolvê-lo era insistindo que ele ia se dar bem assumindo o baixo, só para que a banda continuasse existindo. Em pouco tempo — em uma semana, acho — já

40 LUZ & SOMBRA

estávamos falando em um duelo de guitarras solo, e aí botamos o Dreja no baixo para que Jimmy entrasse na guitarra."

Nesse ponto, Page estava mais disposto a entrar nos Yardbirds que um ano antes. Embora ser guitarrista de estúdio fosse um serviço rentável, o estava deixando cansado. Além disso, o guitarrista estava pronto para sair das sombras e mostrar ao mundo o que sabia fazer.

A primeira gravação dos Yardbirds que Jimmy e Jeff fizeram juntos foi "Happenings ten years time ago", em setembro de 1966. Um *tour de force* em termos de criatividade e orquestração guitarrística, a faixa tem alto conceito entre os cânones do rock, uma peça taciturna de psicodelia com sobretons assombrosos. Foi um vislumbre animador do que estava por vir.

"É óbvio que o negócio das duas guitarras com o Jimmy foi uma ótima ideia", disse Beck. "Mas também era um perigo, pois mais cedo ou mais tarde um de nós acabaria se limitando, em termos de estilo."

O que aconteceu foi que nunca se chegou a esse ponto de ebulição. Depois de dois shows numa turnê particularmente penosa pelos Estados Unidos, em outubro de 1966, Beck desceu do ônibus e dos Yardbirds, deixando toda a responsabilidade com Jimmy. Page, por sua vez, não só aguentou toda a turnê, mas também foi triunfal, conduzindo os três Yardbirds restantes como um quarteto poderoso e eficaz.

No ano que se seguiu, os Yardbirds viraram o laboratório de Page, onde ele formulou muito do som e da abordagem que viria a usar no Led Zeppelin, sem falar na persona de palco que definiria um novo estilo da performance na guitarra. Sua transformação de músico anônimo de estúdio em roqueiro extravagante parece ter acontecido da noite para o dia. Jimmy começou a usar elegantes trajes psicodélicos feitos sob medida por designers moderninhos da Swinging London. Ele acentuou o visual aposentando sua sóbria Les Paul negra, trocada por uma Fender Telecaster que Beck lhe deu. Page pintou-a com cores vivas e caleidoscópicas.

A imagem estava lá e era bem descolada, mas ainda havia muita coisa mal resolvida. Com a saída de Beck e de Samwell-Smith, o empresário Napier-Bell também pulou fora, vendendo sua participação no grupo para

Peter Grant em janeiro de 1967. Corpulento e com dois metros de altura, Grant era sócio do produtor Mickie Most numa organização chamada RAK Management and Production.

Acertou-se que Grant e Most assumiriam tanto os Yardbirds quanto Jeff Beck, que começara carreira solo. Tendo trabalhado com Most em sua época de estúdio, Jimmy Page sabia que ele não era o produtor ideal para os Yardbirds. "Hitmaker" da velha guarda e mestre do single pop de três minutos, Most era ótimo em tirar o melhor de ídolos juvenis fabricados como a Herman's Hermits, mas estava longe de ser o ideal para um grupo de rock experimental em processo de evolução. Na época, contudo, os Yardbirds não tiveram escolha.

Não foi surpresa para ninguém que as ideias de Most quanto à ressurreição da carreira abatida da banda tenham ido contra a visão de Page para o grupo, mais afinada com os caminhos que o rock de guitarra estava tomando no final dos anos 1960.

A banda entrou nos estúdios De Lane Lea em Londres com Most em fevereiro de 1967 para gravar o single seguinte, "Little games". Seguindo o estilo de produção de Most, a música foi composta com uma dupla externa, Phil Wainman e Harold Spiro, e selecionada pelo próprio produtor.

"Little games", uma canção pop leve com conotações vagamente psicodélicas, virou o título e a faixa principal do álbum que os Yardbirds lançaram pouco depois. As sessões de gravação foram apressadas — há quem diga que o álbum inteiro foi feito em três dias —, e o resultado foi mais ou menos. As faixas de maior sucesso foram aquelas conduzidas por Jimmy. "Smile on me", o primeiro blues em *Little games*, foi composta por Page, Relf, McCarty e Dreja, e contém uma batida que lembra o estilo da obra do guitarrista Hubert Sumlin com o grande Howlin' Wolf. Mas nas duas seções de guitarra solo da música o ritmo muda para um *shuffle* enfático quando Page puxa os *licks* mais ardentes já gravados.

A guitarra instrumental de "White summer" foi outra faixa de destaque em *Little games* e serviu como prenúncio de um dos vários componentes musicais que o Led Zeppelin exploraria, sobretudo na clássica "Black mountain side" do primeiro álbum do grupo. "White summer" refletia o interesse

42 LUZ & SOMBRA

crescente de Page pela música clássica indiana e pelas afinações alternativas da guitarra folk, as quais ele viria a explorar com sucesso tanto no Led quanto na sua carreira solo.

Mas para cada momento sublime como "White summer" ou a lisérgica "Glimpses" — faixa que traz o trabalho magistral de Page em entrelaçar acordes molhados, cítara com bom gosto e o uso vanguardista de *musique concrète* —, *Little games* foi maculado pelos pops mais repugnantes de Most, como "Ha ha said the clown" e "Ten little indians".

"Mickie sempre queria fazer a gente gravar umas músicas horrendas", disse Page. "Ele dizia: 'Ah, qual é, tentem aí! Se ficar ruim, a gente não lança'. Mas é óbvio que eles sempre lançavam!"

Apesar dos esforços de Most de reposicionar os Yardbirds como um conjunto pop de estúdio, era Page quem mandava no poleiro dos Yardbirds quando estavam na estrada. Jimmy assumia uma abordagem completamente distinta, conduzindo a banda pelos rumos experimentais e contundentes que tinha em mente. São exemplos dessa abordagem "Think about it", o lado B pesado, movido a riffs, do single extremamente morno da banda, "Goodnight sweet Josephine".

Vários dos álbuns de rock marcantes lançados em 1967 confirmaram que o jeito de Page estava mais afinado com o que estava por vir. O álbum de estreia do Cream, *Fresh cream*, saiu no início daquele ano, seguido de *Disraeli gears* no final do ano. O disco de estreia de Jimi Hendrix, *Are you experienced*, saiu em maio de 1967. Esses três álbuns cimentaram a chegada do formato power-trio e de um novo modelo, movido a riff, de expressão roqueira.

E foi nessa direção de mais peso que Jimmy Page levou os Yardbirds em turnês nos Estados Unidos e pelo resto do mundo em 1967 e início de 1968, acumulando milhagens expressivas em palcos sem-fim mesmo enquanto *Little games* despencava, até que cairia fora das paradas. *Bootlegs* da banda ao vivo na época revelam uma unidade firme e dinâmica que conseguia atingir com força de marreta em rocks como "Train kept a-rollin'", cheia de riffs, e conjurando dimensões musicais não exploradas em músicas como "I'm confused", que trazia a técnica recém-criada por Page de arranhar um arco de violino nas cordas da guitarra para criar uma nova variedade de texturas fantasmagóricas.

Apesar disso, posicionando-se contra o que já era previsível, Page, sempre tão ferrenho quanto trabalhador, continuou determinado a fazer os Yardbirds terem sucesso. Afinal, era por essa banda que ele havia abandonado sua carreira de estúdio e com ela permaneceria lealmente até o seu final, como não poderia deixar de ser. Após o fracasso comercial de *Little games*, a banda lançou mais três singles e enfim pendurou as chuteiras. Os Yardbirds fizeram seu último show no College of Technology da pequena cidade britânica de Luton, em 7 de julho de 1968.

A despeito disso, o fracasso não provocou desespero algum em Page. Durante seu período nos Yardbirds, ele fizera uma aliança forte com Peter Grant. Numa tarde, preso com Grant num engarrafamento, Page contou ao empresário que tinha ideias para uma nova banda e que, dessa vez, ele mesmo queria produzir as músicas.

Grant topou na hora.

CONVERSA

P:

**COMO VOCÊ ACABOU
ENTRANDO NOS YARDBIRDS?**

JIMMY PAGE: Eles haviam me convidado em outras ocasiões, mas Jeff Beck e eu continuávamos a conversar casualmente sobre como seria bom nós dois juntos no grupo.

A história de como eu enfim entrei na banda é bem engraçada. Fui ver os Yardbirds tocar num evento black tie, muito formal, na Universidade de Cambridge. O vocalista, Keith Relf, tomou um porre e começou a se comportar como um arruaceiro. Estava encarando a elite e fazendo aquela linda performance de roqueiro. Derrubava as coisas, gritava obscenidades para a plateia. Eu estava curtindo, mas o baixista Paul Samwell-Smith ficou completamente furioso com Keith e seu comportamento cada vez mais inconstante na turnê. Naquela noite, ele decidiu deixar o grupo.

A banda tinha shows agendados, e todos ficaram meio que coçando a cabeça perguntando-se quem substituiria Paul em tão curto prazo. Foi aí que me candidatei. Estava cansado do fardo do estúdio e imaginei que uma hora Jeff e eu teríamos a chance de tocar guitarra juntos. Assumir o lugar de Paul Samwell-Smith foi um pouco assustador, pois ele era fenomenal no baixo, mas eu dei um jeito.

Você não ficou nem um pouquinho nervoso de jogar fora seu emprego de estúdio e trocar por um grupo de pessoas que parecia ser extremamente instável?
PAGE Eu não sabia muito de toda a história de tensões entre Relf e Samwell--Smith. Jeff e eu não tínhamos falado muito disso. Achei só que tinha sido um show ruim.

Os Yardbirds foram pioneiros na ideia do virtuosismo na guitarra roqueira, com Eric e Jeff. Fez parte da sua decisão de entrar no grupo saber que uma hora você teria seu espaço para brilhar?
PAGE Eu não estava pensando nisso. Para mim, eu já havia me afirmado como guitarrista fazendo estúdio e tocando nos Crusaders. A ideia que realmente me animava era eu e Jeff termos a chance de explorar as possibilidades de uma banda com duas guitarras. Falamos de tocar linhas harmônicas e fazer arranjos que seriam o equivalente no rock a uma seção de

metais ou saxofone da era das big bands. Não havia mesmo nada assim. O mais perto que chegamos de realizar isso foi em "Happenings ten years time ago".

Em retrospecto, a ideia era boa, mas a banda e o fato de ter de lidar com o empresário não. Eu estava lá, assalariado, novato, não tinha muito o que dizer. Jim McCarty uma vez disse que eu estava tão desesperado para sair do mundo dos estúdios que tocaria até bateria! Achei aquilo meio atrevido, mas talvez ele estivesse certo. O fato é que eu era visto como um dos melhores guitarristas da Inglaterra, e saí do estúdio para tocar baixo!

Admito que não foi tão fácil quanto parece. Tive que substituir Samwell--Smith, considerado um dos melhores baixistas em todo o cenário musical. Também é importante entender, quanto aos Yardbirds, que a seção rítmica era muito boa. Ouça *Five live Yardbirds* e você vai ver que tem muita coisa ali entre Paul e Jim. Eles foram os músicos que criaram o que as pessoas chamavam de *rave ups*, quando a banda vai subindo lentamente até ficar a ponto de explodir.

Os Yardbirds foram pioneiros nessa construção dinâmica que se vê na música techno e nas jam bands modernas.
PAGE Foi uma coisa meio *trance*.

O que você achava dos Yardbirds com Eric Clapton?
PAGE Achava que eles eram ótimos. Assisti à banda algumas vezes no Marquee. Uma das coisas que não se fala de quando Eric estava na banda é o altíssimo bom gosto que eles tinham para escolher covers de blues. Naquela época não caía bem tentar o mesmo que os Stones. Mas eles demarcaram território e executavam as músicas muito bem. Por exemplo, o arranjo da banda para "I ain't got you" é sensacional, e o solo de Eric é um clássico.

O que você achou deles com Beck?
PAGE Com Jeff acho que estavam buscando outros horizontes. Mesmo quando tocavam música pop, eles acharam coisas diferentes para dizer.

Então quando você entrou na banda já tinha essa ideia de usar...
PAGE Isso, duas guitarras solo. Jeff seria o guitarrista solo principal, mas víamos as possibilidades de tocar riffs em harmonia e tal. Se tivesse dado certo, com certeza seríamos pioneiros na guitarra elétrica. Era uma ideia que ninguém mais usava.

Você ficou desapontado quando Jeff saiu?
PAGE Fiquei extremamente desapontado. Não sei quanto quero falar disso, pois não sei se devo. Defendi a permanência de Jeff na banda, e é isso que importa. Os outros, porém, não pensavam como eu.

A partir do momento em que você entrou, quanto tempo teve para planejar *Little games*?
PAGE Bom, estava ficando bem claro que seriam quatro Yardbirds e eu assumiria a guitarra. Diz a história que, depois que Jeff saiu, o empresário deles, Simon Napier-Bell, quis vender sua parte na marca Yardbirds. Ele pediu a Peter Grant para assumir como empresário de Jeff Beck e dos Yardbirds, e Grant decidiu que ambos seriam produzidos por Mickie Most, que naquela época era praticamente sócio dele. Peter e Mickie dividiam um escritório, com as mesas uma de frente para a outra na mesma sala, o que revelava como eram próximos. E foi assim que aconteceu. Veja só, num minuto estávamos fazendo turnê nos Estados Unidos, no minuto seguinte o empresário havia repassado sua parte. Não estou dizendo que ele vendeu os Yardbirds, mas, de certa forma, foi isso. E Jeff ia fazer álbuns solo e a gente ia fazer o que desse.

Mas, voltando à pergunta original, eu já tinha material para *Little games* porque vinha escrevendo e criando essas coisas ainda quando trabalhava em estúdio. "Happenings ten years time ago", por exemplo, foi basicamente minha. Mas a maior dúvida era como incorporar essas ideias aos Yardbirds.

Uma das questões centrais era Mickie Most. Ele era muito, muito bom em criar singles pop. Seu objetivo primordial era fazer hits e entrar nas paradas. E assim foi. Ele não tinha interesse algum em fazer álbuns ou em mixagem em estéreo.

Então, enquanto ele se focava nos singles, nós focávamos em tornar o álbum um reflexo dos rumos que o grupo estava tomando. Sem Jeff, eu sabia que teria que lidar com todos os empecilhos, pois os Yardbirds tinham construído sua reputação como banda de guitarra, e eu tinha que preservar essa reputação. Estava louco para usar algumas das minhas coisas, para não dizer que queria usar muito das minhas coisas, para que aquilo fosse notado. O único lugar para fazer aquilo era no lado B dos singles ou no álbum.

Em certo sentido foi bom Mickie não estar tão interessado no álbum, pois isso nos deu alguma liberdade. O lado ruim é que, se fosse uma faixa de álbum, você só podia fazer as coisas em um take. Tinha que ser rápido!

Já falamos de faixas menos empolgantes com Mickie Most, como o single "Ha ha said the clown", mas a música "Little games" não ficou ruim.
PAGE É, mas também não convence. Se você era mesmo fã dos Yardbirds e adorava o que eles faziam com blues, "Little games" era pedir demais. Mas sejamos claros: eu topei fazer.

Era uma situação desconfortável para toda a banda. Quando Mickie nos trazia coisas tipo "Ten little indians", a gente perguntava: que porra é essa? Estávamos quase tendo uma vida dupla, pois o nosso negócio era totalmente diferente ao vivo e as pessoas reagiam bem lá. Eu tinha respeito pelo Mickie, mas comecei a achar que tocar coisas tipo "Ten little indians" era um tiro no pé. Os Yardbirds eram um conjunto muito, muito bom, e acho que fizemos um bom trabalho, porém havia muita coisa contra nós.

"Glimpses" é com certeza uma das faixas mais interessantes do álbum.
PAGE Ela foi pensada como um meio para eu usar o arco de violino e os efeitos gravados no palco. A ideia foi meio que inspirada num disco de demonstração estereofônica que eu tinha quando criança, com vários efeitos sonoros, tipo trens passando em estéreo. Dei um jeito de emendar uma fita com coisas desse tipo ao som da balsa de Staten Island saindo das docas. Aí eu tinha essa fita recheada de coisas bizarras e ela rodava ao mesmo tempo que tocávamos "Glimpses" no palco.

Ao vivo, era um verdadeiro ataque sonoro. Muito pesado. Era esse tipo de coisa que a gente fazia no palco, bem vanguardista. Era intenso. Ainda tenho as fitas desses efeitos!

Você sabia que a gente conseguiu o Ian Stewart [*lendário produtor de turnês dos Rolling Stones*] para tocar piano em *Little games*? Eu o convidei para vir com a gente. Stu era fenomenal no piano, mas teve poucas chances de gravar. Nós o convidamos para tocar em "Drinking muddy water", e ele disse: "Cada um tem um jeito de fazer essa", e na hora ele tocou que foi uma beleza.

Mas, só para dar uma ideia de como eram as coisas naquela época, estávamos fazendo um álbum e essa era para ser a primeira faixa. Depois do primeiro take, tem uma voz abafada que diz simplesmente: "Próxima". É sério, dá para nos imaginar tocando blues, nos divertindo pra caralho, Stu lá no estúdio com a gente, e tudo que eles têm a dizer é... "Próxima". Foi assustador. Acho que eu tive que regravar a guitarra solo na mixagem, porque ela está levemente diferente no mono e no estéreo no *fade out*.

Para ser justo com Mickie, foi assim que ele fez sucesso, e ele fez *muito* sucesso. Os Yardbirds não andavam em boa companhia naquela época. Não me entenda mal, não quero forçar nenhuma interpretação sobre o que ele fez, só estou dizendo que foi complicado para músicos que estavam tentando fazer coisas novas.

Como foi trabalhar com o baterista Jim McCarty? Ele colaborou muito nas composições, e é incomum os bateristas fazerem isso.
PAGE Sim. Eu gostava de trabalhar com Jim. Para ser sincero, gosto de trabalhar com todos eles. Só soube que ele compunha quando entrei nos Yardbirds; sempre achei que fosse o Keith. Mas Jim realmente compôs várias letras. Por exemplo, eu fiz parte da letra e da melodia de "Tinker taylor", porém ele ajudou a fechar os versos.

Aquelas partes com a guitarra ressoante e os acordes suspensos em "Tinker taylor" são quase precursoras de "The song remains the same".
PAGE Bem, pode ser, mas tenho duas ou três versões demo, cada uma com

50 LUZ & SOMBRA

um tipo diferente de guitarra. Pode parecer engraçado, mas eu mostrei para o Mickie uma versão mais pop. Aqui estou eu falando de dar tiros no pé fazendo pop, porém eu meio que autorizei a situação ao inventar umas partes que eram intencionalmente grudentas. Acho que eu ainda tinha aquele instinto depois de tantos anos no estúdio!

Vamos falar um pouco sobre o show ao vivo. Eu ouvi *bootlegs* e gravações, e parece uma banda muito mais pesada e dinâmica do que se ouve do estúdio.
PAGE Era muito divertido tocar com os Yardbirds. Evoluímos muito desde o primeiro show em que toquei com eles, nos Estados Unidos, numa loja de departamentos em Dayton, Ohio! Assim que entrei na guitarra com o Jeff, comecei a me expressar de verdade. Aí, depois que o Jeff saiu, fiquei na banda e comecei a testar, experimentar cada vez mais. Os Yardbirds tinham várias músicas que pediam um improviso demorado, como "I'm a man" e "Smokestack lightning", e eu aproveitei tudo o que podia para desenvolver um monte de novas ideias. Depois que os Yardbirds se desfizeram e havia chegado a hora de criar o Led, eu tinha várias ideias, quase um manual. E como eram coisas que eu tinha desenvolvido por conta própria, estava livre para usar. Então, essas duas coisas — trabalhar em estúdio e a experiência com os Yardbirds — foram muito importantes. As duas armaram o cenário para o Led. O estúdio me deu a disciplina e um know-how incrível de vários tipos de música, e os Yardbirds me deram tempo para desenvolver minhas ideias.

O que você sentiu quando os Yardbirds se separaram?
PAGE Quando Keith e Jim anunciaram que estavam saindo, fiquei desapontado, pois sabia que aquilo que vínhamos desenvolvendo era muito bom. Não era igual aos Yardbirds com Eric, nem como os Yardbirds com Jeff, pois cada um foi o que foi.

Os shows estavam indo muito bem e a reação era positiva. Estávamos ficando mais esotéricos e underground, mas estávamos indo bem. E dava para ver que a plateia estava crescendo — estávamos tocando algo totalmente apropriado ao que acontecia, na minha opinião. Só acho que podíamos ter feito um álbum muito bom. Tinha muita fé em nós, porém acho que Mickie Most como nosso produtor não foi muito saudável para a banda. Não sei o que aconteceu. Mas, sei lá, talvez tivessem se enchido. Tenho certeza de que eles achavam o início dos Yardbirds muito melhor.

INTERLÚDIO MUSICAL

OS YARDBIRDS SEGUNDO CHRIS DREJA

ELE É UM DOS ÚNICOS GUITARRISTAS NO MUNDO QUE
PODE DIZER QUE TOCOU NUMA BANDA COM ERIC CLAPTON,
JEFF BECK E JIMMY PAGE. AO LONGO DE CINCO ANOS,
CHRIS DREJA FOI A ESPINHA DORSAL DOS YARDBIRDS
E ELE VIU TUDO SUBIR... E DESCER.

O GUITARRISTA RÍTMICO e, de vez em quando, baterista Chris Dreja descreve-se alegremente como um "voyeur". Parece ser verdade. Durante seu período na banda, Dreja ficou nas sombras, observando e respondendo com seus acordes fortes e fragmentários, enquanto Eric Clapton, Jeff Beck e Jimmy Page ficavam sob todos os holofotes.

Dreja viu muitas coisas naquela época. Viu sua banda passar, com velocidade assombrosa, de clubes suarentos para locais cada vez maiores. Viu seus colegas irem, virem e, vez por outra, autodestruírem-se. E, perto do final do seu período na banda, testemunhou Jimmy Page aproveitar tanto quanto podia aquela situação complicada antes de saltar com toda a clareza rumo ao futuro, com o Led Zeppelin. Seguem as suas observações.

CHRIS DREJA No início dos anos 1960, a Inglaterra vivia em preto e branco. Ainda estava saindo dos escombros da Segunda Guerra Mundial, mas veio o *baby boom*, e fizemos parte de uma geração de garotos que não havia passado por aquela terrível experiência da guerra. Não tínhamos o mesmo medo do mundo que os nossos pais tinham e queríamos reconstruir nossa

54 LUZ & SOMBRA

cultura desde a base. Foi um período singular para a moda, para o design, para a música, para a fotografia e a arquitetura. É inegável. Não acho que eu esteja sendo nostálgico, pois a história me defende. Grande parte da arte criada naquele período ainda tem relevância.

Embora diversos fatores tenham contribuído para essa mudança de atitude, as escolas de arte britânicas nos anos 1960 tiveram papel importante no incentivo a novas maneiras de enxergar as coisas. Eram faculdades de artes liberais, maravilhosas, que atraíam sujeitos moderninhos, jovens com atitude anti-establishment, incluindo aí Keith Relf, Jimmy Page, Eric Clapton e gente como John Lennon e Pete Townshend. Você não precisava fazer muita arte, mas era incentivado a pensar a fundo. As coisas que aprendíamos nos deram uma sensação muito grande de liberdade, e quando se é jovem você não tem nada a temer.

Quando começamos nossas bandas, fizemos o que queríamos fazer — e por que não, porra? Por que não posso usar distorção? Por que não posso fazer bends? Por que não posso enfiar minha guitarra numa privada? Por que não podemos soar como canto gregoriano? Por que não podemos tocar mais alto, mais rápido? A verdade é que achávamos que não íamos durar, então mandamos a precaução às favas.

NO RAIAR DOS ANOS 1960, o cenário musical britânico não era muito bom. Havia muitos pop stars fabricados andando por aí, imitando muito mal o grande Elvis Presley. Todas as músicas tinham pontes e refrões bregas — bem estruturados, mas vazios de emoção. O momento determinante foi quando alguns de nós, poucos, encontramos o blues dos Estados Unidos. Aquilo mudou tudo.

Quando ouvi Jimmy Reed e Howlin' Wolf pela primeira vez, fiquei semanas vivendo nas nuvens. Mal conseguia dormir. E daí tivemos a coragem de pensar: por que não tocamos assim? Era uma audácia.

Já que muitos dos músicos britânicos de influência blues vinham dessa região em torno de Surrey — incluindo aí Page, Clapton, Beck e os Rolling Stones —, sempre brincávamos que ali era o Delta do Surrey.

Os Yardbirds na Dinamarca, 1967 (© *Jorgen Angel*)

Fica mais engraçado se você souber que Surrey é muito bem educada e classe média. É o mais distante possível do Mississippi.

Eu estava na escola de artes com Top Topham, que foi o guitarrista solo original dos Yardbirds. O pai de Topham era da marinha mercante e nos trouxe discos de blues dos Estados Unidos. Acabamos tocando a música que mais nos animava. Não demorou muito para a gente conseguir atrair músicos que pensavam do mesmo jeito. Top e eu começamos a tocar com o baterista Jim McCarty e depois chamamos o vocalista Keith Relf e o baixista Paul Samwell-Smith, os quais tocavam numa banda chamada Metropolitan Blues Band ou algo assim sem graça.

Eles não tinham baterista, e nós não tínhamos vocalista, então fazia sentido que nos uníssemos. Logo depois da nossa junção, Top deixou a banda e alistou outro entusiasta do blues chamado Eric Clapton. Os Yardbirds de imediato começaram a atrair uma multidão absurdamente jovem. Em questão de semanas, passamos de banda de abertura para atração principal. Um monte de clubes sensacionais começou a surgir do nada, como o Crawdaddy e o Ricky-Tick, que obviamente perceberam que dava para tirar

56 LUZ & SOMBRA

uma grana com esse negócio de R&B. Até o Marquee, que por muitos anos tinha sido um clube de jazz, começou a agendar a gente.

Costumávamos passar a noite inteira no Scene Club, no Studio 51, no Eel Pie Island — são todos dessa época. Nossa grande oportunidade, contudo, foi quando os Beatles nos convidaram para tocar com eles numa série de shows de Natal no Hammersmith Odeon. Naquela época, eles faziam uma coisa que eu chamaria de *vaudeville*, com esquetes de comédia e piadinhas entre as músicas.

Por exemplo, tinha um programa infantil bem antigo chamado *Dr. Who*, com robôs alienígenas cabeludos chamados "Yetis", e os Beatles se vestiam de Yetis. Não dava para acreditar — era mesmo *vaudeville*. Mas é claro que eles já eram grandes, e essa oportunidade nos deu a chance de alcançar um público maior.

Tínhamos dez ou quinze minutos e tocávamos blues como "I wish you would" ou "Good morning little school girl", que lançamos em singles. Dava até para nos ouvir, pois as meninas não gritavam tão alto como faziam com os Beatles. Quando os Beatles entravam, era uma loucura. As meninas jogavam objetos, e não eram só coisas fofas. John Lennon veio falar comigo depois de um desses shows carregando um pedaço de carvão imenso, enrolado para presente, que tinham jogado nele. Ele disse: "Aí, Chris, eu é que não volto lá". As meninas jogavam moedas — e nossas moedas eram *grandes* —, o dinheiro inglês das antigas. Era pesado! Eles tinham um emprego perigoso, e nem dava para ouvi-los, pois as meninas ficavam o show inteiro gritando como loucas.

AS PESSOAS DIZEM "Uau, vocês tinham guitarristas fantásticos!", mas elas esquecem que éramos apenas embriões. Ainda éramos adolescentes quando começamos. Eric passava dias treinando bends ou um riffizinho, e poses para fazer com a guitarra. O resto da história ainda estava por vir. Ao chegarmos ao show com os Beatles, o Eric já tinha aquele som maravilhoso, um chute na cara, e isso o tornou nossa arma secreta. George Harrison era um excelente guitarrista, mas ainda tocava aquelas coisas *merseybeat*.

Voltando ao blues, tem uma ótima história que sempre me faz rir. No Reino Unido, havia uma agência chamada National Jazz Federation que trazia músicos negros, como Muddy Waters e Sonny Boy Williamson, para o país por meio de um programa de intercâmbio cultural e chamava bandas da região como a nossa para ficar de apoio.

Tocamos em vários shows com Sonny Boy, que devia ter uns cinquenta anos na época e tinha uma cara de mau. Ele parecia traiçoeiro. Era muito alto e tinha um nariz que parecia uma bola. Mas que músico! Ele botava uma gaita cromática na boca, engolia e tocava. Qual é! A presença de palco dele era demais. Mas também era um bêbado, e acho que foi aí que Keith Relf pegou a mania pela bebida — a maleta com uma garrafa de uísque. Quando Sonny Boy ficava bêbado, ele fazia o clichê músico-negro-tocando--com-brancos — mudava tudo só para provocar a gente. Mas tenho que dizer que raramente a gente foi pego desprevenido. Porém ele fazia de tudo pra gente passar vergonha.

Anos mais tarde, Robbie Robertson, do The Band, nos disse que Sonny Boy, quando voltou da Inglaterra, falou para ele: "Eu toquei com uma bandinha britânica lá, e eles estavam tão loucos para tocar blues... que tocaram blues realmente que nem uns loucos!".

DEPOIS DESSA EXPERIÊNCIA, soubemos que ainda não éramos sérios. Adorávamos blues, mas decidimos que precisávamos explorar outros tipos de música. Era muito importante, e, de outra forma, não teríamos sobrevivido. Foi aí que um produtor veio falar com a gente com uma demo de "For your love".

Havíamos gravado uns dois singles que não tinham nem encostado nas paradas nacionais. Sabíamos que "For your love" era uma música ótima e fizemos um arranjo bem progressivo. Tinha bongôs, contrabaixo, Brian Auger num órgão Hammond e tudo o mais. Lembro muito bem da gravação. Foi mágico, dava para sentir a eletricidade no ar. Mas uma rixa estava acontecendo entre Paul e Eric pelo controle da banda. Não era assim que Eric queria as coisas. Ele queria continuar a tocar blues e não conseguia aceitar "For your love", por isso caiu fora.

Então lá estávamos com "For your love" a escalar as paradas como um foguete para a Lua e sem guitarrista solo. Era uma encrenca, pois não se encontravam guitarristas naquela época — gente que tinha colhões para fazer bends e tal.

A única pessoa de que lembramos foi Jimmy Page. Sabíamos que ele fazia estúdio e que tinha a reputação de ser muito versátil e incrivelmente profissional, por isso foi nossa primeira escolha. Mas também era óbvio que ele estava bem fazendo apenas estúdio. E quem ia criticá-lo por isso? Ele estava aprendendo muito. Trabalhava com as melhores pessoas no mundo da música, incluindo produtores como Glyn Johns e Mickie Most, e músicos de estúdio como Big Jim Sullivan. Eles eram heróis.

Estávamos meio que em pânico, porém quando Jimmy nos rejeitou não pudemos culpá-lo. Ele ainda estava em aprendizado. É por isso que o cara é um gênio como produtor. Ele era observador e viu esse monte de gente criar e quebrar regras. Foi um grande crescimento como engenheiro e também como músico.

Mas o bom foi que ele nos apresentou Jeff Beck, que tocava numa banda chamada The Tridents. Já tínhamos visto os caras tocarem no Eel Pie Island, e Beck era fantástico.

Jeff era muito quieto. Ele falava através da guitarra; era assim que todos falávamos. Talvez fosse difícil para ele, pois estava entrando numa banda que estava junta havia alguns anos. E você sabe que bandas são uma coisa bem estranha. São mais grudadas que casamento. Tínhamos nossa língua, nosso humor — em grande parte inventado pelo Eric, se me permite dizer. Jeff era diferente de nós e parecia meio tosco — ele era mecânico. Lembro de ele me contar uma história de alguém que o irritou e por isso ele jogou solvente no carro da pessoa. Pensei [*sarcástico*]: "Sim, é bem disso que precisamos na banda". Jeff não era muito sociável, mas sempre tocava músicas sensacionais.

Então Jeff entra nesse conjunto pronto com a "Four your love" subindo nas paradas. De repente estávamos tocando em teatros, na televisão, e como eu havia aprendido a comprar roupas com Eric, que se vestia de maneira muito elegante, me passaram a tarefa de dar um trato em Jeff. Então o levei a Carnaby Street, ele fez um corte de cabelo repicado, e compramos umas camisas legais e outras coisas.

"Eu aproveitei tudo que podia. . ." **59**

Sempre soubemos que Jeff era gênio, já de saída. Ele não era um músico tradicional como Eric; era experimental. Se você quisesse um som que parecesse a sirene da polícia, Jeff fazia. Ele fazia acontecer. Galinhas cacarejando. Cítaras. O que fosse!

Para o álbum *Roger the engineer*, escrevíamos as músicas, deixávamos a base de fundo e aí trazíamos Jeff para se derramar sobre aquilo. E ele sempre trazia sons fantásticos. Não achávamos que ele ia conseguir. Lembro de ler uma entrevista em que Jeff disse que os Yardbirds faziam muita pressão sobre ele porque queriam um monte de coisas e ele tinha que dar um jeito. É claro que não sabíamos que ele ficava tão angustiado. Teve aquela famosa sessão de "Heart full of soul", em que trouxemos tocadores de tabla e um citarista para tocar o riff principal, mas foi impossível, porque eles não pegavam o timing. Jeff veio com um fuzz box e disse: "Bom, por que não fazemos *assim*?". É claro que ele fez muito bem.

Ele era um gênio em criar paisagens sonoras. Acho que não demos o valor que ele merecia, porque ele era brilhante.

NOSSO VOCALISTA, KEITH RELF, era inigualável. Acho as composições dele muito fortes. E ouça só ele tocando gaita — ninguém tocava gaita daquele jeito, ninguém. Ninguém fazia riffs com o guitarrista como ele. Penso que a interpretação vocal de Keith em "Heart full of soul" e "For your love" foram igualmente brilhantes. O.k., dá pra ter cantores mais fortes, como Robert Plant, mas ele foi um verdadeiro artesão, muito original.

Infelizmente, ele bebia demais e estava se autodestruindo. Eu sabia que ele ia morrer jovem. Tinha uma asma terrível e chegou a perder um pulmão durante o período que passou conosco, quando Eric ainda estava na banda. Você imagina? Um vocalista que tocava gaita só com um pulmão? Para piorar a história, não tínhamos bons sistemas de PA na época. A Vox nos deu umas colunas de PA, mas, sinceramente, não se ouvia porra nenhuma. Era o pesadelo de qualquer vocalista, e pior para um vocalista que também tocava gaita.

Guitarristas tinham seus próprios amplificadores, e aqueles primeiros amplificadores Vox faziam um baita som. Jeff tinha seu ego e gostava que tudo fosse beeem alto — e precisava que fosse alto para fazer os efeitos. Competir com aquilo era algo de matar para um vocalista. Sei que era difícil para o Keith. Ele ficava meio incomodado. Para ficar no nosso nível, Keith muitas vezes perdeu a voz.

Ele estava ciente da imagem que tinha, mas não era do tipo viril que estufa a saqueira. Não demorou muito para que o poder de um guitarrista como Beck fizesse sombra sobre ele.

PAUL SAMWELL-SMITH era quase o oposto de Keith e Jeff — meio quadradão e muito pouco rock 'n' roll. Eu sabia que ele andava bem cansado da estrada. Achava aquilo pouco civilizado, e *era* mesmo na época. As pessoas que faziam a promoção, principalmente nos Estados Unidos, eram em geral da máfia. Lembro de tocar no clube de Vanilla Fudge em Long Island e de ser apresentado a gente de dar medo, de dois metros e meio, com cicatrizes nas orelhas e caras feitas a soco, de nomes tipo "Vinnie".

Os Yardbirds sempre se viram nas circunstâncias mais surpreendentes. Fizemos uns shows bem difíceis. Uma vez, no País de Gales, fomos tocar no que parecia ser um grande banheiro, e o realizador disse: "Vocês começam às dez, mas, aconteça o que acontecer, *não parem de tocar* até a gente dizer para parar". E a gente ficou pensando: mas que porra é essa? Não havia ninguém lá — ninguém! Aí, às onze, as meninas começaram a entrar. Estavam tortas de tão mamadas, tropeçando e vomitando nas paredes. E então, às onze e meia, os pubs fecharam, e os caras entraram e começaram a brigar. Um cara jogou uma cadeira e esmagou o rosto de outro que estava bem na frente do Eric. Eric tinha acabado de comprar uma Telecaster branca, novinha, aí um jato de sangue atravessou o salão e espirrou nela toda. Estávamos tocando uma música do Chuck Berry e começamos a dizer para nós mesmos: "Aconteça o que acontecer, continue a tocar... *pelo amor de Deus, não pare de tocar!*".

Enfim a polícia apareceu e acabou com tudo. Parece que isso acontecia toda noite de sexta naquela cidade. Duas comunidades rivais de mineradores de carvão se encontravam e se estraçalhavam. Claro que nem todos os shows foram assim, mas os Yardbirds tocaram em todo tipo de lugar que você puder imaginar, de universidades a estádios, de cinemas a clubes minúsculos em que não cabiam mais de cem pessoas.

Paul não estava feliz com nada disso, o que nos leva ao motivo pelo qual deixou a banda. Paul era meio esnobe, meio chegado na desigualdade entre as classes. Ficava feliz quando éramos convidados a tocar no Baile de Maio da Universidade de Cambridge, que era muito prestigioso e classe alta. Só agendavam grandes artistas e tinham muita grana. Era um evento meio formal, mas tinham um buffet fantástico para os artistas, com vinho e comida à vontade. Keith estava com a corda toda. Foi durante seu período de bebedeira, e acho que ele se sentiu meio desconfortável de tocar para a elite do establishment inglês, que era absurdamente afetada. Era uma gente que não sabia nem dançar — eram uns robozinhos, muito engraçados.

Keith ficou muito bêbado. Estava tão bêbado nos bastidores que ele e Graham Nash, da Hollies, que também estavam na noite, começaram a quebrar bandejas de plástico com golpes de caratê. Começaram com uma e terminaram com cinco. E aí, o que obviamente aconteceu? Ele quebrou todos os dedos da mão direita. Estava tão mamado que nem percebeu o que tinha ocorrido. No nosso último set, tivemos que literalmente amarrá-lo ao microfone. E tudo que ele sabia cantar era... [*faz sons de peidos*]. Cara, foi punk. Punk genuíno. E, acredite se quiser, naquele dia Jeff tinha trazido Jimmy com ele. Jimmy amou. Achou o melhor show que já tinha assistido.

Por mais que Jimmy tenha amado, Paul odiou. Então lá estávamos nós de novo: Paul vai embora, e mais uma vez estamos atrás de um novo membro. Então fomos de novo ao Jimmy, e dessa feita o *timing* foi perfeito. Em certo sentido, não foi surpresa ele ter entrado. Os Yardbirds eram uma banda em que qualquer guitarrista gostaria de estar. Nenhuma outra banda britânica lhe daria asas para voar. Jimmy estava cansado de ser músico de estúdio e topou na hora, tanto que durante um período curto ficou no baixo. Ele adorou ter voltado a uma banda para tocar ao vivo. Jimmy é um cara esperto e viu que o futuro era passar do estúdio para o palco e que dessa vez os Yardbirds poderiam tocar praticamente em qualquer lugar do mundo.

Então é isso, tínhamos o Jimmy e no papel tínhamos uma banda dos sonhos com dois guitarristas solo de primeira. Podíamos ter feito a versão britânica dos Allman Brothers... antes dos Allman Brothers. Porém não foi assim. Jimmy era absolutamente profissional, mas também tinha seu ego. E já tínhamos um grande ego com Jeff — que na época não percebemos que se banhava na luz de seus próprios holofotes. Quem ia querer tirar isso do Jeff? Bom, só havia um camarada que podia tirar isso do Jeff: o Jimmy.

Mas eles começaram a trabalhar juntos nas guitarras e aquilo deu certo. Dá para ouvir como dava certo num dos meus singles favoritos, "Happenings ten years time ago". É uma perfeita ópera rock de dois minutos e meio.

No fim das contas, acho que Jeff se sentiu meio diminuído por ter que dividir os holofotes. Ele não tinha problema em dividir o palco comigo porque eu não era ameaça. Eu estava lá para fazer o Jeff soar melhor, e comigo tocando a rítmica você sempre vai soar melhor. Mas quando Jimmy veio com seu talento e seu vigor, Jeff sentiu-se ameaçado. Jimmy trouxe mesmo esse vigor.

Acho que Jeff saiu por vários motivos. Ele se sentia um pouco intimidado por haver outro grande guitarrista em cena e estava cansado das condições da turnê. Nosso empresário, Simon Napier-Bell, havia nos colocado numa turnê horrenda à la Dick Clark, com ônibus Greyhound antigos para fazer os traslados, e isso é de matar qualquer um. Na metade da turnê já estávamos pirando. E Jeff deu um vacilo lá pelo meio, destruiu uma guitarra bem na minha frente, no camarim, e voltou para Los Angeles. De repente, éramos quatro. Sendo o profissional de sempre, Jimmy disse que tínhamos um contrato, que devíamos seguir tocando. Ele começou a fazer muito mais na guitarra e curtiu muito aquele momento.

Para mim foi uma das melhores épocas na banda. Os primeiros anos eram legais, mas ficou difícil lá pela sétima turnê nos Estados Unidos. Então, quando o Jimmy entrou e eu passei para o baixo, a diversão voltou. Jim e Keith, infelizmente, estavam tomando outro rumo. Ficavam mexendo com drogas, de vez em quando sumiam.

Quando a banda virou um quarteto, nos dividimos em dois times. Havia Jim McCarty e Keith, que viajavam juntos no Mini Cooper deles, e Jimmy e eu, que viajávamos no meu Mini. Jimmy não sabia guiar, e eu adorava dirigir, então não tinha problema. Eu tinha um Mini Cooper S, que era muito leve e ridículo de tão potente. Era um carrinho bem imbecil mas ótimo de dirigir! Voltávamos dos shows tarde, e naqueles tempos quase não havia autoestradas. Você tinha que andar quilômetros de estradas vicinais. Jimmy nem sabe que quase o matei. Nunca contei essa história para ele, mas fiz uma curva num desses vilarejos a uns 130 ou 150 quilômetros por hora, e tinha uma merda de um burro na estrada. Ele estava dormindo. Não bati no burro por pouco. Teríamos virado lendas. E, claro, eu sempre ria muito, porque ele dormia depois do show e eu ficava dando guinadas para ver quantas vezes eu fazia a cabeça dele bater pra lá e pra cá até ele acordar!

Infelizmente, *Little games*, o álbum que gravamos com Jimmy, foi um projeto descartável que fizemos para nosso produtor, Mickie Most, e não refletia em nada o que fazíamos ao vivo. Mickie era um hitmaker e não entendia o que a gente fazia. Lembro uma vez, no escritório dele, que ele puxou uma gaveta cheia de fitas demo, e claro que nada do que ele tirava dali era bom para nós, exceto talvez "Little games".

Mickie era um cara bem-sucedido, mas ele queria os instrumentos gravados às dez, almoço ao meio-dia, vocais regravados até as cinco e chegar em casa para jantar. Ele só queria saber de singles e não estava nem aí para os álbuns. Basicamente, ele dizia: "Podem fazer o que quiserem no álbum, desde que cumpram o prazo". E, mais uma vez, tínhamos nossa arma secreta: o know-how técnico do Jimmy. Então aquele álbum foi escrito e gravado praticamente por nós, do nosso jeito. Foi a melhor coisa que saiu do período Mickie Most. Às vezes é meio rústico, às vezes meio grandioso, mas está à frente de seu tempo. É um álbum *cult*. Assim como "Happenings ten years time ago", levava um tempo para você amar.

Dava para ver como Jimmy já era esperto naquela época. Mesmo quando estava nos Yardbirds, ele sabia que os tempos estavam mudando e que não se precisava mais de singles. Ele sabia que os álbuns estavam ficando mais importantes e procurava capturar todo o sabor da banda. Ele conseguiu realizar essa perspectiva com o Led Zeppelin e provou que estava certo.

64 LUZ & SOMBRA

Não sou dos que se lamentam, mas queria que os Yardbirds tivessem continuado. Eu achava nosso quarteto sensacional. Estávamos crescendo, ganhando lastro, ficando mais criativos a nosso modo. Jimmy trouxe vida para a banda. Mas naquele momento tínhamos dois caras que estavam cansados. Eles queriam tocar o que eu chamaria de "música de água", ou música new age. Para mim aquilo não dizia nada, mas era o que eles queriam fazer. Então eles caíram fora na nossa última turnê, e por intermédio de um advogado disseram que as turnês tinham acabado e muito obrigado.

Jimmy ficou decepcionado, mas saiu de lá com dezoito meses de ideias no bolso. Eu estava meio cansado da estrada. Entrei na banda aos quinze e saí aos 21, então ainda era muito moço. Nunca quis tocar com ninguém que não os Yardbirds, e eu tinha outro grande amor: a fotografia. Não sei o que o futuro ia me trazer, mas estava cansado de acordar toda manhã e depender de um alcoólatra ou de um drogadinho. Não conseguia mais. Queria moldar meu próprio destino, pelo menos por um tempo, e a fotografia fechava bem com essa ideia.

Eu sabia que o Jimmy queria continuar e que os Yardbirds tinham que cumprir umas datas na Escandinávia. É óbvio que os Yardbirds não existiam mais, mas Jimmy queria montar uma banda e cumprir aquelas datas. Fui até Birmingham com Peter e Jimmy para dar uma olhada no Robert Plant. Ele estava tocando com o grande John Bonham, e todos dissemos: esse é o baterista que você precisa, Jimmy. O engraçado foi que ninguém estava muito certo quanto ao Robert Plant, porque ele gritava um pouco demais naqueles tempos.

John Paul Jones foi um grande baixista e fazia um som sensacional. Ele usava aqueles baixos Ampegs e Fender Jazz, lá do início, enquanto nós tocávamos Rivoli, que dava um som meio denso. Ele tinha um som ótimo, limpinho, perfeito, e não havia baixista melhor para o Led Zeppelin. Então, no fim daquele dia, Jimmy acabou montando a combinação perfeita, e ele tinha trabalhado várias ideias dos Yardbirds, tinha tudo aquilo na cabeça. Eles se sentaram na primeira audição para tocar "Train kept a-rollin'", ou sei lá o quê, e se os músicos se acertam tocando aquilo é porque existe alguma coisa. Então fiquei de fora. E, na época, aliviado. Eu não tinha grana. Estava com 21, e devia ter uns trezentos dólares na conta. Loucura, né? Mas não tinha importância. Eu tinha a fotografia e fiz aquilo dar certo.

Pouco depois fui trabalhar em Nova York, e acho que só fui reconhecido uma vez, por um mensageiro. Meu estúdio ficava na Quinta Avenida, perto da Washington Square, e entrou um cara cheio de envelopes. Ele estava no estúdio enquanto a gente fotografava e perguntou: "Você não é o Chris Dreja dos Yardbirds?". Ninguém do meu mundo novo sabia que eu tinha sido músico e eu nunca falava naquilo.

Fiquei tão traumatizado depois da separação que passei anos sem conseguir ouvir música. Fui para Nova York e, nesse meio-tempo, Jimmy montou o Led Zeppelin e aquilo virou um monstro. Jimmy me deixou fazer a foto da contracapa do primeiro disco. Me pagaram 21 guinéus! Jimmy e eu tínhamos uma ótima relação na fotografia porque ele confiava cegamente em mim. Mas eu também o deixava bonitão!

Um dia, quando eu e minha mulher estávamos morando no Brooklyn, Peter Grant me ligou para dizer que a banda ia tocar no Madison Square Garden e queria saber se eu podia dar uma passada. Achei que ia ser legal ver o pessoal de novo, então nos encontramos lá embaixo, no estacionamento, e eles me levaram até o camarim. Eles foram muito, muito legais comigo — nada de ego e muito respeitosos em todos os sentidos. Lembro de Jimmy se voltar para mim e dizer: "Agora vamos sair pra tocar, Chris, venha com a gente. Pode sentar onde quiser". Eu fui, e naquela época eles costumavam abrir com "Whole lotta love". E lembro de andar pelo chão de concreto nos bastidores, e o prédio estava se mexendo — aquele monte de concreto balançava. Cheguei ao rock 'n' roll mais foda que eu já tinha ouvido, e tudo aquilo era tão imenso que eu não conseguia acreditar. Eu estava tão por fora que não me dei conta do tamanho que ia ter aquele show.

Quando deixei os Yardbirds, nosso maior público devia ter sido de 5 mil pessoas. De repente, lá estavam 25 ou 30 mil. Nesse intervalo eu tinha virado um monge. Aquilo foi uma revelação para mim.

[C A P Í T U L O]

PAGE DEIXA OS YARDBIRDS, FORMA
O LED ZEPPELIN E GRAVA OS PRIMEIROS
DOIS ÁLBUNS DA BANDA.

Performance de Page para a gravação de "Whole lotta love" nos Estúdios A&M, em Los Angeles, 1969
(© *Chuck Boyd*)

"EU QUERIA TODO O CONTROLE ARTÍSTICO NA MINHA MÃO..."

NO INÍCIO DO VERÃO de 1968, Jimmy Page retirou-se para sua casa vitoriana às margens do Tâmisa e lá armou sua próxima jogada. Os Yardbirds haviam acabado. Era o final dos anos 1960, um dos períodos mais empolgantes na história da música pop, e a cultura se transformava à velocidade do som. Era hora de agir, e Page sabia exatamente o que queria.

Os Yardbirds haviam feito várias turnês pelos Estados Unidos, e essa experiência deu ao guitarrista oportunidade de afinar-se com os gostos do mercado norte-americano. "No final dos anos 1960, as FMs dos Estados Unidos eram muito abertas e tocavam o lado inteiro do álbum, incluindo bandas mais experimentais, como Yardbirds, Cream e Traffic. Eu sabia que podia criar alguma coisa para aquele panorama musical", lembra Page.

Com esse intuito, o guitarrista construiu cuidadosamente a planta baixa de sua banda ideal. O grupo que ele imaginava seria uma combinação de "blues, hard rock e música acústica coroado com refrões pesados e memoráveis".

Num golpe de sorte cósmica, ele encontrou muito rapidamente os homens certos para ajudá-lo a alcançar seus ambiciosos objetivos musicais. John Paul Jones, um dos melhores baixistas, tecladistas e arranjadores de estúdio da Inglaterra, estava tão cansado das cabines quanto Jimmy já

70 LUZ & SOMBRA

estivera e pediu para entrar na nova banda de Page. Ao reconhecer o vasto talento e a versatilidade de Jones, ele imediatamente alistou o multi-instrumentista.

O vocalista Robert Plant, recomendado pelo amigo de Page, o cantor Terry Reid, também foi uma descoberta incrível. O indomável Plant não só era um vocal principal em todos os aspectos, mas tinha também uma voz vulcânica e andrógina que se adequava a tudo, desde ao blues mais obsceno até a balada mais delicada.

Mas talvez a grande descoberta tenha sido o baterista John Bonham, que havia tocado com Plant em outras bandas. Page estava atrás de um grande baterista, porém Bonham "estava além de qualquer coisa que eu pudesse imaginar", disse. "Ele era super-humano."

Desde o primeiro ensaio num porão na Gerrard Street, onde hoje é a Chinatown de Londres, ficou evidente que a banda ia dar certo. Aquela sala explodiu. Page lembra-se dos quatro músicos rindo de como mandavam bem ao tocar músicas como "Train kept a-rollin'", que tinha sido famosa com os Yardbirds. Há versões contraditórias quanto à escolha do nome Led Zeppelin para a banda. A mais persistente é a de que o baterista do The Who, Keith Moon, lançou a frase enquanto Page estava produzindo a sessão de "Beck bolero" com ele, Moon, Jeff Beck, John Paul Jones e o pianista Nick Hopkins, meses antes (ver página 27).

"Keith estava animadaço naquela sessão e disse que devíamos formar uma banda permanente que se chamaria Led Zeppelin", disse Page. "Era uma brincadeira com a expressão que diz que piada ruim sobe como balão de chumbo [led balloon]. Aquilo ficou comigo porque achei engraçado e porque gosto da ideia de 'leve e pesado' ao mesmo tempo."

Tendo armado sua banda dos sonhos, Page estava tão confiante que decidiu produzir o grupo por conta própria e vender o resultado para a gravadora que pagasse mais. O Led Zeppelin reuniu-se no Olympic Studios de Londres em novembro de 1968, com produção de Page, e, após poucas semanas de ensaio e uma curta turnê na Escandinávia, montou sua revolucionária estreia em estúdio com apenas trinta horas ao custo de aproximadamente 1.700 libras.

"Eu queria todo o controle artístico na minha mão. . ." **71**

Mas mesmo com o prazo apertado a banda conseguiu fazer "luz e sombra" exatamente da maneira como Page havia imaginado. Partindo da ameaçadora "Dazed and confused" até a folk "Babe I'm gonna leave you", passando pelo pop inconstante de "Communication breakdown", a potência, a versatilidade e a imaginação do Led eram inegáveis.

Não é surpresa que o grande destaque de *Led Zeppelin* tenha sido a guitarra inovadora de Page. Os anos nos clubes, as infinitas sessões de estúdio, tocar com os melhores músicos britânicos e a evolução de sua expressão singular nos Yardbirds foram uma combinação que rendeu um talento diversificado e sofisticado em termos de potência e sutileza. Em certo sentido, a estreia do Led Zeppelin foi a prova de que Jimmy era o roqueiro perfeito. Ele sabia ser psicodélico ("How many more times"), blueseiro ("You shook me"), tocar acústico no estilo dos grandes revivals folk da época ("Black mountain side") e, talvez mais importante que tudo isso, ser um verdadeiro revolucionário.

Em uma seção da obra-prima do álbum, "Dazed and confused", ficou famosa a história de que Page tocou sua Telecaster com um arco de violino, criando um efeito sinistro que mesmo hoje prende a atenção do ouvinte. Criada quando Jimmy ainda estava nos Yardbirds, a dramática composição é estruturada de maneira que cada membro da banda ganha oportunidade de demonstrar suas habilidades. O walking bass de John Paul Jones soa de forma assustadora e sombria, a bateria de Bonham explode como minivulcões em cadeia, e Robert Plant uiva e geme como um homem ao mesmo tempo às raias do tormento agonizante e do êxtase sexual hardcore.

A guitarra de Page, contudo, é o grande achado. Gravada quase toda num único take apenas com sua Telecaster, um amplificador Vox, um Sola Sound Tone Bender para distorção, um pedal wah-wah e um arco de violino, a guitarra soa como uma orquestra de texturas alienígenas e horror sonoro. Foi uma composição tão titânica que viria a tornar-se marca registrada de Jimmy e pedra fundamental de suas improvisações em grupo, hoje lendárias, que em diversos shows chegaram a durar mais de vinte minutos.

A estreia do Led Zeppelin também demonstrou que Page precisava ser reconhecido como produtor. Recheado de performances incríveis,

72 LUZ & SOMBRA

composições grandiosas e efeitos deslumbrantes, como o eco reverso de "You shook me", o disco também deixou claro que Jimmy sabia tirar o melhor de sua banda e podia fazer isso de forma ao mesmo tempo disciplinada e veloz.

Com o álbum finalizado, Page convocou o ex-empresário dos Yardbirds Peter Grant para levar o Led Zeppelin a sério. Usando a associação do guitarrista com os Yardbirds como isca, o impiedoso Grant conseguiu um contrato de distribuição mundial de cinco anos com a Atlantic Records. De acordo com os termos do contrato, que fizeram história, foi prometido à banda controle criativo total — seus discos seriam produzidos de maneira independente, sem interferência do selo. O grupo também teria controle sobre a arte das capas, os anúncios, as fotos de divulgação e tudo o mais relacionado à sua imagem.

Em 12 de janeiro de 1969, foi lançado *Led Zeppelin*. O disco entrou nas paradas norte-americanas na posição 99. Sua melhor posição foi a décima, mas o álbum permaneceu nas listas por incríveis 73 semanas consecutivas. Embora o impacto do *Led Zeppelin* tenha sido fora do comum para uma banda inédita, o mais impressionante foi o fato de a popularidade do grupo ser resultado do boca a boca, do espaço que conseguiu nas rádios underground e de shows ao vivo simplesmente imbatíveis. Não foram enviados singles para as rádios top 20, como era quase regra, e a banda praticamente não teve apoio da imprensa roqueira, pega de surpresa pelo sucesso repentino.

O que aconteceu foi que a previsão de Page quanto à portentosa ascensão da rádio FM nos Estados Unidos estava acertadíssima.

D EPOIS DO SUCESSO desenfreado do álbum, o Led Zeppelin viu-se diante de um interessante dilema. Devia continuar na estrada promovendo as vendas do primeiro disco ou voltar ao estúdio e botar logo para assar o segundo álbum, aproveitando que o forno ainda estava quente? Para Jimmy Page e o empresário Peter Grant, a resposta era tão óbvia quanto insana: as duas coisas.

Embora a decisão de gravar ainda em turnê tenha sido pouco ortodoxa, não foi tão descuidada quanto parece. A última coisa que o Led queria fazer era sair da estrada, pois estava óbvio entre todos que era o show absurdamente dinâmico da banda que estava levando o primeiro álbum à estratosfera.

Na época em que a banda estourou, o movimento hippie estava em efervescência e o circuito dos concertos estava lotado de jam bands desordenadas, preguiçosas, com pouca ou nenhuma presença de palco. Fazendo forte contraste, o Led decidiu atingir as pessoas com toda a força fazendo shows grandiosos. Queriam ter uma aparência legal, um som legal e ser ainda mais legais tocando. E numa época em que poucos artistas davam atenção ao entretenimento — o negócio era saber tocar —, Page e seus companheiros eletrizaram o público com uma apresentação dinâmica e extremamente focada.

"Quando o Led Zeppelin surgiu, achei os caras fantásticos", disse Roger Daltrey, vocalista do The Who, à revista *Classic Rock*. "Eles abriram para a gente num dos primeiros shows deles nos Estados Unidos, em Maryland. Fiquei do lado do palco e os vi tocar; achei tudo genial. Fiquei impressionado. Era óbvio que já conhecíamos os caras, eu conhecia o Jimmy havia muito tempo. Ele tocou [*como músico de estúdio*] no primeiro single do The Who. Eram como o Cream, mas com muito mais peso. Jack Bruce, do Cream, na verdade era um vocalista de jazz e blues, mas o Robert sabia fazer rock.

"No início da nossa história, a gente fazia muito show com o Hendrix e com o Cream, a fórmula trio + vocalista. Foi assim que a gente aprendeu. Mas o Led levou aquilo a um outro nível. Tinha potência. De repente surgiu um novo jeito de fazer música. O cenário musical estava ficando meio enfadonho. Na época até o Hendrix estava meio cansado. Ele estava indo para o jazz. O Led restaurou tudo."

Compor e gravar na estrada seria difícil, mas Page e a banda estavam dispostos a fazer dar certo. Com ambição e criatividade a toda potência, o quarteto faria do segundo álbum algo maior e melhor que o predecessor. "Tem muitos grupos que relaxam depois do primeiro álbum, aí o segundo decepciona", comentou Page com o biógrafo do Led, Ritchie York. "Eu queria que cada álbum fosse melhor que o anterior — esse é o sentido da coisa."

74 LUZ & SOMBRA

A banda estava mais que um passo além. Page e companhia rodaram pelo mundo para atingir o objetivo de finalizar o álbum, mesmo que ainda enfrentassem um cronograma de turnê extremamente agitado. Mas embora *Led Zeppelin II* tenha sido gravado e mixado em vários estúdios de Londres, Nova York, Memphis, Los Angeles e Vancouver ao longo de 1969, o som do álbum não ficou nem um pouco desarticulado. O disco, aliás, era exatamente o que Page queria: uma consolidação das melhores ideias que se viam no primeiro álbum do Led, com experimentação o suficiente para mostrar que a banda tinha determinação para crescer, como no tom jazz de "What is and what should never be" ou na sensualidade sem precedentes que foi "Whole lotta love".

Assim como o primeiro álbum, o novo trabalho crepitava com o entusiasmo e a energia da descoberta. Houve, contudo, mudanças significativas. Ainda em turnê no início de 1969, Jimmy aposentou sua Telecaster 1958 e começou a tocar uma Les Paul Standard 1959 *sunburst* que comprou do guitarrista da James Gang, e depois dos Eagles, Joe Walsh.

No final dos anos 1960, Walsh participou de um evento da Universidade Estadual de Kent, em Ohio, tocando em várias bandas pelos arredores de Cleveland. Ele conheceu Page quando ele ainda estava nos Yardbirds, e eles se reencontraram quando James Gang abriu um show do Led no início de 1969.

"Sempre achei que Jimmy era um grande cara e um grande guitarrista", disse Walsh. "Quando o conheci, ele ainda usava a Telecaster com a pintura de dragão, mas ele me disse que estava à procura de uma guitarra com mais cordas. Fiquei feliz de ter duas Les Pauls na época e ofereci a ele aquela de que eu menos gostava! A guitarra era bem diferente, porque o braço era largo demais para o meu gosto, então ela teve que ser remodelada pelo falecido Virgil Lay, o lendário proprietário da loja Lay's Guitar Shop, em Akron, Ohio, que lixou e afinou o seu braço.

"Eu não era exatamente um colecionador de guitarras como tantos hoje em dia, mas adorava ir a pequenas casas de penhores e lojas de instrumentos musicais à caça de guitarras e amplificadores legais que eu pudesse consertar. As guitarras Les Paul não eram muito caras na época, mas eram dificeis de encontrar. Em *Blues breakers*, Eric Clapton tocou uma que foi realmente emblemática. Quando todo mundo passou a querer uma Les Paul, elas simplesmente começaram a desaparecer."

"Era uma guitarra feita para mim", disse Page. "Joe Walsh me disse que eu tinha que comprar aquela guitarra. Estava certo. Ela virou minha esposa e amante... sem pensão!" Page também mudou de amplificador, decidindo-se pelos amplificadores de cem watts produzidos pela Marshall. Em 1998 ele explicou: "Era um equipamento de ponta. Eles tinham um ótimo som e eram seguros quando você estava na estrada. Eu sempre tinha problema com os amplificadores — os fusíveis estouravam, essas coisas".

A combinação entre guitarra e amplificador novos criou um som mais amplo, mais denso, que já se ouvia na trovejante "Heartbreaker", movida a riffs, que destacava uma cadência veloz e complexa, sem acompanhamento, a qual acabou se tornando o ponto alto de Page nos shows.

"Lemon song", gravada em maio no Mystic Studios de Hollywood durante a segunda turnê nos Estados Unidos, também foi destaque. Embora a gravação soe descomunal, na verdade ela foi capturada totalmente ao vivo num estúdio de cinco por cinco. "A sala, onde Ritchie Valens e Bobby Fuller já tinham gravado, tinha paredes de madeira e muita ambiência", disse Page. "Era uma sala pequena, mas a energia da banda transpareceu."

"Vi o Led no verão entre o lançamento do primeiro e do segundo álbum deles", lembra-se o guitarrista do Kiss, Paul Stanley. "Foi a banda mais surpreendente que já vi até hoje. Eu e meu amigo saímos do show, nos olhamos e dissemos: 'É melhor a gente não dizer nada, não vai fazer jus'. Foi o casamento perfeito de todos os elementos que criaram o rock 'n' roll. Era sexy, implacável, perigosa."

Assim como seu antecessor, *Led Zeppelin II* foi um estouro instantâneo. Acabou desbancando *Abbey Road*, dos Beatles, do topo das paradas dos Estados Unidos, onde permaneceria por sete semanas até perder o lugar para o clássico de Simon & Garfunkel *Bridge over troubled water*.

Muitos sugerem que os primeiros álbuns do Led sedimentaram o heavy metal. Na verdade, eles tiveram um significado muito maior. Pode-se dizer que *Zeppelin I* e *II* abriram as portas para uma nova era da música, na qual o impacto dos álbuns só ficou maior a cada ano que passava, particularmente na produção do hip-hop e do rock e do pop modernos.

Até o Led surgir, a bateria ficava em segundo plano na maioria dos álbuns. Em diversos discos dos anos 1960, o bumbo — quando não toda a bateria — mal era ouvido. Existem várias explicações para isso: tinha a ver com as limitações da tecnologia de gravação, e também com a incompetência dos engenheiros de gravação, mas muito se deve ao simples fato de que esse era o *status quo*. Page, que queria maximizar o impacto do Led, começou a procurar uma maneira totalmente nova de gravar bateria.

O resultado de seus experimentos foi tão impressionante que hoje Page diz que um de seus grandes feitos como produtor/engenheiro foi a forma como armou os microfones para a bateria de John "Bonzo" Bonham.

O poder da bateria em *Led Zeppelin* é realmente assombroso. A caixa praticamente explode em "Whole lotta love", enquanto o bumbo bate como uma manada de cavalos irados em "Heartbreaker" e todas as outras faixas. Bonham joga pela janela a ideia da bateria como mero cronometrista em *II*. Em cada faixa, seu som é tão importante e presente quanto o vocal e as guitarras. Para deixar isso ainda mais claro, Page fez a bateria e os tambores de Bonham serem o foco da faixa instrumental "Moby Dick".

Depois de *Zeppelin II*, a banda fechou as portas para qualquer possibilidade de voltar à música pop. Page e Bonham haviam aberto uma caixa de pandora de possibilidades percussivas, e desde o lançamento dos dois primeiros álbuns do Led o papel da bateria e o espaço sonoro que ela ocupa na música só evoluíram. Partindo do extraordinário tom-tom que conduziu as baladas pop dos anos 1980, passando pelo hip-hop movido a bumbo e caixa do Beastie Boys, até chegar ao thrash do Metallica, quase todo músico contemporâneo tem um débito com os pioneirismos de Page.

CONVERSA

P:

VOCÊ CONSEGUIU TRADUZIR O DINAMISMO EXTREMO
DAS APRESENTAÇÕES AO VIVO DO LED ZEPPELIN EM
GRAVAÇÕES DE ESTÚDIO DINÂMICAS, E ISSO
DESDE O INÍCIO DA BANDA. QUAL ERA O SEGREDO?

78 LUZ & SOMBRA

JIMMY PAGE Isso *é* interessante, não é? Geralmente se pensa que um álbum dinâmico se traduz numa apresentação dinâmica, mas lá no começo o caminho era inverso. Acho que o fundamental foi termos gravado a bateria de John Bonham como um instrumento propriamente acústico num bom ambiente acústico. A bateria tinha que soar bem porque era a espinha dorsal da banda. Então dei duro para fazer o posicionamento do microfone. Mas é claro que, quando se tem alguém potente como John Bonham do seu lado, metade da batalha já está ganha.

Então a forma certa de capturar uma performance dinâmica é, essencialmente, capturar o som natural dos instrumentos.
PAGE Claro. Você nem precisa usar equalizador no estúdio se os instrumentos fazem um som bom. Tudo devia ficar com os microfones e o posicionamento deles. O que cria a ambiência é um instrumento sangrando no outro. Se você começa a limpar, aí começa a perder. Você perde essa espécie de halo que sai quando sangra. Aí, quando se elimina o halo, você tem que voltar lá e colocar reverb artificial, que nunca fica bom.

Isso é bem verdade, principalmente no blues. Tocar blues não é uma experiência intelectual. Muitas vezes se diz que os músicos invocam o espírito do blues para tocar. Mas como fazer isso quando não há espaço? E espaço também é essencial se você quiser capturar o mojo que os músicos criam tocando juntos, ao vivo.
PAGE E talvez essa seja a maior diferença entre a música que se tocava nos anos 1950 e a que se fez dos anos 1960 em diante — de repente tudo começou a ficar muito limpo. Fazendo isso, você tira todo o impacto da faixa.

Fora essa perspectiva musical forte que você tinha no início, você também tinha uma abordagem singular quanto ao aspecto comercial da banda. Sua intenção ao produzir o primeiro álbum e a turnê por conta própria era manter mínima a interferência da gravadora e ter o controle artístico da banda?
PAGE É verdade. Eu queria todo o controle artístico na minha mão, pois tinha noção exata do que queria da banda. Aliás, financiei e gravei por completo o primeiro álbum antes de irmos para a Atlantic. Não foi a história de sempre,

de receber um adiantamento para fazer o álbum — chegamos na Atlantic com as fitas na mão. A outra vantagem de ter essa perspectiva clara do que eu queria da banda foi que mantivemos mínimos os custos de gravação. Gravamos o primeiro álbum inteiro em questão de trinta horas. E é verdade. Sei porque fui eu que paguei a conta. [*Risos*] Mas não foi muito difícil, pois estávamos bem ensaiados, tínhamos acabado de fazer a turnê na Escandinávia e eu sabia exatamente o que queria fazer em todos os aspectos. Eu sabia aonde cada guitarra tinha que ir e como tinha que ser o som delas — tudo.

A mixagem estéreo nos dois primeiros álbuns foi muito inovadora. Isso também foi planejado antes de vocês entrarem em estúdio?
PAGE Eu diria que não foi bem assim. Claro que, depois de terminarmos os *overdubs,* eu tinha uma noção do posicionamento dos instrumentos na mixagem e de onde tinham que ficar os delays. Por exemplo, em "How many more times", você vai notar que tem vezes em que a guitarra sai de um lado e o eco de outro. Essas coisas foram ideias minhas. Eu diria que o único problema de verdade que tivemos no primeiro álbum foi que os vocais vazavam. A voz de Robert era muito potente e, por conta disso, acabou vazando em alguns canais. Mas o estranho é que parecia intencional. Eu era muito bom em recuperar coisas que davam errado.

Por exemplo, a faixa com a seção rítmica no início de "Celebration day" [de *Led Zeppelin III*] foi totalmente apagada por um engenheiro. Esqueci o que estávamos gravando, mas eu estava ouvindo nos fones e notei que não passava nada. Comecei a gritar: "Que diabos está acontecendo?". Aí notei que a luz vermelha de gravação estava ligada para o que antes era a bateria. O engenheiro tinha gravado sem querer por cima do Bonzo! E é por isso que você tem o sintetizador soando continuamente desde o final de "Friends" até entrar em "Celebration day", até a seção rítmica alcançar. Colocamos aquilo para compensar a faixa de bateria perdida. Isso se chama "resgate".

A ideia de ter uma perspectiva grandiosa e ficar aferrado a ela é mais característica das artes plásticas que do rock. O fato de você ter feito escola de artes influenciou seu raciocínio?

PAGE Não tenho dúvida. Uma coisa que descobri foi que os pintores abstratos que eu admirava também eram excelentes desenhistas técnicos. Cada um passava longos períodos sendo aprendiz e absorvendo os fundamentos da composição e da pintura clássica antes de começar a fazer a coisa a seu modo.

Aquilo me impactou porque eu via que estava traçando um caminho paralelo com minha música. Nas primeiras bandas em que toquei, quando trabalhei como músico de estúdio, produzir e frequentar a escola de artes foi, em retrospecto, meu aprendizado. Eu estava aprendendo e criando uma fundação sólida de ideias, mas não estava *realmente* tocando música. Aí entrei nos Yardbirds e de repente, *bum!*, tudo que eu tinha aprendido começou a se juntar, e eu estava pronto para fazer algo interessante. Tinha um apetite voraz por essa nova sensação de confiança.

Você já descreveu sua música em termos de "luz e sombra", que são definições usadas na pintura e na fotografia, não tanto no rock.
PAGE "Estrutura" também; a arquitetura também é importante.

"Good times bad times" dá a largada em *Led Zeppelin*. O que você lembra da gravação dessa faixa em específico?
PAGE O mais impressionante naquela faixa foi, sem dúvida, o bumbo sensacional do Bonzo. É uma coisa sobre-humana, principalmente quando você descobre que ele não estava tocando com pedal duplo. É um bumbo só! Foi aí que as pessoas começaram a entender qual era a dele.

O que você fez para criar o efeito de *overdrive* com a Leslie [*caixa acústica com um alto-falante giratório, usada principalmente para órgãos*] no solo?
PAGE [*pensa demoradamente*] Olha... Eu não lembro do que usei em "Good times bad times". Mas o curioso é que lembro de usar alguns pedais para fazer o *overdrive* numa caixa Leslie para o riff principal em "How many more times". Não soa como uma Leslie porque eu não estava usando os alto-falantes giratórios. A surpresa é que o som ganha peso. A guitarra está passando pelos pedais, depois por um amplificador que estava conduzindo a caixa Leslie. Foi uma experiência bem-sucedida.

Como você criou o eco reverso no fim de "You shook me"?

PAGE Quando eu ainda estava nos Yardbirds, nosso produtor, Mickie Most, estava sempre querendo que a gente gravasse músicas horrorosas. Numa das sessões, gravamos "Ten little indians", uma música imbecil que tinha um arranjo de metais ridículo. Aliás, a faixa inteira era péssima. Numa tentativa desesperada de salvar aquilo, me ocorreu uma ideia. Eu disse: "Olha só, vira a fita e coloca o eco dos metais em outra pista. Aí, vira a fita de novo e a gente faz o eco vir antes do sinal". O resultado foi muito interessante — parecia que o som da faixa era de trás para a frente.

Depois, quando gravamos "You shook me", falei para o engenheiro, Glyn Johns, que eu queria usar o eco reverso no final. Ele disse: "Jimmy, não tem como fazer". Eu falei: "Tem, sim. Eu já fiz". Aí começamos a discutir, então eu disse: "Olha, eu é que sou o produtor. Eu que vou dizer o que você tem que fazer, e você faz". Então ele fez tudo como eu disse, a contragosto, e quando terminamos ele se recusou a aumentar o *fader* para ouvirmos o resultado. No final das contas, tive que gritar: "Levanta esse volume, porra!". E eis que o efeito funcionou perfeitamente. Quando Glyn ouviu o resultado, parecia que estava passando mal. Ele não aceitava que alguém soubesse algo que ele não sabia, principalmente um músico.

O engraçado foi que Glyn fez o álbum seguinte dos Stones. E o que você ouvia no álbum dos Stones? Eco reverso! E aposto que ele levou todo o crédito pelo efeito.

Quando as pessoas falam do início do Led, tendem a focar no aspecto mais pesado da banda. Mas sua arma secreta era a capacidade de escrever grandes ganchos. "Good times bad times" tem um gancho pop clássico. Foi sua época de estúdio pré-Yardbirds que desenvolveu essa capacidade de escrever peças memoráveis?

PAGE Eu diria que sim. Aprendi coisas até nas minhas piores sessões — e eu já toquei numas horrendas.

Seus amigos tiravam sarro de você por tocar jingles?

PAGE Eu nunca contava para eles o que eu fazia. Só digo uma coisa: tenho muitos esqueletos no armário!

Como surgiu "How many more times"?

PAGE Essa música tinha um pouco de tudo, né? Ela foi construída de pedacinhos que eu criei quando estava nos Yardbirds, assim como outras como "Dazed and confused". Foi tocada ao vivo no estúdio. A gente ficava dando as deixas um para o outro só com o olhar.

John Bonham recebeu créditos de compositor por "How many more times". Qual foi o papel dele?

PAGE Eu iniciei a maioria das viradas e riffs. Mas quando algo era derivado do blues eu tentava dividir o crédito com outros membros da banda. [*Robert Plant não recebeu créditos de compositor no* Led Zeppelin *porque ainda estava sob contrato com a CBS.*] E eu achava justo, principalmente quando algum dos camaradas se envolvia no arranjo.

Você também usou um arco de violino nas cordas da guitarra naquela faixa.

PAGE Sim, como eu disse, tinha um pouco de tudo. Acredito que fiz coisas boas com o arco naquela faixa, mas fiquei muito melhor posteriormente. Acho, por exemplo, que tem momentos com o arco muito melhores no álbum ao vivo [*The song remains the same*]. Acho que algumas das linhas melódicas são totalmente incríveis. Lembro de ficar muito surpreso quando ouvi a gravação. Pensei: "Cara, essa, sim, foi uma inovação que teve significado".

Como surgiu a ideia de usar um arco de violino numa guitarra?

PAGE Quando eu era músico de estúdio, geralmente tocava com seções de cordas. No geral, os outros músicos ficavam na sua, fora um cara que um dia me perguntou se eu já tinha pensado em tocar guitarra com um arco. Eu disse que achava que não ia funcionar, porque o cavalete da guitarra não é arqueado como o do violino ou do violoncelo. Mas ele insistiu que eu tentasse e me deu o arco. E, mesmo com os rangidos que eu consegui tirar, fiquei intrigado. Só comecei a desenvolver a técnica muito tempo depois, mas foi aquele cara que me deu a ideia.

Seu arco, principalmente em "Dazed and confused", é bastante ampliado pelo delay.
PAGE Na verdade foi reverb. Usávamos aquelas placas de reverb antigas da EMT.

É um pouco surpreendente, porque tem momentos em que parece que você está usando delay de fita. Aliás, até onde me lembro, *Led Zeppelin* é o primeiro álbum em que foram utilizados ecos e delays tão longos.
PAGE É meio difícil de lembrar, e não sei dizer exatamente em que faixas, mas colocávamos muito o reverb da placa EMT em uma fita com o delay por cima — delay automático. Com os reverbs de mola antigos, o efeito não durava tanto.

Outro aspecto interessante do primeiro álbum é como você usa o violão, algo que o distingue de *guitar heroes* da época, como Clapton e Hendrix.
PAGE Nossas músicas acústicas eram feitas para criar dinâmicas tanto nos álbuns quanto nas apresentações ao vivo. As músicas mais difíceis não teriam tanto impacto se não houvesse as mais leves. Para nós foi muito engraçado as pessoas darem tanta atenção ao fato de a gente usar instrumentos acústicos em *Led Zeppelin III*, porque eles estavam lá desde o início. O primeiro álbum teve duas músicas que tendiam para o folk, "Babe I'm gonna leave you" e "Black mountain side", mas os críticos nem notaram. Por que será? Acho que eles ficaram totalmente absorvidos pelo segundo álbum, que era mais cheio de energia. Mas mesmo o segundo álbum teve seus momentos tranquilos, como "Ramble on" e "Thank you".

Nossa performance de "Babe I'm gonna leave you" mostrou como a banda era original. Não havia muitos grupos de hard rock com coragem de tocar uma canção gravada originalmente pela Joan Baez!

Seu arranjo do folk tradicional britânico "Black mountain side" também foi uma escolha interessante. Foi uma música gravada por artistas como Anne Briggs e Bert Jansch, mas você viu o potencial para o rock.
PAGE Como músico, sou apenas produto das minhas influências. O fato de eu ouvir música folk, clássica e indiana, além de rock e blues, era algo que me distinguia de muitos guitarristas naquela época.

84 LUZ & SOMBRA

De onde surgiram os elementos da Índia e do Oriente Médio em músicas como "Black mountain side", "White summer", "Friends" e "Kashmir"?

PAGE A música oriental sempre me chamou a atenção. Fui à Índia depois que voltei de uma turnê com os Yardbirds no final dos anos 1960, só para poder ouvir as músicas em primeira mão.

Para se ter uma ideia, eu tive uma cítara antes de George Harrison. Só não diria que eu tocava tão bem quanto ele; acho que George sabia usá-la muito bem. "Within you, without you", dos Beatles, é de extremo bom gosto. Ele passou muito tempo estudando com o [*músico indiano*] Ravi Shankar, e isso ficou visível. Mas me lembro de ter ido assistir a um show de Ravi bem lá no início. Faz tanto tempo que não havia nenhum jovem na plateia, só um bando de velhos da embaixada indiana. Eu tinha uma amiga que o conhecia, e foi ela que me levou para assistir. Ela nos apresentou depois do show, e expliquei que tinha uma cítara, mas não sabia afinar. Ele foi muito gentil comigo e escreveu a afinação num pedaço de papel.

Mas acho difícil dizer de onde tirei minha técnica, porque é uma mistura de um monte de coisas que circulavam na época. Às vezes eu digo para as pessoas que é resultado das minhas "conexões na CIA" — que é a sigla para música celta, indiana e árabe.

Você gravou "Baby come on home" durante as sessões de *Led Zeppelin I*, mas ela só apareceu em *Boxed set 2*, de 1993.

PAGE Acho que não chegamos a terminá-la — os vocais de apoio não ficaram legais. E na época todo o resto nos parecia ótimo. Foi só isso. Mas não me entenda mal, a faixa é boa e a voz do Plant está excelente. É que tínhamos um padrão alto.

Como a Atlantic reagiu quando você levou a eles o primeiro álbum?

PAGE Eles estavam bem interessados em ficar comigo. Eu já tinha trabalhado com um produtor deles e visitei o escritório da gravadora nos Estados Unidos em 1964, quando conheci Jerry Wexler, Leiber e Stroller e todo aquele pessoal [*executivos da Atlantic*]. Eles sabiam do meu trabalho com os Yardbirds porque eram bem moderninhos, por isso tinham grande interesse. E deixei bem claro que queria ficar na Atlantic, não no selo rock deles, o Atco, que tinha bandas tipo Sonny and Cher e Cream. Eu não queria cair na mesma vala que essa gente — queria estar vinculado a algo mais clássico. Mas voltando à sua pergunta: a reação da Atlantic foi muito positiva; afinal, eles nos contrataram, né? E quando eles receberam o segundo álbum ficaram em êxtase.

Há pouco tempo eu estava vendo fotos antigas da banda e notei que você usava uma variedade de amplificadores e guitarras bem estranhos na época do primeiro álbum. O que você usava antes de mudar para a combinação Marshall Super Lead/Les Paul, aquela que a maioria das pessoas lembra de ver você usando?
PAGE Basicamente era o que a gente conseguia comprar na época. Eu não ganhei muita grana quando estava nos Yardbirds, por isso no início estava bem duro. Na verdade, financiei o primeiro álbum do Led com o dinheiro que economizei como músico de estúdio. Meu equipamento era mínimo. Tinha a Telecaster que Jeff Beck me deu, um violão Harmony, várias caixas Rickenbacker Transonic que sobraram dos Yardbirds e uma mistureba de amplificadores, a maioria Vox e Hiwatts.

Eu tinha uma Les Paul Custom preta com uma alavanca tremolo que foi roubada nos primeiros dezoito meses do Led. Pegaram no aeroporto. Estávamos a caminho do Canadá, fizemos uma conexão em algum lugar e ela sumiu. Nunca chegou a nosso destino.

Qual você tocava no primeiro álbum?
PAGE Primeiro foi a Telecaster.

Aquela Tele tinha uma pintura customizada bem psicodélica.
PAGE Eu mesmo a pintei. Todo mundo pintava as guitarras naquela época.

O que aconteceu com ela?
PAGE Eu ainda a tenho, mas a história é trágica. Saí em turnê com a Les Paul 59 e, quando voltei, um amigo havia feito a "gentileza" de pintar por cima da minha pintura. Ele disse: "Tenho um presente pra você". Achou que tinha

86 LUZ & SOMBRA

feito um favor pra mim. Você deve imaginar *como* eu fiquei feliz. A pintura dele arruinou o som e a fiação, de forma que só o captador do braço funcionava. Eu recuperei aquele braço e coloquei na Tele *string bender* marrom que usei na Firm. Quanto ao corpo... vocês nunca mais vão vê-lo!

Você trocou a Tele pela Les Paul no segundo álbum porque achou que a Tele não estava dando conta?
PAGE Não. Se você ouvir o primeiro álbum, verá que a Tele fazia tudo com os pedais de que falei há pouco. Com certeza ela dava conta.

Então por que a deixou de lado?
PAGE Quando Joe Walsh estava tentando me vender a Les Paul dele, eu disse: "Estou bem feliz com minha Telecaster". Mas fiquei apaixonado assim que toquei com aquela Les Paul. Não que a Tele não seja adequada, mas a Les Paul era tão linda e fácil de tocar. Parecia uma guitarra boa para turnês.

Foi você que produziu, mas qual foi o papel dos engenheiros na criação do som dos dois primeiros álbuns?
PAGE Glyn Johns foi o engenheiro do primeiro álbum, e ele tentou ficar com o crédito de produtor. Eu disse: "De jeito nenhum. Fui eu que montei essa banda, eu que os trouxe aqui e dirigi toda a gravação. Tenho meu som de guitarra — vou te dizer uma coisa: nem fodendo você vai ficar com esse crédito". Então fomos de George Chkiantz e Eddie Kramer no segundo álbum, depois Andy Johns. Eu trocava os engenheiros de propósito porque não queria que ninguém se considerasse responsável pelo som. Queria que todos soubessem que o som era meu.

Eddie Kramer teve impacto em *Led Zeppelin II*?
PAGE Sim, eu diria que sim, mas não me pergunte qual. É muito difícil lembrar. Peraí, tenho um exemplo. Falei para ele aonde eu queria chegar no meio de "Whole lotta love", e foi ele que me ajudou a chegar lá, sem dúvida. Já tínhamos muitos sons na fita, incluindo um teremim [*instrumento eletrônico usado para criar os efeitos agudos que parecem sirenes*] e um *slide* com eco

reverso, mas o conhecimento dele sobre oscilação de baixa frequência ajudou a finalizar o efeito. Se ele não soubesse fazer aquilo, eu teria que tentar outra coisa. Então, nesse sentido, ele ajudou muito. Eddie sempre foi muito, muito bom. Eu me dava muito bem com ele e, tenho que dizer, quando revi as gravações antigas para os box sets, todo o trabalho dele ainda se sustentava muito bem. Excelente!

Zeppelin II foi gravado em vários lugares.
PAGE Começou com ensaios na minha casa em Pangbourne, e "Whole lotta love" e "What is and what should never be" foram gravadas no Olympic Studio Number 1 de Londres com Chkiantz, que foi engenheiro das trilhas base e algumas regravações das guitarras. Aquelas sessões serviram de base para o restante das faixas, que foram gravadas e regravadas em vários estúdios enquanto fazíamos turnê nos Estados Unidos. Foram muitas as gravações ao longo de todo o caminho, da Costa Oeste à Leste. Parte do entusiasmo do álbum tem a ver com estarmos totalmente energizados pelos shows e pela turnê. Fizemos a mixagem final com Eddie Kramer nos Estúdios A&R, em Nova York.

Qual você diria que foi sua maior realização como produtor/engenheiro?
PAGE Como eu disse, microfonar a bateria em busca de ambiência — ninguém fazia aquilo. Continuei a explorar e a crescer nesse sentido, a ponto de colocarmos microfone nos corredores, que foi como conseguimos o som de "When the levee breaks" [do _Led Zeppelin IV_]. Aquilo foi puramente para buscar ambiência e conseguir tirar o melhor da bateria. Então, foi sempre melhor para mim achar um engenheiro que entendesse o que eu dizia. Depois de um tempo, eu não tinha que discutir, porque eles já sabiam o que eu estava falando.

Por falar em Eddie Kramer, você chegou a tocar com Jimi Hendrix, que trabalhou muito próximo a Eddie?
PAGE Não. E nunca vi o Hendrix tocar. No final dos anos 1960, saí direto das turnês com os Yardbirds para as turnês e gravações com o Led e andei

bem ocupado. Nos primeiros dois anos de qualquer banda, você trabalha sem parar; se quiser ter algum impacto, tem que fazer isso. Conosco não foi diferente. Aliás, nós provavelmente trabalhamos três anos sem parar. Enfim, toda vez que eu voltava de turnê e o Hendrix estava tocando em algum lugar, eu sempre dizia a mim mesmo: "Ah, estou exausto, da próxima vez eu assisto". Fui deixando e, claro, acabou não tendo uma "próxima vez". Fico muito, muito triste por não ter conseguido vê-lo tocar. Queria muito ter ouvido o cara pessoalmente.

Como produtor, o que você achou dos discos dele?
PAGE Achei excelentes. O baterista de Jimi, Mitch Mitchell, também era um cara inspirado. Nunca tinha tocado bateria daquele jeito e nunca mais tocou. Ele era incrível!

Embora seus estilos fossem diferentes, você e Jimi eram similares no sentido de tentar produzir grandes paisagens sonoras.
PAGE Bom, tinha muita gente que tomava esse rumo. Veja só os Beatles. Foi uma banda que passou de "Please Mr. Postman" a "I am the Walrus" em poucos anos.

Em que outros músicos daquela época você nota uma perspectiva do futuro?
PAGE As composições de Syd Barrett e o início do Pink Floyd foram uma inspiração. Nada soava igual ao Barrett no primeiro álbum do Pink Floyd. Tinha tantas ideias, tanta força positiva. Dá para sentir ali a genialidade, e foi uma tragédia eles terem se separado. Tanto ele quanto Jimi Hendrix tinham uma perspectiva futurista.

Por que você acha que os discos de hoje são menos dinâmicos do que eram nos anos 1960 e 1970?
PAGE Não existia bateria eletrônica naquela época. Você tinha que tocar tudo, por isso havia os crescendos naturais e os sons ambientes fantásticos, e você tinha que lidar com eles. Mas coisas como alternar os instrumentos entre os dois lados ou colocá-los em apenas um dos lados rendem uma experiência

"Eu queria todo o controle artístico na minha mão. . ." **89**

auditiva bem interessante. Uma das minhas mixagens prediletas está no final de "When the levee breaks", quando tudo começa a se movimentar, com exceção da voz, que permanece parada.

Tem uma história engraçada sobre essa música. Andy Johns fez a mixagem comigo, e, depois que terminamos, Glyn, irmão mais velho do Andy, apareceu. Estávamos todos animados e contamos para ele: "Você tem que ouvir isso aqui". Glyn ouviu e disse apenas: "Hum, vocês não vão dar conta. Nunca vai dar certo". E foi embora. Errou de novo, Glyn.

Quando você fez alguns empréstimos de blues clássicos nos dois primeiros álbuns, achou que aquilo lhe traria problemas?

PAGE Tipo ser processado? [*Em 1987, o compositor de blues e baixista Willie Dixon, destacando semelhanças entre sua "You need love" e "Whole lotta love", processou o Led Zeppelin por plágio. O caso foi resolvido em um acordo extrajudicial.*] Bom, da minha parte, sempre tentei fazer algo de novo com qualquer coisa que usasse. Sempre busquei fazer alguma variação. Aliás, acho que em muitos casos você nunca consegue saber qual era o original. Talvez não em todos os casos, mas na maioria. Por isso grande parte das comparações fica nas letras. E era para o Robert mudar as letras, o que ele nem sempre fazia, e foi isso que nos rendeu a maior parte da nossa aflição. Eles não conseguiram nos pegar pela parte das guitarras na música, mas nos pegaram nas letras.

Tenho que dizer, contudo, que tomamos algumas liberdades. Mas não importa, nós pagamos! O curioso é que, na única vez em que tentamos fazer direitinho, foi pior para nós. Quando estávamos em Headley Grange gravando *Physical graffiti*, Ian Stewart [*o tecladista não oficial dos Rolling Stones*] apareceu e começamos a tocar juntos. Aquela jam virou "Boogie with Stu", que era claramente uma variação de "Ooh! My head", do finado Ritchie Valens, que por sua vez era uma variação de "Ooh! My soul", do Little Richard. Tentamos dar o crédito à mãe de Ritchie, porque ouvimos que ela nunca recebeu direitos autorais pelos sucessos do filho, e Robert se apoiou na letra. Então o que aconteceu? Tentaram processar todos nós pela música! Tivemos que mandar à merda. Foi inacreditável.

90 LUZ & SOMBRA

Enfim, se há plágio, a culpa é do Robert. [*risos*] Mas é sério, os blueseiros copiavam constantemente um do outro, e com o jazz é a mesma coisa; aconteceu até conosco.

Você mencionou algumas vezes suas influências do folk e do rockabilly, mas quais foram seus discos e guitarristas prediletos do blues?
PAGE Eu tinha vários prediletos. Otis Rush foi muito importante — "So many roads" me arrepia. Naquela época havia vários álbuns em que todo mundo se ligava. Tinha um em particular que, se não me engano, se chamava *American Folk Blues Festival*, com Buddy Guy — ele simplesmente deixou todo mundo pasmo. Aí, claro, teve *Live at the Regal*, do B. B. King. A primeira vez que ouvi essa gente — Freddie King, Elmore James —, caí duro.

Agora que eu disse isso tudo, estou me esquecendo de uma pessoa importante: Hubert Sumlin. Eu amava Hubert Sumlin. E que complemento ele fazia à voz de Howlin' Wolf. Ele sempre tocava a coisa certa no momento certo. Perfeito. [*"Killing floor" e "How many more years", de Howlin' Wolf, foram fontes de inspiração respectivamente para "The lemon song" e "How many more times", do Led.*]

Passando a *Led Zeppelin II*, qual foi a motivação para o solo no meio de "Heartbreaker"?
PAGE Eu estava a fim. Eu sempre queria fazer alguma coisa diferente, algo que ninguém ainda tivesse pensado em fazer. Mas o interessante nesse solo é que ele foi gravado quando já tínhamos finalizado "Heartbreaker" — pensamos nele depois. Aquela parte inteira foi gravada em outro estúdio e foi meio que encaixada ali. Se você prestar atenção, vai notar que as guitarras têm um som diferente.

Eu realmente notei que a afinação da guitarra estava um pouco acima.
PAGE Estava desafinada também? Isso eu não sabia! [*risos*]

Havia composição para aquele solo?
PAGE Não, foi feito na hora. Acho que também foi uma das primeiras coisas que eu toquei com um Marshall.

"Eu queria todo o controle artístico na minha mão. . ." **91**

Como você chegou ao som de "Whole lotta love"? É um som absurdamente difícil de repetir.

PAGE Já falei de distanciar o microfone da bateria, também usei esse recurso para meus sons de guitarra. A distância cria profundidade, que por sua vez propicia um som de guitarra mais denso. O primeiro álbum foi todo feito com Vox Super Beatle, portanto, tendo só aquilo e uma Telecaster, um wah-wah e um pedal de *boost,* você consegue criar uma grande variedade de sons. No solo usei um wah-wah com pouca pressão. Fiz o mesmo em "Communication breakdown". Isso dá um som bem rouco que sai rasgando tudo.

A banda fez algumas sessões na rádio BBC entre 1969 e 1971, e você as lançou oficialmente anos depois, em novembro de 1997. Quando você estava tirando o pó das fitas, que achou de mais surpreendente nelas?

PAGE Em termos históricos, foram sessões boas porque são exatamente isso: um retrato da banda tentando lidar com um cronograma muito apertado. Ouvi as sessões várias vezes ao longo dos anos, por isso elas não estavam totalmente frescas aos meus ouvidos. Mas o que acho mais empolgante nelas é a comparação entre versões diferentes das mesmas músicas. É interessante ouvir uma música como "Communication breakdown", que aparece três vezes e evoluiu de performance em performance. É como olhar para um diário. Não é o melhor do Led Zeppelin, mas também não é o pior. É o que saiu naquela noite. O que, em muitos casos, foi muito bom.

As *BBC Sessions* mostram em detalhes como o grupo era organizado. O Led Zeppelin era uma banda que mudava tudo substancialmente a cada vez que tocava. As duas performances de "You shook me", em particular, são bons exemplos do que estou falando. A versão que abre o álbum não é fraca, sejam quais forem os padrões, mas não se compara à segunda versão, gravada pouquíssimos meses depois. A interação entre mim e Robert cresceu muito rápido. Esse tipo de coisa era um indicativo sutil de como a banda estava começando a se aglutinar. Estávamos ficando cada vez mais próximos, no nível da telepatia.

Ou seja, compare as nossas sessões, digamos, às gravações dos Beatles na BBC. Aposto um centavo contra um dólar que, se tiverem duas ou três versões de "Love me do", por exemplo, elas são todas idênticas. Essa

92 LUZ & SOMBRA

era a diferença entre nós e nossos contemporâneos: o Led Zeppelin estava mexendo na música o tempo todo.

Você editou algumas das apresentações. Dê um exemplo do tipo de trabalho que você teve.

PAGE Não tive que fazer muita coisa. O maior problema foi editar a apresentação no Paris Theater de 96 minutos para a duração de um CD, que é de oitenta minutos. A maior parte da edição foi feita numa música em particular — o *medley* de "Whole lotta love", que no original durava mais de vinte minutos. Tinha a banda tocando pedaços de "Let that boy boogie woogie", "Fixin' to die", "That's alright mama" e "Mess o' blues", que foram deixadas, e "Honey bee", "The lemon song" e "For what it's worth", que foram cortadas.

Aliás, foi fantástica a edição que conseguimos fazer com o software Pro Tools — eu conseguia ficar mudando as coisas de lugar no *medley* sem alterar a batida. Por exemplo, metade de um dos meus solos é editado junto à segunda metade de outro solo, e não tem como você saber! É o tipo de coisa que adoro fazer. Adoro que me passem um problema que parece intransponível e encontrar uma solução criativa para ele.

Tem alguma gafe que você tenha deixado?

PAGE Há um momento na segunda versão de "You shook me" que é engraçado e intenso. A guitarra entra bem alta, e dá para ver que o engenheiro foi pego de surpresa, pois ele entra em pânico e joga os *faders* para baixo. Deixamos aquilo porque era um momento muito real. Então, caso alguém ache que a culpa é minha, não me culpe, foi o engenheiro! [*risos*]

Mas é importante entender que, na época, esse tipo de erro não era grande coisa. Nunca sonhamos que existiriam essas coisinhas chamadas CDs ou que as pessoas teriam interesse por essas apresentações 25 anos depois. Era feito para ser transmitido e, talvez, para uma reprise.

Notei que algumas das faixas têm *overdubs* simples — talvez uma guitarra base acrescentada sob seus solos ou uma harmonia extra numa das versões de "Communication breakdown". Foram exigências suas ou eram uma prática comum?

"Eu queria todo o controle artístico na minha mão. . ." **93**

PAGE Acho que na época a BCC simplesmente queria o melhor show possível. Eles sabiam que as bandas muitas vezes estavam tentando recriar algo que haviam feito em oito pistas, então fazer um *overdub* aqui e outro ali era tranquilo. Pelo menos um *overdub*, que foi tudo o que fizemos.

Em que condições estavam as fitas originais da BBC?

PAGE Isso já dá uma história. Quando começamos a cogitar lançar as apresentações, pedimos à BBC para nos enviar cópias do que tinham. Eles enviaram uma cópia DAT da gravação a Jon Astley, que me ajudou na remasterização. Como não haviam nos mandado as masters originais, de quatro polegadas, imaginamos que haviam transferido tudo para digital e apagado a fita original. O plano era remasterizar e editar a partir da DAT.

O interessante foi que, quando pedi à BBC para mandar as cópias, solicitei especificamente uma fita cassete, que achei que seria copiada da DAT. Contudo, quando nos sentamos para começar a remasterização e Jon tocou a fita digital, falei: "Meu Deus, está horrível". Posso estar enganado, mas acho que minha fita cassete tinha o som melhor que o dessa cópia DAT.

Então peguei minha fita e era isso mesmo, ela tinha o som muito melhor. Concluí que a fita devia ter sido copiada de outra fonte — talvez a original, de quatro polegadas. Aí, seguindo minha intuição, acabamos descobrindo as masters nos cofres deles. Levou algum tempo para encontrá-las, mas valeu a pena.

Eu tinha a impressão de que a BCC apagava regularmente suas fitas.

PAGE Eu também tinha essa impressão. Na verdade, fiquei surpreso ao ver que as apresentações não foram apagadas há alguns anos. Era de supor que eles não levavam o rock tão a sério.

Não é segredo que as apresentações do Led Zeppelin na BBC estão entre os shows que mais renderam *bootlegs* na história do rock. São uma espécie de versão hard rock do *Basement tapes* de Bob Dylan. Dizendo de outra maneira: se você é um verdadeiro fã do Led, você ou ouviu ou tem alguma versão delas. O que você pensa sobre as *bootlegs*?

94 LUZ & SOMBRA

PAGE Depende. Se for alguém com um microfone no show, aí é uma coisa. Eles pagaram o ingresso, é justo. Mas coisas que foram roubadas do estúdio — uma produção inacabada, fitas de ensaio e coisas assim — são bem diferentes. Sou totalmente contra. É roubo. É como se alguém roubasse seu diário para publicar.

Quanto às apresentações na BBC, não me incomoda o fato de elas terem virado *bootlegs* porque, seja qual for a versão que as pessoas têm, não vem da fonte original, como a nossa. Em segundo lugar, não é todo mundo por aí que compra *bootlegs*, e o tipo de fã que compra também vai querer esta aqui por conta da embalagem — e para ver como editei as apresentações. *Não tem como* eu sair perdendo! [*risos*]

A ideia de as bandas se apresentarem ao vivo e regularmente nas rádios é estranha nos Estados Unidos. Pode nos dar o contexto da situação das rádios britânicas nos anos 1960?
PAGE Na verdade, havia uma tradição de rádio ao vivo nos Estados Unidos que foi até os anos 1950, pois sei que Elvis Presley costumava tocar em rádios regionais. Mas isso deve ter acabado nos Estados Unidos quando se tornou mais fácil para as pequenas emissoras tocarem os discos.

Porém na Inglaterra a rádio ao vivo nunca morreu. A BBC, que controlava tudo, continuou a produzir novelas ao vivo, quiz shows, debates, música clássica e assim por diante. E quando o rock começou a fazer parte da cultura, também passou integrar o mix da BBC.

Dentro do padrão que a BBC já tinha, suas primeiras apresentações foram bem curtas. Quais circunstâncias levaram à apresentação de uma hora no Playhouse Theater em 1969 e ao show de noventa minutos no Paris Cinema em 1971?
PAGE Quando começamos a participar dessas sessões, só tínhamos tempo para tocar duas ou três músicas. Começamos a reclamar — assim como outros grupos — que não podíamos representar a banda direito dentro desse limite. Acho que enfim nos levaram a sério, pois permitiram que fizéssemos o piloto de um programa *in concert* no qual nos deixaram tocar um repertório completo, de uma hora.

"Eu queria todo o controle artístico na minha mão. . ." **95**

Nosso piloto fez tanto sucesso que logo virou o padrão. Foi importante para nós, e acho que demonstra o tipo de influência que tínhamos na época.

Parece que vocês tocaram "Communication breakdown" na maioria de seus shows na BBC; algum motivo em particular?

PAGE Creio que na época achávamos que "Communication breakdown" e "Dazed and confused", em particular, eram as mais representativas dos propósitos da banda.

Diz a lenda que os arranjos das três músicas que aparecem nas apresentações na BBC — "The girl I love", de Sleepy John Estes, "Traveling riverside blues", de Robert Johnson, e "Something else", de Eddie Cochran — foram escolhidas pela banda praticamente na hora. Considerando o quanto eram importantes as participações de vocês no rádio, foi bem audacioso improvisar dessa maneira.

PAGE É, foi. Felizmente, para uma banda como o Led Zeppelin, não havia problema em fazer uma coisa dessas. Todo mundo estava bem afinado e *vivo* — tanto individual quanto coletivamente. Eu dizia: "Achei um riff". Aí mostrava pra todo mundo. Usávamos aquilo uma vez, Robert inventava algo pra cantar por cima, e aí íamos gravar. Simples assim.

Falando em "Traveling riverside blues", uma das diferenças mais marcantes entre os dois CDs *BBC Sessions* é que, em 1971, você tinha praticamente parado de fazer covers de blues.

PAGE Bem, começamos a escrever nossos próprios blues, não foi? Depois do primeiro álbum, eu estava bem ciente de que precisávamos começar a marcar nossa identidade. Senti a pressão para deixar minha contribuição.

Nos primeiros tempos, eu ficava muito feliz em tomar algumas coisas emprestadas de Otis Rush em "I can't quit you". Foi um prazer. Mas depois de um tempo comecei a perceber que não era aquilo que eu deveria fazer. Senti que precisava desenvolver as minhas coisas e praticamente parar de ouvir os outros. E acho que tive sucesso nisso.

Um bom exemplo é "Nobody's fault but mine", de *Presence*. Robert entrou um dia e sugeriu que fizéssemos o cover, mas o arranjo que eu criei não tinha nada a ver com o original [*de Blind Willie Johnson*]. Robert talvez tenha optado por ficar com a letra original do blues. No mais, são outros quinhentos. Aliás, só há pouco tempo descobri que "The girl I love" tinha a ver com Sleepy John Estes!

Você acha que os programas na BBC ajudaram a banda a estourar no Reino Unido? Muitas vezes foi dito que o sucesso de vocês surgiu de maneira bem mais lenta na Inglaterra do que nos Estados Unidos.

PAGE Isso é mito. Não é verdade. Pode ter sido um pouco difícil quando começamos a tocar na Inglaterra, pois o primeiro álbum ainda não tinha sido lançado, as pessoas não tinham ouvido a banda. E isso é complicado, é difícil começar assim, mesmo que você seja muito, muito bom e esteja mandando bem. Mas eu tinha uma boa reputação nos Yardbirds, e as pessoas queriam muito ver o que eu ia fazer depois. E, assim que nos viram, o boca a boca começou a se espalhar e ganhamos popularidade bem rápido. Se fosse medir a popularidade pelos shows, os números seriam iguais dos dois lados do oceano.

Na época em que chegamos aos Estados Unidos, as pessoas estavam se familiarizando com o disco, e isso tornou as coisas mais fáceis. Também não foi ruim ter tanto apoio das FMs de lá. Mas em outros países o Led Zeppelin foi mais uma coisa de boca a boca. Foi uma sensação que se propagou por todo lugar. [*risos*]

Você passou bastante tempo nos Estados Unidos naqueles primeiros tempos. Você se sentiu intimidado, uma vez que o Reino Unido é proporcionalmente menor?

PAGE Os Yardbirds faziam muito sucesso lá. Mas, acima de tudo, eu via o potencial naquele país. O público era bem maior, e naturalmente havia mais lugares para tocar e mais oportunidades para a banda, em todos os sentidos.

Imagino que as turnês no final dos anos 1960 eram coisas primitivas se comparadas ao que acontece hoje.

PAGE As pessoas me perguntam se era difícil na época, mas nunca pareceu difícil porque estávamos acostumados. Não existia ônibus de turnê — alugávamos carros e comprávamos passagens de avião. Era assim, e estávamos acostumados com aquilo.

Se você tiver a sorte de gravar um disco, o mais importante é se expor o máximo possível. Álbuns eram algo que você encaixava entre as turnês. Aliás, como você bem sabe, *Led Zeppelin II* foi gravado em vários estúdios enquanto estávamos na estrada e mixado no final da turnê. Quando olho para trás, tenho que admitir que nossa resistência foi fenomenal.

Fiquei surpreso com a clareza do som das apresentações na BBC. Qual é a sua filosofia quanto ao volume?

PAGE A resposta é que eu coloco bem alto, mas vario minha palhetada — não toco pesado o tempo todo. Acho que essa abordagem me ajuda a conseguir mais variação tonal e dinâmica, principalmente quando estou tocando perto do cavalete ou perto do braço. Aí você tem o poder se quiser tocar pra valer. Se você tocar forte o tempo todo, não consegue a diferença de tom.

Como os quatro integrantes do Led Zeppelin interagiam no âmbito pessoal? Era tudo tão tranquilo como parecia?

PAGE Acho que a atmosfera do Led Zeppelin sempre foi de incentivo. Todos nós queríamos tornar a música melhor. E um dos motivos pelos quais as coisas andaram bem foi eu ter a última palavra em tudo. Eu era o produtor, então não havia briga.

A atmosfera sempre foi muito profissional. Eu era meticuloso nas minhas anotações no estúdio, e todo mundo sabia que ia levar o crédito devido, então ficava tudo bem.

Outro fator-chave: cada um morava numa região diferente do país; então, fora da estrada, não nos víamos. Acho que isso ajudou. Só nos reuníamos quando estávamos no estúdio ou em turnê. Começamos a dar valor à vida em família, principalmente depois de tanto tempo na estrada, e é assim que tem que ser. Isso ajudou a equilibrar nossa vida. A família ajudou a preservar nossa sanidade.

INTERLÚDIO MUSICAL

UMA CONVERSA COM
JOHN PAUL JONES

O BAIXISTA/TECLADISTA JOHN PAUL JONES RELEMBRA
SUA RELAÇÃO DE TRABALHO COM JIMMY PAGE
E SEU PERÍODO NO LED ZEPPELIN.

JOHN PAUL JONES foi o olhar austero do furacão Led Zeppelin, o profissional tarimbado que dava valor a "fundações sólidas" acima de tudo. Enquanto Jimmy Page e Robert Plant explodiam no palco, Jones era a figura de fundo, contente em ter suas energias focadas como âncora de uma das seções rítmicas mais dinâmicas do rock.

"Eu gostava de sincronizar com a bateria do John Bonham — acho que foi minha formação de estúdio", disse Jones. "Uma sessão boa era aquela em que a seção rítmica realmente se entendia. No Led Zeppelin, eu ouvia o bumbo e tinha muito cuidado para não atravessar nem diminuir sua força. Queria muito que a bateria e o baixo fossem unificados — era isso que impulsionava a banda. Era muito importante ser sólido como uma rocha, de forma que Jimmy e Robert pudessem ficar mais livres para improvisar e experimentar."

"O Robert sempre dizia que no palco eu tinha que ficar bem mais à frente, pegar mais luz e essas coisas, por causa do ângulo de visão", disse ele, rindo. "E eu tentava. Eu começava na frente e começava a ir para trás. Sempre acabava na minha posição predileta, que é o mais perto possível do bumbo."

100 LUZ & SOMBRA

Jones, ao que parece, sempre se deu bem trabalhando nos bastidores. Nascido John Baldwin, em 1946, o baixista começou sua carreira profissional no início dos anos 1960, fazendo turnês com várias bandas na Inglaterra. Assim como Page, acabou se dedicando ao trabalho em estúdio, tocando seu baixo Fender Jazz 1961 em centenas de sessões, de 1962 a 1968.

"Eu era sempre requisitado por ser um dos únicos baixistas na Inglaterra que sabiam tocar um tom Motown convincente na época", explicou Jones. Mas quando ficou evidente que ele era capaz de muito mais que copiar uma batida soul, Jones, ainda adolescente, foi contratado para tocar de tudo, desde jingles até singles da Herman's Hermits.

Além de tocar baixo, Jones também começou a construir sua reputação como arranjador de grande talento, escrevendo partituras para joias psicodélicas como "Mellow yellow", de Donovan, e "She's a rainbow", dos Rolling Stones. Mas em 1968 ele já estava, como diz, "arriado".

Ele se lembra vividamente: "Ser arranjador é uma função 24 horas — compor as linhas de metais e cordas à noite, entregar no dia seguinte e dar um jeito de fazer sair o produto finalizado. Eu fazia de cinquenta a sessenta arranjos por mês, e aquele negócio estava começando a me matar".

Aí entra Jimmy Page.

Page, que trabalhou com Jones no início dos anos 1960, quando os dois eram prodígios de estúdio, dera adeus ao emprego um ano antes para entrar nos Yardbirds. Depois que os Yardbirds terminaram, Jones ouviu à boca pequena que Page estava começando uma banda nova. Desesperado para sair do estúdio, Jones ligou para Page e perguntou se ele precisava de um baixista. Page não precisou ser convencido. Como lembrou o guitarrista num comunicado do Led à imprensa em 1969, "Eu estava trabalhando com John no álbum de Donovan, *Hurdy gurdy man,* e John tinha composto parte dos arranjos. Ele perguntou se tinha vaga para baixista no Led Zeppelin. Eu já sabia que ele era um músico incrível. Ele não precisava de mim para conseguir emprego, mas sentiu a necessidade de se expressar e achou que podíamos fazer aquilo juntos".

O cara certo na hora certa.

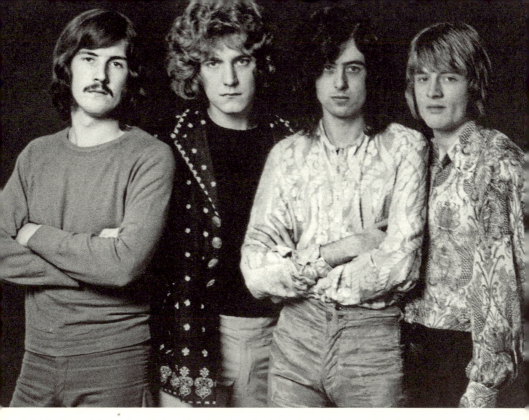

Led Zeppelin: John Bonham, Robert Plant, Page, John Paul Jones, 1968 (© *Getty Images*)

Não é segredo que o Led Zeppelin estourou antes nos Estados Unidos que na Inglaterra. Por que foi mais fácil estourar nos Estados Unidos?
JOHN PAUL JONES Fizemos nossa turnê lá antes, sem parar. E as rádios norte-americanas, que eram completamente diferentes das britânicas, fizeram a gente penetrar muito mais rápido no país. A rádio FM estava começando a ganhar força nos Estados Unidos, e eles apoiaram muito a banda. De nossa parte, colocamos lenha na fogueira visitando cada barraco, cabana e galinheiro que tivesse uma antena de FM. Hoje você nem dá bola para a FM, mas naquela época era algo novo e animador.

Antes de entrar no Led, você tinha uma carreira próspera como músico e arranjador de estúdio. Nos primeiros tempos da banda, quando vocês tocavam em uma turnê atrás da outra, você chegou alguma vez a pensar: "No que foi que eu me meti?".
JONES Não, nunca, porque ser arranjador também era uma coisa maluca.

E depois de um tempo deixou de ser divertido. Entrei na banda para fugir daquela vida e tudo que tivesse a ver com ela.

Foi um grande baque trocar a vida relativamente sossegada de músico de estúdio pela de roqueiro na estrada?
JONES Aquilo não era totalmente novo para mim. Eu já tinha participado de um grupo antes de começar a fazer só estúdio, então já estava acostumado ao rigor das turnês. Eu tinha tocado numa banda de jazz chamada Tony Meehan-Jet Harris Combo, que por algum motivo acabou na estrada com várias atrações de rock inglesas e norte-americanas como Del Shannon e Four Seasons. Eu já tinha passado pela experiência do transporte, das viagens, da bajulação, nada muito diferente das turnês com o Led.

Mas não tinha como ser igual. O público do Led Zeppelin era muito diferente daquele do Del Shannon, por exemplo.
JONES É verdade, o público das duas bandas era bem diferente. Em vez das menininhas gritonas, os caras estavam interessados no que o Led tocava. Ouviam de verdade.

Talvez não tivessem opção, por conta do volume da banda!
JONES [*risos*] Não tocávamos tão alto no início. Mas o público era bem mais receptivo, principalmente nos primeiros tempos. Depois, quando começamos a tocar em estádios, achei que os shows se tornaram mais eventos do que oportunidades de ouvir a banda. E quanto maior ficava o local, menos interessante era a banda em termos musicais.

Com o crescimento dos palcos, ficou mais difícil para a banda se comunicar e interagir com o público. Lembro de ter tido a impressão de que podíamos tocar qualquer coisa, que não teria importância. Não que eu tenha feito isso, mas tive essa impressão. Estávamos tocando em estádios de futebol numa época anterior às telas de vídeo gigantes; então, para a maior parte do público, éramos apenas uma poeirinha lá longe. A maioria não conseguia nos ver, e tenho certeza de que também não podiam nos ouvir. Mas, apesar de tudo, a banda sempre deu duro. Sempre fomos muito profissionais.

"Profissional" é uma palavra-chave ao descrever a banda. Vocês realmente mantiveram um alto nível de criatividade e disciplina ao longo de um período consideravelmente longo.
JONES Acho que é ainda mais notável se levar em conta o fato de que não tínhamos limitações quanto ao que gravar. Como nunca tínhamos ninguém da Atlantic fungando no nosso cangote, teria sido muito fácil seguir ladeira abaixo. Mas isso nunca aconteceu com a gente.

Você acha que esse profissionalismo foi consequência do que você e Jimmy aprenderam durante a época de estúdio?
JONES Pode ser. Se você não fizesse direito, não o chamavam de volta.

Muito já se falou sobre o ecletismo do Led. Isso também seria influência do estúdio, onde era comum vocês tocarem uma grande variedade de estilos musicais?
JONES Tínhamos que tocar o que nos passassem, do country ao reggae, e ao que estivesse no meio-termo, muitas vezes no mesmo dia. Então, sim, tínhamos a habilidade técnica para fazer de tudo. Além do que tínhamos gostos completamente diferentes em termos musicais, e aí você tem um claro entendimento do nosso ecletismo.

Acho que o problema com a maioria das bandas modernas é que todos os membros ouvem o mesmo tipo de música, o que rende um som bem unidimensional. Nós nunca ouvimos as mesmas músicas.

A lógica sugere que uma banda na qual cada um toma um rumo tende ao conflito.
JONES Não, de jeito nenhum. Para nós isso foi valioso. Sempre afirmei que o Led era o espaço que compartilhávamos. Bonzo gostava de soul, de baladas da Motown; eu gostava de jazz e de música clássica; Jimmy era do rockabilly, do blues e do folk, e Robert gostava de blues e de Elvis Presley. Nenhum tinha a mesma coleção de discos. Ninguém de fora da banda entendia isso.

Mas para mim era muito claro por que funcionava. Nós todos amávamos música e gostávamos de aprender coisas novas. Cada coleção de discos era interessante para o outro. Eu ia na casa do Robert ou na do Jimmy e ouvia blues que de outra forma nunca iria conhecer. Por exemplo: eu nunca tinha ouvido Robert Johnson antes de entrar no Led Zeppelin.

É uma surpresa você não ser um grande fã de blues, considerando quanto o Led tinha sua base nesse gênero musical, no início.
JONES Mas eu gostava muito de jazz, e o jazz veio do blues, então para mim foi algo natural.

Embora o Led improvisasse, o improviso nunca soou...
JONES ... gratuito?

Isso. A banda aprendeu com os erros do Cream e do Grateful Dead, que muitas vezes foram vítimas do próprio comodismo das improvisações?
JONES O único rock que eu ouvia nos anos 1960 era Jimi Hendrix — o que me sobrava de tempo eu focava em jazz e soul. Nunca ouvi Cream nem Grateful Dead. Não tenho como saber o que eles faziam. Acho que ninguém na banda os ouvia. Talvez o Jimmy entendesse mais. Confiávamos na nossa sensibilidade musical para editar nossa música, fosse improvisando ou compondo. Se alguma coisa começar a demorar demais, pare logo com ela, pelo amor de Deus!

Jimmy tinha sua perspectiva de como a banda devia ser ao entrar no projeto, e eu sem dúvida sabia tocar. Com certeza havia linhas e rumos que queríamos tomar, e sabíamos como chegar a eles. Mas o estranho era que não tínhamos que discutir as ideias. Você ouvia o que estava acontecendo e sabia por instinto no que ia que dar.

O show de três horas do Led virou lenda. Como foi que aconteceu?
JONES A gente simplesmente não conseguiu se controlar. Você tem que se interessar pelo que está fazendo para atrair o interesse dos outros. E nós gostávamos muito de tocar. Nossas músicas eram estruturadas de maneira

que você podia decolar a qualquer momento, e se a noite estivesse quente era o que a gente acabava fazendo.

Acredite se quiser, começamos com um show de 45 minutos, que acho que conseguimos manter só duas vezes. Aí virou o jogo de "vamos tocar qualquer coisa que alguém conheça pelo menos doze compassos". Sei que parece receita para um desastre, mas a gente sabia que ia dar conta. Sabíamos como fazer as coisas soarem bem porque éramos músicos experientes.

Outro segredo era sermos membros de uma banda sem interesses pessoais. Todo mundo estava afinado com todo mundo, todo mundo ouvia todo mundo. Isso era o fundamental. Nunca houve a sensação de "o que eu estou fazendo?". Era sempre "o que a *banda* está fazendo?".

O Led foi a primeira banda a sair do visual mais hippie e casual dos anos 1960 e adotar uma imagem mais glamorosa.
JONES Acho que, na época em que estouramos, havia um monte de bandas hippies que só ficavam vagando pelo palco, seus integrantes olhando um para o outro entre as músicas e muito provavelmente pensando no que iam fazer depois, em que compasso estavam... apenas pensando. Queríamos acabar com isso. Queríamos atingir as pessoas com tudo e dar um show, e fazia parte disso se vestir de determinada maneira. Queríamos ter um visual legal, um som legal e tocar legal. E na época não havia muita gente se esforçando em cada aspecto das performances ao vivo como nós.

A abordagem hippie geralmente era "venha como estiver e faça o que quiser", e nós deixávamos o público eletrizado porque nosso show era bem pensado em todos os níveis. Mais uma vez, era nossa abordagem profissional. As pessoas estavam pagando caro para nos ver, então era preciso ter determinado som e determinado visual. E as pessoas gostam quando você demonstra esforço. Se não deprecia a musicalidade e só beneficia o show, por que não?

Como a banda interagia no nível pessoal? Parecia um mundo muito fechado, o que só beneficiou a mística da banda.
JONES Éramos muito próximos, o que promovia um clima de "nós contra

eles". Sabíamos o que tínhamos que fazer e sabíamos como; fora isso, não queríamos ser incomodados. Tínhamos a mesma atitude com respeito à gravação. Nosso empresário, Peter Grant, fez um bom trabalho de manter todo mundo a distância, e isso garantiu que mantivéssemos o foco no trabalho.

Não há mistério algum. Sempre nos demos bem. Não tínhamos vida social juntos quando não estávamos em turnê, mas sempre era bom quando um encontrava o outro. Nunca passamos por aquela fase de briguinhas de que sempre se ouve falar nas outras bandas. Compartilhávamos um espírito de profissionalismo. Éramos sempre responsáveis. Deve dar para contar nos dedos o número de shows do Led que foram cancelados. Sempre estávamos onde devíamos estar.

[CAPÍTULO]

Page e o vocalista Robert Plant partem para os campos do País de Gales, fazem a síntese de folk, blues e rock e gravam *Led Zeppelin III*.

Page em sua casa às margens do rio Tâmisa, em Pangbourne. 1970 (© *Mirrorpix*)

"QUE SE DANEM OS ANOS 1960! VAMOS DESBRAVAR UMA NOVA DÉCADA. . ."

EMBORA *LED ZEPPELIN IV, Physical graffiti* e até *Led Zeppelin II* atraiam quase toda a atenção, pode-se dizer que o terceiro álbum do Led, lançado em 5 de outubro de 1970, é igualmente importante. Em geral relegado a "o álbum acústico", *Led Zeppelin III* foi muito mais que isso: representou um salto de sofisticação com a síntese de elementos de folk, blues e rock que se viam nos dois primeiros álbuns da banda, síntese hoje considerada o "estilo Led Zeppelin". Músicas etéreas como "Friends", "Immigrant song" e "Celebration day" estavam tão distantes de tudo o que existia que os críticos e o público levaram mais de um álbum para compreender a nova e ousada síntese da banda.

"Não há dúvida de que o Led Zeppelin estava em expansão", disse Page. "Enquanto muitos dos nossos contemporâneos limitavam suas perspectivas, nós queríamos ampliá-las. Eu estava amadurecendo como compositor e guitarrista, e havia muitos tipos de música que me estimulavam. Tendo aquele grupo maravilhoso, tive a oportunidade de correr riscos. Era a mesma coisa para os outros. Por conta do alto nível de musicalidade e criatividade entre os quatro membros, éramos capazes de fazer de tudo — *atacar* tudo."

A história de *Led Zeppelin III* começa, de forma bem apropriada, no alvorecer dos anos 1970, década nova e empolgante na qual a banda viria a dominar o mundo do rock. Após completar sua quinta turnê pelos Estados Unidos, Page, Plant, Jones e Bonham voltaram à Inglaterra para uma merecida folga. Em menos de um ano e meio, o Led Zeppelin havia feito quase duzentos shows, gravado dois álbuns campeões de vendas e visto seu cachê subir de 1.500 dólares a astronômicos 100 mil dólares por apresentação. O trabalho duro e a disciplina estavam rendendo dividendos, mas era hora de descansar e recarregar as baterias.

Foi ideia de Plant que ele e Page tirassem férias na primavera de 1970. Plant lembrava-se de uma casa de campo do século XVIII chamada Bron-Yr--Aur, nas Montanhas Cambrianas, no País de Gales, que visitara com a família quando criança. Ele decidiu que era hora de retornar ao local e estendeu o convite a Page. Os dois e suas respectivas famílias arrumaram guitarras e equipamentos e partiram para um retiro.

Page foi acompanhado de Charlotte Martin, a estonteante modelo francesa que conheceu no dia em que ele completou 26 anos, em 1970. Apresentada a Jimmy por Roger Daltrey, do The Who, depois de um show do Led no Royal Albert Hall de Londres, Martin seria a companheira constante de Page ao longo da década, dando à luz sua filha Scarlet Lilith Eleida Page em 24 de março de 1971. (O show no Albert Hall em janeiro também foi marcante por outro motivo: foi filmado e acabou sendo lançado no DVD *Led Zeppelin* em 2003; veja o Capítulo 7 para mais detalhes.)

A ausência de eletricidade no chalé garantiu que qualquer música criada na viagem fosse acústica. Mas tudo bem: a quietude foi um alívio bem-vindo para os músicos, que haviam acabado de passar meses tocando no último volume.

"Quando Robert e eu fomos a Bron-Yr-Aur, não foi uma coisa tipo 'Vamos para o País de Gales e lá a gente compõe'", disse Page. "O plano original era simplesmente ir para lá, passar um tempo, curtir o campo. A única música que finalizamos lá foi 'That's the way', mas estar no campo ajudou a dar um tom e definiu a regra de viajar para se inspirar."

Embora *Led Zeppelin II* seja essencialmente o retrato de uma banda em turnê no calor da batalha — feroz e repleta de testosterona —, *Led Zeppelin III*

"Que se danem os anos 1960! Vamos desbravar uma nova década. . ." **113**

introduziria uma nova sensibilidade ao som como um todo. Composições como a delicada "That's the way", as influências indianas e orientais em "Friends" e o altivo country *hoedown* "Bron-Y-Aur stomp" acrescentaram profundidade considerável ao trabalho do Led e abriram novos caminhos para álbuns futuros.

Led Zeppelin III será sempre conhecido como o álbum acústico do Led, mas isso é um tanto equivocado. Para cada yin de delicadeza, há bastante yang de audácia. O ataque implacável de "Immigrant song", o trovão espancador de "Out on the tiles", e o gozo hipnótico, nostálgico, de "Celebration day" provaram que Page ainda sabia tirar os riffs mais criativos e agressivos do rock.

CONVERSA

P:

ONDE COMEÇOU O LED ZEPPELIN III?

"Que se danem os anos 1960! Vamos desbravar uma nova década. . ." **115**

JIMMY PAGE As duas primeiras coisas que eu tinha para o terceiro álbum foram "Immigrant song" e "Friends", o que não era um mau começo. "Immigrant song" tinha a condução de um riff que falava por si só. "Friends", por outro lado, era mais exótica, tinha um sabor norte-africano ou indiano. Lembro de tocar com uma afinação aberta em Dó [*da mais grave para a mais aguda, C-A-C-G-C-E*], mas antes de escrever qualquer coisa tive uma briga bem grande com minha ex-mulher. Fui para a sacada de casa e a música me veio completa, num estalo. Considerando a origem da música, é irônico que ela tenha acabado se chamando "Friends". [*risos*]

De certa forma, essas músicas foram dois lados da moeda no terceiro álbum, o elétrico e o acústico. "Since I've been loving you" também estava lá, mas precisava de desenvolvimento. Nós a tocávamos ao vivo, porém não tínhamos conseguido capturá-la em estúdio.

Enquanto "Immigrant song" se desenvolve em torno de um riff bem direto, agressivo, são as variações sutis que fazem dela mais que qualquer outro hard rock. Por exemplo, perto do finalzinho da música, em vez de fazer ênfase com um Sol menor natural, você faz uma inversão bem cáustica desse acorde que realmente acrescenta algo. Como surgiu isso?

PAGE Esse é um acorde em bloco que ninguém acerta. Ele puxa toda a tensão da composição para um outro lugar, outra dimensão, só por um instante... e um pouquinho de eco reverso a deixa mais completa. A música ganhou profundidade graças à união desses elementos.

Preciso dizer que a participação de Robert naquela música foi magnífica. Sua linha melódica meio "Bali Ha'i" [*canção do clássico musical da Broadway* South Pacific] foi inspirada e totalmente espontânea. Lembro de estar trabalhando em "Immigrant song" e todas as peças se juntaram. John Bonham e eu tocando o riff, deixando os acordes ressoarem entre o Mi e o Lá, tipo em "Rumble", e Robert cantando aquela sua melodia maravilhosa...

Então, respondendo a sua pergunta, de onde veio o acorde de Sol incomum, eu não tinha esse acorde quando comecei a escrever "Immigrant song", mas ele apareceu do nada enquanto estávamos trabalhando juntos

116 LUZ & SOMBRA

e fez a máquina toda parar. Sabe aqueles freios antigos que você agarra com tudo, solta de novo e aí puxa de volta — é essa a função que eu vejo no acorde.

Imagino que não há muitos roqueiros clássicos que pudessem inventar algo assim.
PAGE Não mesmo.

Eles não teriam repertório...
PAGE ... nem a petulância ou a audácia de inserir esse acorde. É uma coisa tipo: "Ah é? E o que é isso?". [*risos*] Não foi só audacioso, mas um acorde que ninguém entendia, o que chega a ser melhor.

Um acorde secreto!
PAGE Bom, sim. Vamos ver se eles descobrem!

Você mencionou "Rumble", do Link Wray, ao falar de "Immigrant song". Eu nunca juntaria essas duas.
PAGE Na verdade elas não têm nada a ver. É só porque penso naqueles acordes cortantes em Mi e Lá, depois no riff oitavado em Fá sustenido, quando lembro da sensação e do som do jeito que o Link toca os acordes em "Rumble". A mesma disposição.

Então você tinha "Friends", "Immigrant song" e "Since I've been loving you" já compostas. Onde entra a visita a Bron-Yr-Aur?
PAGE Bom, nos primeiros dois anos do Led Zeppelin, ficamos só na banda, e antes daquilo eu estava na estrada com os Yardbirds. O ritmo que eu tinha era realmente fenomenal. Quando olho para trás e vejo o que fizemos apenas em 1969, é difícil de entender.

No início de 1970, depois de nossa quinta turnê pelos Estados Unidos, demos uma pausa. Eu nem chamaria de pausa, foram só uns dias de descanso. Parece uma parada significativa, mas se você olhar bem foram só duas semanas, praticamente nada. Porém Robert e eu demos um jeito de ir

"Que se danem os anos 1960! Vamos desbravar uma nova década. . ." **117**

a Bron-Yr-Aur para ter uma dose de zona rural. Precisávamos ir para longe da nossa existência urbana e violenta.

Os elementos acústicos de *III* foram influência de outras bandas de folk-rock da época, como The Band ou Fairport Convention?
PAGE Gostávamos dessas bandas, mas não dávamos muita atenção ao que os outros estavam tocando e onde a gente se encaixava. Era só subir lá e fazer rock, e pronto.

Lembro de um comentário absurdo na imprensa, que nos comparava a Crosby, Stills and Nash por conta dos elementos acústicos no terceiro álbum. Acho isso totalmente patético, pois as guitarras acústicas estavam em tudo nos dois primeiros álbuns. Sempre estiveram, eram o cerne de tudo. E eram para estar desde sempre. O terceiro álbum foi só mais uma evolução. Foi tão diferente do segundo quanto o segundo foi diferente do primeiro.

Como você já disse, a banda estava com todo o gás nos anos 1960. Os sons mais maduros no terceiro álbum representam um respiro para a loucura da década?
PAGE Eu não pensava assim. Eu estava entrando nos anos 1970. Nosso negócio era o seguinte: Que se danem os anos 1960! Vamos desbravar uma nova década... Era a nossa missão.

Você acredita que a reação inicialmente negativa ao Led tenha a ver com o fato de os críticos verem a banda por uma estética anos 1960 e vocês já terem passado à década seguinte — a algo que era claramente anos 1970?
PAGE É, a gente estava tão à frente que foi difícil para os críticos entenderem que diabos estava acontecendo. Eles não tinham parâmetro. Raramente conseguiam compreender a trama do que estava acontecendo.

Em retrospecto, os propósitos de vocês eram claros: o Led Zeppelin estava pegando as ideias bacanas que havia no blues, no folk e no rock tradicionais e indo rumo ao futuro. *Led Zeppelin III* foi um salto substancial nessa direção.
PAGE É isso mesmo. Havia muito blues no primeiro álbum, mas nunca nos arriscaríamos a tocar algo tão incomum ou sofisticado como "Since I've been

118 LUZ & SOMBRA

loving you". É outro exemplo de como nossa energia coletiva funcionava —
um estimulava o outro.

**"Since I've been loving you" começa com um pequeno blues padrão e aos poucos
se desenvolve, até tocar em praticamente todo acorde no tom de Dó menor de
forma muito natural, até mesmo dramática.**
PAGE É, perto do fim você vai notar que ela chega a C7 em certo ponto, não
em Cm7.

**Pode explicar como desenvolveu isso? A música já tinha aparecido no show de
vocês no Albert Hall no início de 1970, ou seja, vocês trabalhavam nela antes de
gravar o *III*.**
PAGE Sim, ela fazia parte do repertório do Albert Hall que você ouve no
DVD *Led Zeppelin*. O problema é que o teclado não ficou gravado, então só
tem a guitarra, a bateria e a voz, o que é uma pena, senão teríamos uma boa
versão. Isso foi bem antes de começarmos a montar o terceiro álbum.

Foi uma música bem complicada de gravar. Era difícil capturar a dinâmica exata e a tensão geral que queríamos, e era crucial captar a subida e
a descida. Já tínhamos tentado gravar antes e não tinha ficado bom, então
gravamos outra coisa. Tenho que dizer algo: não há motivo para perder muito tempo numa música como essa; ou ela acontece ou não acontece. Depois
fizemos uma nova tentativa e funcionou.

**Ela começa tão básica. Há somente sugestões de acordes. Aí ela se desdobra em
grandes crescendos.**
PAGE Tocar um blues em Dó menor não é necessariamente algo difícil, mas
nossa abordagem foi singular. John Paul Jones foi com certeza indispensável
na criação daquele movimento de acordes. Os críticos que escreveram sobre
o álbum não entenderam nada do que estavam ouvindo. Hoje entendemos,
mas na época eles se perderam tentando desvendar o significado.

**Há músicos e críticos que julgam música folk e blues somente pela óptica de como
o músico consegue reproduzir uma época anterior. Mas isso me parece algo um**

tanto banal. Você nunca vai conseguir duplicar a música de Muddy Waters ou Buddy Guy, então o certo é buscar outro caminho.

PAGE É verdade. O Fleetwood Mac original, com Peter Green, por exemplo, tocava muito bem as músicas de gente como Elmore James. Eles estavam com tudo. E Peter tinha um toque mágico em coisas como "Stop messing around" — é simplesmente fabulosa, à moda de B. B. King.

Mas com "Since I've been loving you" estávamos criando o ensejo para algo ainda por vir. A ideia era testar limites. Estávamos tocando no espírito do blues, porém tentando levá-la a novas dimensões ditadas pela consciência massiva dos quatro músicos.

A mesma coisa vale para o material folk. Foi meio: "Bom, era assim que se fazia, mas agora temos que ir em frente". É preciso seguir em frente, sempre em frente. Não há por que olhar para trás. Você tem que seguir adiante. Outro fator era que eu também estava melhorando na guitarra, e isso ajudava a desenvolver a banda. Eu não tocava essas coisas quando trabalhava em estúdio nem nos Yardbirds. Fiquei inspirado com a energia que tínhamos juntos. Creio que não havia maneira de olhar para trás.

Você havia gravado dois álbuns e feito uma turnê de um ano e meio com a banda. Esse crescimento tem a ver com o fato de você estar se acertando com o que cada membro sabia fazer?

PAGE Não, teve mais a ver com entender o coletivo e o quanto se podia motivar o pessoal.

Em certo sentido, o Led me lembra a evolução de Muddy Waters e sua banda elétrica...

PAGE Assim espero... [*risos*]

No início, Muddy era um blueseiro country acústico. Mas quando trocou o Mississippi por Chicago percebeu que sua abordagem tradicional do blues não ia funcionar em um ambiente urbano. Então encontrou outros músicos experientes, aí eles começaram a amplificar os instrumentos e fizeram o blues evoluir. Muddy encontrou um grupo disposto e juntos eles fizeram o blues chegar ao futuro.

PAGE Quando Muddy foi para a guitarra e começou a criar coisas do tipo "Standing around crying", ele realmente mudou o mundo. Foi um terremoto. Era exatamente isso que queríamos. Estou falando de tensão, dessa coisa, dessa atmosfera muito densa, quase palpável. Muddy mexe comigo, fico arrepiado toda vez que o ouço. Sua grande sacada foi ter vários músicos singulares na banda e dar asas a eles. A gaita do Little Walter naqueles discos da Chess é algo que você precisa ver para crer.

O que você lembra das sessões que resultaram na épica apresentação de "Since I've been loving you"? Ali tem um dos seus melhores solos.
PAGE Foram duas tentativas de gravá-la, em dois estúdios diferentes. A introdução mudava sutilmente cada vez que tocávamos — e de um estúdio para outro, com certeza —, mas tinha aquela abertura característica. É um jeito bem tradicional de abrir um blues, com aquelas primeiras notas, né? Mas, fora isso, foi mais uma forma de testar os limites do que agradar puristas do blues.

Eu não tinha interesse em executar nota a nota e provar a todo mundo que podia tocar determinado estilo. Sempre toquei blues com um ritmo rock 'n' roll nos fraseados, então tudo que eu tocasse seria diferente. Eu estava explorando novas possibilidades. Queria sincronizar com a ambiência e a atmosfera da música e o que ela queria transmitir. Pois, após ouvir essa construção maravilhosa em que todo mundo toca junto de forma tão bonita, cada um se expressando a seu modo — grandes expressões, decididas, com seus sotaques, seus fraseados, entrando e saindo juntos —, eu tinha que fazer um solo à altura de toda essa empolgação. Foi como se preparar para uma corrida de cem metros, algo assim. Entrar na vibração, deixar aquilo me levar, aí surgia a ideia de como fazer o solo e... *go!*

Foi exatamente assim que me senti antes de tocar "Stairway to heaven" na terceira tentativa, a que ficou em *Led Zeppelin IV*, foi exatamente a mesma abordagem. Um solo é como uma meditação sobre a música. Você encontra uma filigrana e aí tenta tocar em total empatia com tudo o mais que está se passando.

Fazer solo é uma coisa que pode te deixar mais espiritualizado. É quase uma invocação. Num instante não está lá, de repente está. Tenho certeza de que toda pessoa criativa já teve esse momento. O ponto em que sai a fagulha. Num minuto não está lá e no outro está, e você sabe que é positivo e construtivo.

É isso que todos os músicos procuram: esse momento. Mas por mais fantástica que seja "Since I've been loving you", há um problema nela.
PAGE Sim, tem um pedal do bumbo que range um absurdo na gravação. Cada vez que ouço parece mais alto! Isso foi uma coisa em que na época, infelizmente, não prestamos atenção.

Led Zeppelin III **é um álbum folk futurista em vários sentidos. As músicas acústicas como "Gallows pole" são um aspecto, mas mesmo as músicas elétricas mais pesadas têm elementos folk. "Immigrant song" parece uma ode antiga, "Celebration day" é um** *bottleneck blues* **levado às raias da loucura e, pelo que entendi, "Out on the tiles" começou sendo uma música de bebedeira, que é a coisa mais folk que existe.**
PAGE Sim, John Bonham teve muito a ver com "Out on the tiles". Eu compus o riff cadenciado de abertura, mas a guitarra por trás do vocal era baseada numa música que ele costumava cantar, que era tipo: "Out on the tiles, I've had a pint of bitter, and I'm feeling better 'cause I'm out on the tiles". Sabe o que quer dizer "out on the tiles"? É gíria, é ir no bar, e "bitter" é uma cerveja preta amarga. A letra do Robert tomou outro rumo, mas a vibração é a mesma.

Se você pensar bem, o riff da guitarra é quase uma peça tradicional de violino tocada três oitavas abaixo; tem a mesma vivacidade das notas semicolcheia.
PAGE Que interessante! Pois é, nunca tinha pensando nisso, mas se parece mesmo com uma peça de violino.

O que você achava de outras bandas que estavam modernizando o folk e o blues, como Fairport Convention e The Byrds? Você achava que havia algo em comum?
PAGE Eu gostava dessas bandas. Mas acho que ninguém ia confundir Led

Zeppelin com Fairport Convention nem com a Incredible String Band. Acho que elas partiam de um lado muito mais tradicional, e eu tinha vários pontos de partida. Mas talvez, quem sabe, eu só estivesse com a cabeça no rock 'n' roll! [risos]

Qualquer que tenha sido meu ponto de partida, ele tinha muitas dimensões. Mas algo como "Friends" não é, definitivamente, música tradicional, embora eu gostasse muito de poder tomar esse rumo e dar nossa própria interpretação. Ao mesmo tempo, acho que nunca perdemos de vista que éramos uma banda de rock.

Bom, nesse sentido, "Friends" é uma música acústica, mas sem dúvida é executada com agressividade roqueira. Aquele Dó aberto grave realmente ressoa no início.
PAGE É, ela é bem dramática. Como eu disse, compus depois de uma discussão e ela nunca perdeu a tensão.

Na verdade, o som acústico de violão em todos os seus álbuns sempre tem essa singularidade "densa". Geralmente ele tem muita presença e nos atinge tão forte quanto o som da guitarra. Pode dar uma ideia de como foi capturar esse timbre?
PAGE Esteja você gravando com guitarra, bateria ou violão, o negócio é saber o que fazer com os microfones e com o seu posicionamento. Não é preciso nem mexer na equalização no estúdio se o som dos instrumentos estiver bom. Mas uma peça-chave do meu som acústico foi ter usado o dispositivo Altair Tube Limiter. Descobri esse dispositivo com um camarada chamado Dick Rosmini, que gravou um álbum chamado *Adventures for 12 string, 6 string and banjo* em 1964. Eu nunca tinha ouvido um som de violão como aquele. A gente se encontrou nos Estados Unidos e ele disse que o segredo por trás do som no estúdio era o Altair. Acabou virando uma coisa tão legal e confiável que usamos até 1978, em *In through the out door*.

O impacto da visita ao País de Gales é um exagero ou foi mesmo um momento importante para você?

"Que se danem os anos 1960! Vamos desbravar uma nova década. . ." **123**

PAGE Robert e eu fomos os únicos da banda a ir ao País de Gales, mas acho que foi importante por ter originado uma centelha criativa. Também meio que armou a cena para nosso trabalho posterior em Headley Grange [*uma construção de pedra erigida em 1795 onde o Led Zeppelin compôs e gravou grande parte de* Led Zeppellin IV *e* Physical graffiti]. Foi o que me deu a ideia de escolher um lugar e criar um ambiente de oficina onde poderíamos viver dia e noite.

Viagens sempre o inspiraram.

PAGE Tem a ver com a exploração. É algo que faz parte de mim pelo menos desde os Yardbirds. Quando fiz a turnê da Austrália com os Yardbirds, havia duas formas de retornar à Inglaterra. Sugeri que fôssemos pela Índia na volta, mas os outros optaram por ir por São Francisco. Pensei: "Já fui a São Francisco, mas talvez nunca tenha outra chance de ir à Índia", então fui lá por conta própria e acabou sendo muito importante. É uma coisa incrível ser a única pessoa a descer do avião às três da manhã em terra absolutamente estrangeira.

Entre a primeira e a segunda parte da turnê do Led, em 1977, decidi ir ao Cairo porque queria muito ouvir a música de lá. Tem uma foto fantástica minha perto da Esfinge. Tudo faz parte do meu histórico musical.

Em 1972 você fez uma viagem extremamente importante à Índia com Robert Plant.

PAGE Robert e eu estávamos simplesmente doidos para ver como seria entrar num estúdio com músicos de Bombaim, só para ver o que saía. Tentamos gravar versões de "Friends" e "Four sticks" com percussionistas, meia dúzia de instrumentistas de corda e uma coisa que chamam de "banjo japonês", e foi complicado! Eram músicos excelentes, mas tinham outra tradição em termos de contar e sentir os ritmos. Foi difícil fazê-los tocar no nosso compasso e preservar a ideia que tínhamos em mente, mas também foi um aprendizado. Fomos de "Friends" e "Four sticks" porque achei que seria mais seguro fazer algo que Robert e eu já conhecíamos. Foi mais fácil manter as raízes.

As nuances de ritmo entre culturas estão entre as coisas mais difíceis de se aprender.

PAGE Mas é exatamente isso que as torna interessantes, a fusão. Lembra o que você dizia sobre a natureza agressiva no início de "Friends"? Eu tinha que acertar aquilo, mas eles erravam as entradas e tocavam sem parar. Aí eu pensava: "Oh, meu Deus!". Mesmo assim, saiu muita coisa legal.

Nem tudo dá certo. Para criar, às vezes você precisa de uns fracassos.
PAGE Sim, mas aí você precisa se distanciar, tem que digerir tudo e pensar em como aquilo funcionaria numa música em particular ou em circunstâncias diferentes.

Pensávamos seriamente em tocar e gravar no Cairo e na Índia depois daquelas sessões. Peter Grant já estava vendo. Pesquisávamos como seria levar todo o nosso equipamento com a Força Aérea Indiana, mas estávamos um pouco à frente do nosso tempo.

Como você já disse, uma das músicas que vocês trabalharam em Bron-Yr-Aur foi "That's the way", que é em Sol.
PAGE Há várias afinações no terceiro álbum, mas eu já estava fazendo experiências com afinações incomuns no primeiro álbum. A afinação em Dó de "Friends" foi algo diferente, mas a afinação aberta em Sol [*da mais grave à mais aguda, D-G-D-G-B-D*] em "That's the way" foi bem convencional; Muddy Waters, Robert Johnson e vários outros já tinham feito.

"That's the way", contudo, foi muito divertida de gravar porque nos deu oportunidade de trabalhar com novas texturas acústicas. John Paul Jones toca o bandolim, e as variações principais são feitas com um *pedal steel*. Eu não sabia tocar o *pedal steel* como um profissional, mas sabia tocar do meu jeito. E bem lá no final, quando tudo se abre, toquei um dulcimer.

Nunca havia notado o dulcimer — ele combina muito bem com a guitarra.
PAGE Eu estava fazendo vários *overdubs* e me animei. John Paul Jones tinha ido para casa, então fui eu que gravei a linha de baixo também! [*risos*] Mas isso era incomum, acredite! A afinação aberta deu muito espaço à faixa, aí ficou ótimo de preencher. E a letra de Robert é excepcional.

Onde vocês gravaram o álbum?

PAGE Foi gravado na Inglaterra. Fizemos a maior parte entre o Island e o Olympic, e a masterização foi nos estúdios Ardent, em Memphis, com Terry Manning.

Depois do terceiro álbum você começou a usar um estúdio móvel para poder gravar em locações no campo, como Headley Grange e Stargroves. Você começou a achar que ir a um estúdio tradicional acabava com o encanto?

PAGE É, acho que cheguei a essa conclusão. Eu não sabia bem como The Band tinha gravado *Music from big pink* nem *The basement tapes*, mas havia rumores de que eles haviam alugado uma casa. [Music from big pink *na verdade foi gravado num estúdio tradicional;* The basement tapes, *por outro lado, foi gravado em uma máquina de duas pistas, em uma fazenda no interior de Nova York, onde Bob Dylan e The Band moraram.*] Não tinha certeza se era isso, mas gostei da ideia. Achei que valia a pena tentar ir até um lugar e morar lá mesmo, em vez de passar no estúdio e voltar para casa. Eu queria ver o que aconteceria se nosso único objetivo fosse aquele: fazer música e viver essa experiência. Achei que seria uma coisa importante, e minha intuição estava certa. O trabalho virou um vício. Sabíamos que estávamos fazendo algo certo e que estávamos sendo revolucionários. Estávamos desbravando a mata e descobrimos um templo de épocas passadas.

Por falar em "templo de épocas passadas", naquele tempo você comprou uma casa na Escócia que havia pertencido ao mágico cerimonial Aleister Crowley. Além disso, as primeiras prensagens do terceiro álbum incluíram os epítetos centrais da filosofia de Crowley, "Do what thou wilt" ("Faz o que tu queres") e "So mote it be" ("Assim seja"), inscritos no vinil durante o processo final de masterização. Seus estudos sobre ocultismo tiveram alguma influência em suas perspectivas musicais?

PAGE Pode-se dizer que aquela inscrição foi um pequeno marco no caminho, um ponto de referência. Eu queria saber quanto tempo ia levar para alguém notar. Demorou bastante. [*risos*] Não é à toa que depois começaram a tocar nosso disco ao contrário!

O que você acha da arte do álbum *Led Zeppelin III*?

PAGE Uma decepção. Eu assumo a responsabidade por ela. Eu conhecia o artista e descrevi o que queríamos com a roda que faz as coisas aparecerem e se transformarem. Mas ele tomou um rumo bem pessoal e sumiu com a peça. A gente ficava dizendo: "Podemos dar uma olhada? Podemos ver como está indo?". Aí, o álbum já estava finalizado e ainda não tínhamos a arte. Cheguei a ponto de dizer: "Olha, eu tenho que levar esse negócio logo". Não fiquei contente com o resultado. Achei muito adolescente. Mas estávamos com o prazo estourando e não tínhamos como fazer alterações. Tem umas coisinhas que ficaram bestas, como aqueles milhos e outras besteiras.

Mas não foi pior que meu primeiro encontro com um artista da Hipgnosis, que fazia as capas do Pink Floyd. Havíamos contratado a Hipgnosis para criar a arte de *Houses of the holy*, aí entra esse cara, Storm Thorgerson, com a foto de uma quadra de tênis verde fosforescente e uma raquete de tênis. Eu falei: "Mas o que tem a ver o cu com as calças?". E ele disse: "A raquete, entende?". Respondi: "Você quer dizer que a nossa música é uma *'racket'* [barulho]? Cai fora daqui!". Nunca mais o vimos. Acabamos fazendo com outros artistas. Aquilo foi um insulto — *algazarra!* Que audácia! Imagine. Na primeira reunião com o cliente!

Quando você era criança, havia capas de álbuns que avivavam sua imaginação?

PAGE Eu amava uma capa do Howlin' Wolf que tinha uma cadeira de balanço e um violão. Não sei por que aquilo me fascinava, pois não era uma imagem excepcional. Talvez eu só gostasse da música que tinha ali, e isso me fez gostar da capa.

Também teve um álbum de John Lee Hooker no selo Crown que tinha uma pintura fantástica de um violão na capa. Também gostava dessa. Mas talvez tenha a ver com as músicas — foi sem dúvida um dos melhores discos do Hooker. Naquela época, eu preferia ver uma foto do artista. Se levar isso em conta, é estranho que nós raramente aparecemos nas capas. [*risos*]

Quero falar sobre alguns instrumentos e amplificadores usados naquela época. É interessante que você tenha criado todo esse trabalho clássico com um violão

Harmony Sovereign relativamente simples. Não é algo raro e extraordinário, como as pessoas podem achar, mas uma ferramenta de trabalho bem comum.

PAGE Bom, era o violão que eu tinha. Naquela época era demorado conseguir um Martins na Inglaterra. Os Gibson estavam começando a aparecer, mas custavam muito caro, e eu estava bem feliz com meu Harmony. "Babe I'm gonna leave you", "Ramble on", "Friends" e até "Stairway to heaven" foram compostas naquele violão. Só peguei um Martin depois de o quarto álbum ser lançado. Usei o Harmony todo esse tempo mesmo.

Onde você comprou?

PAGE Agora não lembro, mas, se me permite um chute, acho que comprei em uma loja de instrumentos como a Selmer's, na época dos Yardbirds, ou talvez um pouco antes. Se eu fiz alguma sessão de estúdio com ele? Não lembro. A maior parte do meu trabalho acústico em estúdio foi com meu violão Cromwell 1937 com boca em *f*.

Mickie Most fez a gentileza de me emprestar seu Gibson J-200 no primeiro álbum. Aquele violão tinha um som fabuloso, inacreditável.

É engraçado, você ainda usa a Danelectro que tinha desde que era músico de estúdio em meados dos anos 1960 e tem sua Les Paul número 1 desde 1969. Você é muito fiel às guitarras.

PAGE É, isso é verdade. Se eu saísse em turnê amanhã, usaria a Les Paul que comprei de Joe Walsh em 1969. Provavelmente também ainda usaria a guitarra de dois braços que comprei para tocar "Stairway to heaven". Há uma espécie de fidelidade a essas guitarras, são amigas de longa data.

Eu acho isso sensacional.

PAGE Bom, mas viajar com elas não é uma boa ideia. Eu tinha uma ligação forte com minha Les Paul Custom preta, levei na estrada em 1970 e a roubaram. Eu usava minha guitarra do Joe Walsh, mas tomei coragem de levar a Custom em turnê porque, quando fizemos o show no Royal Albert Hall, tive que usá-la naqueles covers de Eddie Cochran e era bom tê-la de apoio. O som era sensacional. Foi sorte levar a guitarra na estrada, e olha o que acon-

128 LUZ & SOMBRA

teceu. Apesar disso, como eu já disse, faço turnês com a do Joe Walsh desde lá, então talvez isso seja mesmo peculiar em mim.

Acho que as pessoas que são muito inconstantes nos instrumentos não sabem o que estão perdendo. Leva tempo para entender o que dá para tirar de um instrumento. Penso que existe algo profundo em explorar a capacidade de um amplificador ou uma guitarra e entendê-la de verdade, para você fazer o que quiser com ela.
PAGE É verdade, se tem alguma coisa para testar, seja um amplificador novo ou o que for, já sei que guitarra usar. É a Les Paul número 1, porque conheço aquela guitarra e ela também me conhece muito bem. Ela é ótima. Funciona.

Eu queria lhe perguntar sobre o mistério em torno do amplificador que você usou numa apresentação ao vivo na época do terceiro álbum. Várias pessoas dizem que você sempre usou um Marshall ao vivo, mas há um momento bem marcante — o show no Albert Hall e no Los Angeles Forum em 1970, que ficou famoso por ter virado a *bootleg Blueberry hill* —, em que você usou um amplificador Hiwatt.
PAGE Foi um amplificador de transição. Sou relutante em dizer o que eu usava antes do Hiwatt, pois assim que o fizer vão comprar todos e nunca mais vou conseguir um! Ah, diabos... eu já tenho vários. Meu amplificador principal nos primeiros tempos foi um Vox Super Beatle, que era magnífico.

Depois do Vox, comecei a pesquisar, e todo mundo estava usando amplificadores Marshall; aí, é claro, eu quis ser diferente, então comprei o Hiwatt, que tinha um pedal de *overdrive*. Acabei passando para os Marshalls depois.

O interessante foi que, há pouco tempo, antes do show de reencontro do Led Zeppelin, testei todos os meus amplificadores para ver quais funcionavam e quais não, e aquele Hiwatt estava animal, cara! Animal.

INTERLÚDIO MUSICAL

———

UMA CONVERSA COM
JIMMY PAGE E JACK WHITE

JIMMY PAGE E JACK WHITE, DOS WHITE STRIPES,
FALAM SOBRE A LIGAÇÃO ENTRE ARTE COM
A MAIÚSCULO E A ESSÊNCIA DO BLUES.

APÓS A FORMATURA no colégio, em 1993, Jack White, aos dezoito anos, trabalhou como estofador num bairro violento em Detroit, Michigan. Contudo, foi durante esse período humilde que começou a levar a música a sério. White imergiu nos sons primitivos do revival do rock de garagem em Detroit, tocando bateria e guitarra em diversas bandas, enquanto, a sós, formava uma estética musical extremamente sofisticada. O ponto de virada veio em 1996, quando se casou com Meg White e começou a ensiná-la a tocar bateria.

Assim nasceu o White Stripes, banda cuja música foi formada em igual proporção pelos sons ásperos do blues anos 1930 do Delta do Mississippi, pela arte minimalista holandesa, pela violência elétrica do Led Zeppelin e pela bateria ingênua de Meg. Os resultados foram tão originais e firmes que de repente todo mundo do rock alternativo estava prestando atenção na dupla. Numa época em que o pop meloso de Jennifer Lopez e Justin Timberlake dominava as ondas radiofônicas, o White Stripes fez uma abertura nas paradas com pedradas de rock de garagem e pretensão artística, como "Fell in love with a girl" e "Seven nation army".

"Que se danem os anos 1960! Vamos desbravar uma nova década. . ." **131**

A banda recentemente pendurou as chuteiras, mas Jack White segue carreira solo, produzindo artistas como a lenda do country Loretta Lynn e comandando seu selo Third Man.

"Acho magnífica a maneira como Jack manteve o posicionamento", disse Page a respeito de White. "Mas, claro, tem que ter talento. Ele é singular e tem uma perspectiva muito clara que o torna renovado. Sua honestidade em tocar e lidar com o rock é admirável. A maioria dos músicos já teria se vendido. Ele não se vendeu nem vai se vender. É firme como uma rocha."

Jack é igualmente cheio de elogios ao guitarrista que reconhece ter tido enorme influência na sua música.

"Jimmy Page tem o dom especial de pegar uma ideia e representá-la da forma mais potente possível", disse White. "Geralmente os artistas perdem o foco ou se distraem, mas isso nunca aconteceu com Jimmy. Por exemplo, quando os Yardbirds estavam no fim, ele conseguiu achar gente nova para trabalhar, músicos que ele sabia que conseguiriam mostrar com todo o poder as ideias que tinha para o blues. O mais impressionante é que isso aconteceu numa época em que todo mundo achava que o blues já tinha atingido o ápice, um ponto insuperável. Aí descobriram que não. Page surgiu com o Led Zeppelin e foi dez vezes além.

"Também acredito que seu trabalho como produtor às vezes vai além da sua importância como guitarrista. Ele não sabia apenas compor riffs incríveis, mas também como apresentá-los."

Jack, você usou elementos primitivos do blues para se rebelar contra o que entendia ser uma cultura tecnológica excessiva e altamente pasteurizada.
JACK WHITE Hoje é a coisa mais fácil contra a qual você pode se rebelar — a superprodução, tecnologia demais, pensar demais. É uma mentalidade mimada; tudo é muito fácil. Se você quer gravar uma música, é só comprar o Pro Tools e gravar quatrocentos canais de guitarra. Isso leva a pensar demais, algo que mata toda a espontaneidade e toda a humanidade do show.

O mais interessante no Led Zeppelin foi como eles conseguiram atualizar e capturar a essência daquela coisa mais assustadora do blues. Uma boa faixa do Led é tão intensa e espontânea quanto uma gravação do Blind Willie Johnson.

Jack White e Page, 2006 (© *Ross Halfin*)

A versão do Led Zeppelin para "Shake 'em on down", de Bukka White, em *Led Zeppelin III* **[intitulada "Hats off to (Roy) Harper"] é um ótimo exemplo de uma faixa que captura a essência do blues country sem copiar.**

JIMMY PAGE A chave é não tentar copiar o blues; você tem que captar a sensação. No *III*, sabíamos que queríamos fazer alusão ao blues country, mas, seguindo a tradição do estilo, pensamos que tinha que ser algo espontâneo e imediato. Eu tinha um amplificador Vox velho, e um dia Robert plugou o microfone dele no canal tremolo do amplificador e comecei a tocar e ele a cantar. E o que você ouve no álbum é, na prática, uma versão editada com nossos dois primeiros takes. A banda tinha uma empatia incrível, o que permitia que a gente fizesse coisas assim.

Mas isso é só para corroborar o que você já disse: com esse tipo de música não dá para pensar demais. Ninguém consegue inventar sensação,

"Que se danem os anos 1960! Vamos desbravar uma nova década. . ." **133**

intensidade. O blues não tem nada a ver com estrutura; tem a ver com o que você traz. A espontaneidade de capturar um momento específico é a chave.

WHITE Uma coisa é certa: Jimmy não leva todo o crédito que merecia como produtor. Ele não só compôs e tocou várias músicas ótimas, mas também conseguiu capturar grandes performances da banda e garantiu que tudo fosse gravado de maneira apropriada. Eu diria que a forma como você microfonou o chimbal de Bonham foi tão importante quanto o peso dos seus riffs. Você tinha uma noção fantástica de como dar esse ritmo, não só nos riffs de guitarra, mas também na produção da música. Foi a culminação de todos esses elementos que deixou o Led tão dinâmico.

PAGE Eu tive a ideia de fazer uma colagem de sons contrastantes para criar uma amplitude maior de dinâmicas, desde o primeiro álbum. Tudo evoluiu a partir daí.

Jack, Jimmy foi para a escola de artes e você tirou algumas dicas do mundo das artes plásticas. Seu segundo álbum tinha o título *De Stijl*, como o movimento holandês que tentou purificar a arte resumindo-a a cores e formas básicas.

WHITE Quando estávamos finalizando aquele álbum, decidi que queria dedicá-lo a Blind Willie McTell. [De Stijl *tem um cover de "Your southern can is mine", de McTell.*] Naquele período me ocorreu que McTell e a maioria dos grandes blueseiros country estavam gravando e se apresentando nos anos 1920, na mesma época em que o movimento De Stijl fincava raízes. Eles estavam fazendo a mesma coisa: resumindo tudo à essência.

Na minha cabeça, tanto o blues country quanto o movimento De Stijl representaram um novo princípio da música e da arte, talvez pelo resto da eternidade. Ambos reduziram suas respectivas artes ao cerne. Não há como ficar mais simples e puro do que na escola De Stijl. Eles só usavam quadrados, círculos, linhas horizontais e verticais com cores primárias. E só. O blues country de Son House e Charley Patton também reduzia a música ao fundamental.

Eu queria fazer a comparação entre essas coisas. Isso fez as pessoas acharem que éramos estudantes de arte, e nós nunca fomos. Eu nem tinha como pagar faculdade. Talvez teria feito se tivesse grana.

134 LUZ & SOMBRA

Mas você não precisa entrar na faculdade para estudar ou ler sobre arte.
PAGE É, faz sentido. A escola pode até inibir a tendência criativa que você tiver. Um professor ruim pode fazer um mal danado.

Como você sabe se está criando algo relevante?
WHITE Você sabe que um compositor tem o coração puro quando o desejo dele é escavar a música cada vez mais fundo. E, inevitavelmente, quanto mais fundo você escava, mais perto chega do passado. Assim que consegui escavar até a música dos anos 1920, pude entender com mais clareza a música do presente e a que Jimmy fazia nos Yardbirds e no Led Zeppelin. Ajudou até a entender o meu lugar no universo musical. É como se estivéssemos todos conectados numa grande turma de menestréis.

Jack, você já disse em uma entrevista que é fácil tocar como Steve Ray Vaughan e é difícil tocar como Son House. Pode esclarecer o que quis dizer com isso?
WHITE Acho que o que eu quis dizer foi que a escala do blues é das mais fáceis de aprender no violão. É aquele velho clichê: "fácil de aprender, uma vida inteira para dominar". Eu estava me referindo a isso. Não fico impressionado quando vejo alguém tocar uma escala de blues a uma velocidade estonteante, mas fico impressionado com Son House quando ele toca a nota "errada". Por algum motivo, tem mais sentido para mim ouvi-lo perder uma nota e bater com o *slide* no braço da guitarra.

Acho que a diferença que você quer destacar é que Son House não é superficial; não está só tocando uma escala. Ele quer cada uma daquelas notas e está se projetando. Não está exibindo sua técnica; está tentando criar um momento emocionante, verdadeiro.
PAGE A técnica tem sua importância; você tem que saber tocar. Mas o importante é a busca por algo novo e capturar aquele momento. Toda banda em que toquei fez muita improvisação no palco, que é onde acontece toda a magia. É onde acontece o drama. Você pode fazer merda, mas isso também faz parte. É a tensão que torna tudo empolgante. Música boa nunca é segura nem previsível.

"Que se danem os anos 1960! Vamos desbravar uma nova década. . ." **135**

Jack, o que chama a sua atenção no trabalho de Jimmy?

WHITE Eu lembro de aprender o break de "Whole lotta love" quando tinha seis anos. Eu tinha a música em cassete, e havia uma falha na gravação no início do solo porque eu tinha rebobinado a fita muitas vezes. Mas agora, adulto, o que chama a minha atenção é que o Led Zeppelin é a expressão maior do poder do blues. Jimmy foi realmente capaz de centrar-se num dos aspectos mais poderosos do estilo. Se houvesse um controle do poder e da expressão do blues, ele conseguiria transformá-lo de todas as formas.

Posso dar um exemplo do que estou falando. No DVD _Led Zeppelin_, a banda toca uma versão de "Dazed and confused" num programa de TV em Copenhague, e aquilo sempre me deixa emocionado. Logo depois do segundo verso, Jimmy começa a fazer um monte de ruído por dois segundos, e aquilo parece uma versão 100% amplificada do Robert Johnson. Quando o Johnson fazia essas coisas, era o som mais potente que ele conseguia com violão e microfone, e quando o Jimmy fazia era o som mais potente possível naquele ambiente.

Quando você tem a perspectiva do Jimmy, acho que esse é o objetivo: fazer tudo ser o mais potente possível.

PAGE Mas não tem só a ver com potência; a atmosfera também nos era muito importante. Queríamos criar uma atmosfera tão densa que fosse quase palpável. Nosso objetivo era fazer música que deixasse a espinha formigando.

Vocês dois são guitarristas que produzem. Para vocês, o que significa produzir?

WHITE O que você disse antes: ter uma visão do que você quer ver realizado. No início eu tinha receio de parecer egoísta ao querer controle demais — "músicas escritas por Jack White, produzidas por Jack White, Jack White na guitarra" e tal. Mas acabou que me senti confiante porque sabia o que queria que acontecesse e seria mais eficiente se eu mesmo fizesse. Eu não queria passar uma hora discutindo com alguém o que eu queria fazer. Só queria fazer.

PAGE E é isso, não é mesmo? Quem precisa de outro se metendo? Mesmo que você esteja errado...

WHITE ... pelo menos o erro será meu.

136 LUZ & SOMBRA

PAGE Na verdade, eu devia ter dito mesmo que você não esteja *certo*. Lembre--se sempre, Jack, *o artista nunca está errado!*

Há algo incomum que une vocês dois: o Led compôs vários grandes riffs, grandes ganchos e refrões, mas foram poucas as vezes em que a banda compôs o que eu chamaria de refrão convencional. Os maiores hits do Led — "Stairway to heaven", "Kashmir", "Over the hills and far away" — não têm refrão. O mesmo vale para muitas das músicas do White Stripes, incluindo hits como "Seven nation army" e "Blue orchid". Isso foi intencional?
PAGE Sim, foi de propósito. Queríamos que todas as partes da música fossem importantes e tivessem movimento. Não havia necessidade de recuar à segurança de ter um grande refrão a cada música. Se você enfatizar uma parte da letra, o resto da música fica banal.
WHITE Até onde sei, o riff em "The wanton song", do Led Zeppelin, por exemplo, *é* o refrão. Podia durar meia hora, e eu ficaria totalmente fascinado e satisfeito. É tão potente, tão conciso que eu nunca me canso.
PAGE Um riff pode assumir o aspecto de refrão na psique do ouvinte. Quando isso acontece, a música inteira vira um grande refrão. A ideia do riff hipnótico como motor primário de uma música já existe há tempos, esteja você falando do blues do Delta ou da música nas culturas do Oriente Médio ou da África.

Existe alguma música que vocês apontariam como representação do ideal platô-nico de uma grande música?
PAGE Picasso uma vez disse que uma pintura nunca está pronta. Sinto a mesma coisa quanto à música. Eu nunca diria que algo está perfeito. Existem performances que podem me render muita emoção quando ouço, mas não posso dizer que algo é perfeito.
WHITE É isso aí. Estou com o Jimmy!

[CAPÍTULO]

A história completa da obra-prima
do Led Zeppelin, *IV*, a gravação de "Stairway
to heaven" e a sobrevivência a um terremoto.

Headley Grange, o lar do *Led Zeppelin IV*, e um cachorro preto na frente (© *Ross Halfin*)

"DISSERAM QUE ESTÁVAMOS COMETENDO SUICÍDIO PROFISSIONAL. . ."

ERA O VERÃO DE 1971, e os executivos da Atlantic Records estavam loucos de ansiedade. Esperavam que o Led Zeppelin entregasse um novo álbum a qualquer momento, e os primeiros rumores eram de que seria o melhor trabalho deles até então — um épico, diziam os boatos —, e ainda chegaria a tempo do Natal.

Mas a boa vontade natalina do selo desapareceu rapidamente quando o empresário da banda, Peter Grant, fez uma declaração que pareceu um balde de água fria. A banda, decretou ele, decidira que o quarto álbum não teria título, que não haveria menção ao grupo na capa externa, nem logotipo da gravadora, nem número de catálogo, nem créditos aos músicos.

A Atlantic ficou pasma. Sem título? Sem créditos? O caos estava instaurado.

"Disseram que estávamos cometendo suicídio profissional e ameaçaram fazer guerra", lembra-se Page. "Mas a capa não tinha a intenção de fazer antagonismo com a gravadora, havia sido projetada como uma resposta aos críticos de música que afirmavam que o sucesso dos nossos três primeiros álbuns tinha sido conduzido pela propaganda, não pelo talento. Queríamos demonstrar que era a música que tornava o Led popular; não tinha nada a ver com o nosso nome nem com a nossa imagem. Então tiramos tudo e deixamos a música falar sozinha."

142 LUZ & SOMBRA

A música fez mais do que falar. Ela explodiu com toda a força. Lançado em 8 de novembro de 1971, o álbum sem título rendeu uma série de clássicos instantâneos do rock, incluindo "Black dog", "Rock and roll" e, é claro, a mãe de todas as baladas rock das FMs, "Stairway to heaven", que continua fenomenal. Sendo o terceiro álbum mais vendido de todos os tempos, a obra-prima do Led vendeu mais de 23 milhões de cópias somente nos Estados Unidos e ainda vende aos milhares todo mês.

Quando questionado a respeito da controvérsia em torno do álbum sem título, hoje chamado naturalmente de *Led Zeppelin IV*, ele explica que "a banda evitava pensar demais sobre a carreira. Nunca houve um 'vamos fazer isso' ou 'vamos fazer aquilo'. Nunca houve plano de se conformar com alguma ideia. Foi sempre fazer o que viesse de forma natural naquele momento".

A saga de *Led Zeppelin IV* começa oficialmente em dezembro de 1970 no Island Studios, que fica na zona oeste de Londres. Quando os membros da banda adentraram o estúdio naquele mês de gelar os ossos, estavam com o astral altíssimo. E por bons motivos: haviam produzido três discos de platina consecutivos em três anos, e seus shows estavam quebrando recordes de bilheteria no mundo inteiro. À medida que a fama do Led aumentava, o mesmo acontecia com a ambição de se superar. Infelizmente, as sessões iniciais no Island não conseguiram alavancar nenhum mojo, então a banda decidiu que era hora de uma mudança radical.

"Achamos que seria interessante gravar em algum lugar que tivesse certa atmosfera e ficar por lá", disse Page. "A ideia era criar um ambiente de trabalho confortável e ver no que ia dar. Robert e eu havíamos escrito grande parte do nosso álbum anterior, *Led Zeppelin III*, numa região isolada nas montanhas do País de Gales e gostamos muito da experiência. Era um lugar muito bonito e não havia nada lá que nos distraísse. Dessa vez achamos que seria divertido levar a banda inteira para algum outro lugar e alugar um estúdio móvel para captar o momento."

Page tinha ouvido falar de uma casa antiga na zona rural inglesa a poucas horas de Londres que o Fleetwood Mac havia usado como local de ensaio e decidiu conferir. Construída em 1795, Headley Grange era uma estrutura de pedra bastante grande, de três andares, originalmente utilizada como asilo para pobres e loucos. Estava longe de ser luxuosa, mas seu charme rústico pareceu bem apropriado ao guitarrista. Além disso, o prédio de duzentos anos oferecia algo muito melhor que conforto — ele tinha *presença*.

"Era uma coisa muito Charles Dickens", disse Page. "Úmido e assustador. O quarto que escolhi ficava bem no alto do prédio, e os lençóis estavam sempre meio úmidos. Headley Grange deixou Robert e John Bonham morrendo de medo, mas eu gostei. Tenho quase certeza de que era assombrada. Lembro de estar subindo pela escadaria principal uma noite, para ir até o quarto, e ver um vulto cinzento no alto. Conferi de novo para ver se não era só jogo de luzes, e não era. Então dei meia-volta bem rápido, pois não queria topar com uma coisa dessas. Mas não me surpreendeu ter encontrado espíritos lá, pois o lugar tinha um passado horrendo. Um dos pontos positivos de termos gravado lá é que revitalizamos a energia de Headley, ou pelo menos acredito que tenhamos feito isso. O lugar ficou mais iluminado por conta da nossa estada."

Mas a atmosfera não foi o único motivo que levou o Led a decidir ficar em Grange. Page descobriu que o lugar tinha um som excelente: "Após visitar a casa, soube na hora que a acústica seria boa".

Pouco depois, o guitarrista alugou o estúdio móvel de gravação em dezesseis pistas de última geração dos Rolling Stones, contratou o ás dos engenheiros Andy Johns e rapidamente passou a converter o albergue rústico na maior cabine de gravação do mundo. Os membros da banda armaram instrumentos na sala da casa e encaixaram amplificadores em vários guarda-louças e vãos de escada para isolá-los. Em poucos dias estavam prontos para escrever a história do rock.

"Acho que parte do som do álbum pode ser atribuída diretamente ao fato de que estávamos gravando num ambiente acústico extremamente complexo", explica Page. "O som não estava sendo criado numa caixa quadrada, como é um estúdio de gravação tradicional. Ficávamos sem parar levando amplificadores e microfones pela casa, criando novos espaços de gravação, o que tenho certeza que afeta o ouvinte num nível subliminar, subconsciente. É uma ideia que eu vinha desenvolvendo desde nosso primeiro álbum, mas trabalhar em Headley permitiu que levássemos aquilo a outro nível."

144 LUZ & SOMBRA

Embora as configurações de Headley Grange fossem apropriadas para várias das indulgências dos roqueiros, a banda era a essência da disciplina. Durante o mês que passaram lá, eles não gravaram apenas o quarto álbum, mas também refinaram várias músicas que apareceriam no sexto álbum, *Physical graffiti*, incluindo "Down by the seaside", "Boogie with Stu" e "Night flight".

"O mais empolgante no nosso período em Headley Grange foi a capacidade de desenvolver material e gravar enquanto a ideia ainda estava quente", disse Page. "Nunca fomos dessas bandas que fazem 96 takes da mesma coisa. Na época, ouvi falar de grupos que tinham esses exageros. Tinham que trabalhar na mesma faixa três ou quatro dias e aí trabalhavam mais um pouco, mas isso com certeza não é jeito de gravar um álbum. Se a faixa não está saindo e começa a criar uma barreira psicológica, mesmo depois de uma ou duas horas, aí você tem é que parar e ir fazer outra coisa. Saia: vá ao bar, ao restaurante, qualquer lugar. Ou toque outra música."

A desordeira "Rock and roll" foi o exemplo primordial dessa filosofia em ação. Como Page se lembra, a banda estava trabalhando pesado numa das faixas mais complexas do álbum, "Four sticks", e logo ficou claro que a gravação não estava indo a lugar nenhum. Para quebrar a tensão, John Bonham começou a castigar a bateria com o riff que abre "Keep a-knockin'", clássico do rock por Little Richard. De forma totalmente espontânea, o guitarrista começou a tocar um riff na sua Les Paul 1959, o qual achou tão bom que teve que dizer: "Parem, vamos fazer *essa*". E, no fim do dia, a banda havia dado à luz o que se tornaria "Rock and roll".

"Era assim que acontecia na época", disse Page. "Se algo soava legal, a gente não questionava. Se começava a surgir algo mágico, você tinha que ir até o fim. Era parte do processo. Nós tínhamos que explorar, tínhamos que penetrar. Tentamos tirar vantagem de tudo o que nos ofereciam."

Isso incluía a habilidade no piano do finado Ian "Stu" Stewart, um dos grandes talentos esquecidos da música. Stewart tocou piano para os Rolling Stones no início da banda e acabou virando produtor de turnê para Mick Jagger e Keith Richards. Ele também cuidava do estúdio móvel dos Stones e fez questão de aparecer numa das sessões do Led para ver se tudo estava

"*Disseram que estávamos cometendo suicídio profissional. . .*" **145**

correndo bem e se a gravação estava funcionando legal. Não tendo predileção alguma por desperdiçar talentos, o Led de imediato botou Stewart para trabalhar.

"Stu era extremamente tímido, mas era um pianista sensacional", disse Page. "Era um virtuose do boogie-woogie. Em Headley Grange havia um piano antigo em estado absurdo de descuido, quase impossível de usar. Era tão ruim que nem pensamos em aproveitá-lo. Mas Ian veio e começou a improvisar nele um *lick* sensacional. Aí fui aonde ele estava e fiz o que pude para afinar a guitarra com o piano, e os outros caras começaram a tocar tamborim, palmas e a sapatear. De uma hora para outra, gravamos 'Boogie with Stu'."

Posteriormente, quando a banda estava dando os toques finais em "Rock and roll" no Olympic Studios, em Londres, recrutaram Stewart mais uma vez. "John Paul Jones era quem geralmente tocava teclado para nós, mas ele não teve problema nenhum em deixar Stu tocar piano em 'Rock and roll'", disse Page. "Quando se tem a chance de usar um mestre num estilo específico, você dá um passo para trás e simplesmente curte o que vier."

Mas o que aconteceu com "Four sticks"? Como corrobora o álbum finalizado, o Led teve mais sorte no Island. Mais uma vez, foi John Bonham quem forneceu a fagulha criativa que fez a banda conseguir cravar a melodia diabolicamente elusiva. Parece que Bonzo tinha acabado de ver seu rival, o virtuose da bateria Ginger Baker, tocar na noite anterior com sua banda Air Force. No dia seguinte ele entrou no estúdio resmungando: "Vou mostrar uma coisa para o Ginger Baker". Pegando quatro baquetas — duas em cada mão —, Bonzo começou a batida que virou marca da música com tanta força propulsora que deu novo fôlego à canção. Sem falar que as quatro baquetas deram nome à música.

A magia de Headley Grange, contudo, nem sempre funcionou. Embora a maioria das músicas de *Led Zeppelin IV* tenha tido sua gênese no local afastado, muitas receberam o polimento final em Londres. A seção rítmica de "Black dog", por exemplo, foi gravada em Headley, mas os canais da guitarra de Page foram finalizados no Island Studios.

Page lembra-se de como a música surgiu: "John Paul Jones entrou com o riff de abertura, que era muito bom. Então sugeri que construíssemos uma música similar à estrutura da 'Oh well', do Fleetwood Mac. Em outras palavras, eu queria criar um bate-volta entre o vocal de Robert e a banda. 'Black dog' foi uma música bem complicada de montar, e se você ouvir o álbum atentamente dá para perceber o Bonzo contando [o ritmo] para nós e batendo as baquetas antes de cada riff. Precisamos de muito ensaio para conseguir pegar essa música direito".

Embora a performance da banda em Grange tenha sido poderosa, Page não estava satisfeito com o som de sua guitarra. Pensou em usar uma técnica de gravação "direta" que Neil Young empregara com muito sucesso em seu hit "Cinnamon girl" e que deixava o som maciço. O guitarrista e engenheiro Andy Johns concordou que o experimento seria mais bem realizado no Island e postergou a finalização de "Black dog" até eles retornarem a Londres.

Uma vez no Island Studios, eles retomaram o trabalho do que se tornaria o primeiro single do álbum. Como explicou Johns numa entrevista de 1993 à *Guitar World*, o rosnado agressivo da guitarra em "Black dog" foi criado plugando a Les Paul *sunburst* de Page numa *direct box* e de lá num canal de microfone na mesa de mixagem do estúdio.

"Andy Johns usou o amplificador de microfone da mesa de som para conseguir distorção", disse Page. "Depois botamos dois compressores 1176 Universal em série e distorcemos as guitarras o máximo possível e comprimimos de novo. Cada riff era uma combinação de três pistas — uma à esquerda, uma à direita e uma bem no meio. Os solos eram gravados de forma bem mais básica. Eu queria algo que atravessasse as outras guitarras, queria uma cor tonal totalmente diferente. Então pluguei minha guitarra numa Leslie e microfonei tudo como de costume."

O efeito foi excelente, mas apenas um aquecimento para o que estava por vir. "Stairway to heaven", assim como "Black dog", foi em grande parte desenvolvida durante a estada do Led em Headley Grange, mas, no fim, a banda decidiu que a música complexa tinha que ser feita num estúdio apropriado. Page, em particular, achava que ela precisava de um ambiente controlado, para que a banda pudesse aperfeiçoá-la.

"Disserem que estávamos cometendo suicídio profissional. . ." **147**

"A seção rítmica de 'Stairway to heaven' consistia em mim no meu violão Harmony, John Paul Jones no piano elétrico e John Bonham na bateria", disse Page. "Não tinha como fazer o violão e a bateria em Headley; precisávamos de um estúdio bem grande. Foi só isso."

"Embora tenhamos gravado o som no Island, na verdade ele foi criado em Headley. Eu vinha brincando com meu violão e inventei outras seções, aí casei tudo. Mas o que eu queria era algo que fizesse a bateria entrar no meio e então ir construindo um grande crescendo. Eu também queria acelerar, uma coisa que os músicos não deviam fazer.

"Eu estava com toda a estrutura, passei para o Jonesy, para ele ter uma ideia, e no dia seguinte entramos nela com o Bonham. Minha memória mais precisa de trabalho em 'Stairway' foi quando Robert escreveu a letra enquanto estávamos batendo o molde do arranjo. Foi muito intenso. E na hora que chegamos à fanfarra no final e conseguimos tocar a música toda, Robert tinha feito 80% da letra. É só para mostrar como aquela época era inspirada. Estávamos invocando muita energia."

"Stairway" também é a única canção de *IV* na qual é possível ouvir todas as guitarras principais de Page. Ele lança a introdução imortal com o Harmony. A seção rítmica foi gravada numa Fender elétrica de doze cordas, e vários dos riffs finais foram tocados na preferida de Page, a Les Paul '59 *sunburst* que Joe Walsh lhe dera.

Contudo, o solo talvez mais famoso na história do rock foi improvisado na antiga Telecaster que Page usou com frequência no primeiro álbum da banda. "Eu já tinha montado a primeira frase, e umas frases de ligação aqui e ali, mas no geral o solo foi improvisado. Acho que usei um Marshall."

Quanto ao porquê de a música ter agradado tanto, por quase quatro gerações, Page se aventura: "Acho que a letra é ótima. Faz as pessoas montarem muitas imagens na cabeça. Quando se ouve um disco, você sempre tem sua própria concepção, forma sua própria visão, e 'Stairway' permite isso. O fato de termos reproduzido [*a letra*] na capa interna demonstra o que pensávamos da música. Mas mesmo com a letra impressa na capa de cada álbum e CD, as pessoas ainda faziam suas próprias interpretações. Isso é maravilhoso.

148 LUZ & SOMBRA

"Colaborei nas letras dos três primeiros álbuns, mas tinha esperança de que Robert uma hora fosse assumir todo esse trabalho da banda. E no quarto álbum ele estava trazendo um material fantástico. Eu não me envolvi muito, porém lembro dele me perguntando sobre o 'bustle in your hedgerow' e dizendo: 'Olha, as pessoas vão ficar matutando', mas fora isso..."

Por fim, é verdade o rumor de que George Harrison inspirou o hino do Led? Page coça a cabeça e ri diante da lembrança repentina.

"A história está certa, mas a música está errada! George estava conversando com Bonzo uma noite e disse: 'O problema de vocês é que nunca fazem baladas'. Aí eu falei: 'Vou dar uma balada pra ele' e escrevi 'Rain song', que está no *Houses of the holy*. Aliás, você vai notar que eu até cito 'Something' nos dois primeiros acordes da música."

Pouco se questiona se Jimmy Page tem orgulho de "Stairway to heaven", mas seu verdadeiro entusiasmo é reservado ao *grand finale* do álbum, "When the levee breaks", uma releitura épica do clássico de 1929 da pioneira do blues Memphis Minnie. Em certo grau, é compreensível. A música pode ser vista como o ápice de todas as ideias que ele vinha desenvolvendo desde o primeiro álbum da banda. Qualquer um que tenha passado um bom tempo conversando com o guitarrista sobre gravações vai ouvir seu mantra "distância é profundidade" pelo menos uma vez ao longo da conversa. E o som da bateria em "Levee" é a demonstração definitiva da tese de Page.

CONVERSA

P:

COMO FOI QUE VOCÊ CONSEGUIU
O SOM DA BATERIA EM
"WHEN THE LEVEE BREAKS"?

JIMMY PAGE Estávamos trabalhando em outra música no salão principal de Headley Grange quando apareceu uma segunda bateria. Em vez de parar o que estávamos fazendo, dissemos às pessoas para trazê-la e armá-la no saguão de entrada. O saguão era imenso e no meio ficava a escada que levava aos três andares. Depois o Bonzo foi testar a nova bateria e o som era descomunal, porque aquela área era uma caverna. Então a gente disse: "Vamos deixar a bateria aqui!".

Andy Johns pendurou dois microfones M160 vindos do segundo andar, comprimiu-os, acrescentou um pouco de eco e comprimiu o resultado final também, e era tudo o que a gente precisava. E deu que a acústica da escadaria era tão balanceada que nem precisamos microfonar o bumbo. Jonesy e eu saímos pelo corredor com nossos fones de ouvido, deixamos os amplificadores na sala e detonamos a pista rítmica de "When the levee breaks" bem ali.

Você deparou com esse som antes ou foi no final da estada em Headley?
PAGE Não me lembro bem, mas suspeito que tenha sido no final. Acho que já tínhamos bastante coisa produzida, pois fizemos um número considerável de *overdubs* naquela música, que foi uma coisa meio incomum para as sessões da casa. Estávamos mais focados nas pistas rítmicas, então deixamos a maioria delas pronta.

Você se arrepende de não ter encontrado esse som antes?
PAGE Não. Teria sido uma armadilha. Não ficaria bom se tudo soasse tão amplo. Só funciona porque contrasta com o resto.

Você não foi sempre um defensor da microfonação ambiente?
PAGE Eu sabia que a bateria, sendo um instrumento acústico, tinha que ter respiro, então sempre foi primordial que o estúdio capturasse bem o seu som. A bateria é a espinha dorsal da banda.

Mas embora Headley fosse ótima para a bateria, nem sempre era a melhor coisa para a guitarra. Grande parte das guitarras que gravamos lá foi usada como guia e regravada posteriormente no Island. "Levee", porém, foi a exceção.

Em que afinação ela está?

PAGE Aquilo é minha Fender elétrica doze cordas em Sol aberto. Parece mais grave porque diminuímos o ritmo da pista para fazer tudo soar mais intenso. Isso também ajuda a fazer a faixa soar tão ampla. Se você diminui o ritmo, tudo soa mais denso. O único problema era que você tinha que ser muito preciso ao tocar, porque senão faria todas as inconsistências aparecerem mais. Não é igual a acelerar. Aquilo faz tudo soar mais reto do que realmente é. Usamos a mesma técnica em "No quarter."

"Levee" também tem uma das mixagens mais distintas do álbum.

PAGE A ideia toda era fazer de "Levee" um *trance*. Se você notar, tem algo de novo que é acrescentado a cada verso. Pode conferir: o fraseado da voz muda, acrescentamos muita coisa de trás para a frente e, no final, tudo começa a se movimentar, exceto o vocal, que permanece no mesmo lugar.

A ÚLTIMA COISA que restava fazer em *Led Zeppelin IV* era a mixagem. O engenheiro Andy Johns convenceu Page que o único lugar para isso era o Sunset Sound, em Los Angeles, reconhecido por muitos como as instalações de gravação de maior respeito no mundo. Além disso, Johns insistiu: "É sempre legal ir a L. A.".

Infelizmente, as coisas deram errado já de saída. Assim que Page chegou à cidade, foi recebido com um bom e velho terremoto californiano.

"Lembro de ficar deitado na cama quando tudo ainda estava balançando", disse Page, rindo. "Imediatamente tive um flash de 'Going to California', quando Robert canta 'montanhas e cânions começam a tremer e balançar', e só conseguia pensar: 'Inferno, eu não vou me arriscar, vou deixar para mixar essa por *último*'. E foi o que fiz!"

O que aconteceu a seguir ninguém sabe ao certo, embora Page tenha suas teorias. Depois que ele e Johns finalizaram a mixagem, levaram a fita de volta à Inglaterra. Quando a banda ouviu, todos ficaram horrorizados — o álbum estava uma porcaria. Era como se a dupla tivesse simplesmente esquecido de acrescentar frequências graves às faixas. Começou a troca de acusações, pois os outros três membros da banda passaram a questionar em alto e bom som o que exatamente Johns e Page estiveram fazendo durante o mês todo na ensolarada Califórnia.

"Não parecia nada com o que tínhamos feito em Los Angeles", relembra Page. "Fiquei abismado. Na época havia essas histórias das fitas que tinham sido apagadas pelo sistema magnético que usam nos metrôs britânicos. Johns disse que algo devia ter acontecido com as fitas na volta, porque elas perderam todo o refinamento. Ainda não sei direito o que aconteceu. Talvez os monitores estivessem nos passando uma imagem sonora totalmente falsa, pois o Sunset Sound tinha uns monitores de última geração que conseguiam reproduzir uma grande amplitude de frequências. Vai saber."

Page imediatamente entrou no Island e remixou o álbum inteiro. Em grande parte as sessões foram um sucesso, mas por algum motivo o guitarrista não conseguiu recompor o mix que tinha obtido em Los Angeles de "When the levee breaks". Em vez de arrancar os cabelos, decidiu ouvir mais uma vez a mixagem do Sunset Sound para ver se tinha uma pista do que estava dando errado. Ao puxar as fitas do Sunset, ele se surpreendeu, pois a mixagem original de "Levee" estava, por mágica, completamente intacta e tinha um som absolutamente fantástico. Decidiu mantê-la assim. Foi o único mix do Sunset que entrou no álbum.

Ao longo dos últimos trinta anos, talvez nenhuma capa de álbum tenha sido mais examinada do que a do enigmático quarto álbum, sem título, do Led Zeppelin. Contudo, apenas um homem conhece o significado do eremita com a lanterna ou do senhor com o feixe de varas. Vamos perguntar a ele.

CONVERSA

P:

MINHA INTERPRETAÇÃO DA CAPA DE *LED ZEPPELIN IV*
É QUE ELA É SIMPLESMENTE UM REFLEXO DA MÚSICA
QUE SE ENCONTRA ALI: UM AMBIENTE URBANO ÁSPERO
JUSTAPOSTO À ANTIGUIDADE. EM OUTRAS PALAVRAS, O
BLUES CIDADE GRANDE DE "BLACK DOG" CONTRA O FOLK
CELTA DE "THE BATTLE OF EVERMORE".

154 LUZ & SOMBRA

JIMMY PAGE Humm... Eu costumava passar um bom tempo em brechós procurando coisas que outras pessoas dispensavam. Eu encontrava alguns móveis, essas coisas muito legais de Arts and Crafts que as pessoas simplesmente jogavam fora. Robert estava comigo uma vez, numa dessas buscas, e fomos a um lugar em Reading onde as coisas ficavam em pilhas. Robert encontrou a foto do senhor com as varas e sugeriu que aproveitássemos aquilo na capa de algum jeito. Então decidimos contrastar o arranha-céu moderno no verso com o velho e suas varas — você vê a destruição do antigo e a entrada do novo.

Nosso coração estava tão afinado com os tempos antigos quanto com o que estava acontecendo, embora nem sempre estivéssemos em concordância com o novo, mas acho que o mais importante foi que estávamos certamente mantendo o ritmo... quando não nos superando.

A tipografia da letra de "Stairway to heaven" teve minha colaboração. Encontrei numa revista muito antiga de Arts and Crafts chamada *The Studio*, lançada no final do século XIX. Achei a tipologia tão interessante que consegui alguém para montar o alfabeto inteiro.

E a capa interna?
PAGE A capa interna foi pintada por um amigo meu, Barrington Colbys. É basicamente a ilustração daquele que busca, aspirando à luz da verdade.

Então qual figura representa a banda: o que dá a luz ou o que busca a verdade?
PAGE Um pouco dos dois, acho. Um pouco dos dois...

[CAPÍTULO]

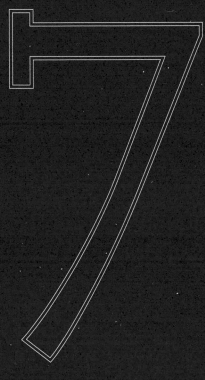

Durante os anos 1970, o Led Zeppelin torna-se a banda de rock de arena por excelência. As demonstrações de musicalidade virtuosa envoltas pelo glamour e pela pirotecnia explosiva com três horas de duração conquistam o respeito dos críticos. E os bastidores libertinos viram lenda.

Page usando arco de violino na guitarra, 1973 (© *Carl Dunn*)

"AS TURNÊS ERAM PURO HEDONISMO..."

COM TODA A POMPA após o grande sucesso de *Led Zeppelin IV* de 1971, a banda tornou-se a maior atração do rock, ofuscando titãs da época como Rolling Stones e The Who. O show de 5 de maio de 1973, em Tampa, na Flórida, bateu o recorde de 1965 dos Beatles de público em um único show, e o Led, peso-pesado do mundo da música, passou a ir de show em show em seu próprio jatinho de luxo com o logo da banda estampado em cada lado da aeronave.

Em março de 1973, a banda lançou *Houses of the holy*, talvez o álbum mais leve de todo o catálogo do Led. Com exceção da taciturna "No quarter", a gravação de quarenta minutos é despretensiosa, festeira, carregada de energia.

"Minha intenção principal com *Houses of the holy* era seguir em frente", disse Page, que mais uma vez foi o produtor do álbum. "Embora todos estivessem clamando por outro *Led Zeppelin IV*, é muito arriscado tentar se repetir. Não vou dar nomes aos bois, mas é certo que você já ouviu bandas que ficam se repetindo eternamente. Depois de quatro ou cinco álbuns elas simplesmente se esgotam. Com a gente, você nunca sabia o que estava por vir. Acho que dá para ouvir a diversão que tivemos com *Houses...* e também ouvir a dedicação, o compromisso."

160 LUZ & SOMBRA

Músicas como "D'yer mak'er", de influência reggae, e o funk fora de registro em "The crunge" fizeram com que o senso de humor cáustico do Led brilhasse em meio à exótica mistura de misticismo e blues norte-americano, o que representou uma espécie de ponto de virada no estilo da banda. Aliás, o blues, que fez grande parte da primeira fase do grupo, está totalmente ausente em *Houses*.

Mas embora *Houses of the holy* seja decididamente divertido, também é um dos álbuns mais intrincados do Led, graças a composições vastas como "Over the hills and far away", "The rain song" e a tremulante faixa de abertura "The song remains the same", que traz a guitarra mais veloz e deslumbrante de Page. Mesmo a aparentemente tranquila "Dancing days" tem camadas surpreendentes de harmonias ricas e uma *slide guitar* complexa se você parar para prestar atenção em mais do que na letra alegrinha.

O tom extrovertido de *Houses of the holy* transbordou para o show remodelado da banda. O quarteto que antes usava adornos hippies casuais no palco agora começava a vestir-se com mais exuberância em grandes arenas. Page, em particular, começou a usar roupas sob medida para fazer jus à imagem de deus internacional da guitarra, tornando-se criador de tendências. A sua jaqueta de toureiro coberta de brocados de rouxinóis criou alvoroço na Londres fashionista.

Os locais de show maiores também exigiam um grande espetáculo de luzes, e o Led estava determinado a oferecer isso. A turnê de 1973 agora trazia efeitos de última moda, como gelo seco, globo de espelhos suspenso, fileiras de luzes coloridas e estroboscópicas. Em termos musicais, a banda tratava cada música como um evento separado. "Dazed and confused" agora tinha vinte minutos de pura malícia, enquanto "Stairway to heaven" era executada (e recebida por fãs fervorosos) como um sacramento religioso transcendental.

"Nos primeiros tempos da banda, éramos bem contidos", disse Page. "Mas por volta de 1973 já tínhamos muita confiança. A partir daí podíamos não só tocar, mas nos projetar."

A exuberância da banda também ia além dos palcos. O Led Zeppelin criou um padrão para a *bacchanalia* rock 'n' roll. Nos anos que se seguiram, eles deram as regras quanto a destruir quartos de hotel e reunir *groupies*, o que faziam com a extravagância de sempre, naturalmente. As aventuras e os excessos do Led Zeppelin fora do palco viraram lenda, em especial quando eles tocavam em Los Angeles e Nova York. Até onde chegariam?

"Até onde nossa imaginação deixasse", disse Page. "Aquela época foi de puro hedonismo. Los Angeles em particular era como Sodoma e Gomorra, mas sempre teve essa energia, mesmo na era de ouro de Hollywood, nos anos 1920 e 1930. Você engolia tudo que viesse e entornava. E por que não?"

Mas a decadência, por mais prodigiosa que fosse, não seria tão interessante se o Led Zeppelin não tivesse um dos maiores espetáculos de rock de todos os tempos.

Danny Goldberg, um dos executivos de maior proeminência na música — entre seus clientes estiveram Nirvana, Sonic Youth e Allman Brothers —, trabalhou como relações-públicas da banda nessa turnê revolucionária. Com seus jatinhos particulares, estilo de vida roqueiro e shows esgotados, ele se lembra de que o Led atraía a imprensa como um ímã. No fim das contas, porém, o que vendia a banda era a música.

"O principal motivo da excelência do Led é que os quatro membros da banda eram incrivelmente talentosos", disse ele numa entrevista em 2008. "Dava para construir uma banda inteira em torno de qualquer um dos quatro. Mas o fundamental é mesmo Jimmy, o grande cabeça por trás do grupo. Ele confiava tanto na própria capacidade que não via problema em cercar-se de músicos incríveis. Jimmy também tinha noção do que estava acontecendo no rock 'n' roll na época e de como levar aquilo a outro nível. Depois dos anos 1960, o Led foi o começo do capítulo seguinte."

O ponto alto da turnê de 1973 aconteceu em julho, com as apresentações finais do grupo no Madison Square Garden, em Nova York, das quais trechos extensos são reproduzidos no clássico álbum ao vivo *The song remains the same*. Page disse que, entre a gravação do filme para o álbum e a adrenalina dos shows, ele passou cinco dias sem dormir.

"Estávamos em Nova York, fazíamos um filme e tocávamos em shows fantásticos; era difícil desligar toda aquela energia", disse ele. "Você tentava ir para cama, mas acabava desistindo, porque era mais divertido sair e curtir.

162 LUZ & SOMBRA

"Durante um típico show do Led havia um intercâmbio muito intenso entre a banda e o público. A banda detonava e o público devolvia no mesmo nível, e aquilo só crescia ao longo da noite. Esse era o fenômeno: uma transmissão, uma comunicação."

Na conversa a seguir, a evolução e a trajetória do lendário show da banda são traçadas pelas gravações reunidas no DVD *Led Zeppelin*, a compilação em vídeo meticulosamente produzida por Page em 2003. Totalizando quase cinco horas e meia, os dois discos enfocam quatro apresentações excepcionais do Led: a participação no Royal Albert Hall, em Londres, em janeiro de 1970, apenas um ano após o lançamento de seu álbum de estreia; cenas dos shows do Led em julho de 1973, no Madison Square Garden, em Nova York, que não foram incluídas no filme *The song remains the same*; as cinco noites no Earl's Court, em Londres, em maio de 1975, e as participações que bateram recordes no Knebworth Festival da Inglaterra em agosto de 1979, um ano antes da morte de Bonham. Cada performance foi restaurada, remixada e remasterizada em som digital surround, sob a supervisão de Page. O DVD também inclui fascinantes miscelâneas provenientes de participações na TV, clipes promocionais e entrevistas.

CONVERSA

P:

O DVD *LED ZEPPELIN* TRAZ PRATICAMENTE TUDO O QUE FOI FILMADO PROFISSIONALMENTE NOS SHOWS DA BANDA. ENTÃO POR QUE TEMOS APENAS CINCO HORAS DE FILMAGEM? É UM RESULTADO BEM MODESTO PARA UM GRUPO SIGNIFICATIVO COMO O LED ZEPPELIN.

164 LUZ & SOMBRA

JIMMY PAGE A resposta é complicada. Primeiro, você tem que retornar à formação da banda, em 1968, e o que estava acontecendo na Inglaterra na época. A BBC controlava a programação de rádio na Inglaterra, e o rock progressivo estava bem abaixo na sua lista de prioridades. Como já mencionei, sempre que nos apresentávamos, insistíamos em tocar uma música curta, como "Communication breakdown", e uma longa, como "Dazed and confused", para que fosse uma avaliação justa sobre o ponto em que a banda estava e o rumo que ia tomar. É óbvio que a BBC não ia deixar a gente fazer aquilo num programa de top 20. Então nossa única opção para se promover no rádio era ir aos pouquíssimos programas de rock que nos deixavam tocar duas ou três músicas. Aproveitamos bem essas oportunidades, que eram raras, mas aquilo rendia um mínimo de exposição.

Outra maneira de nos promover era na televisão, mas as oportunidades foram quase inexistentes. O DVD faz você ver um pouco do que tínhamos que enfrentar. Há um clipe da banda na televisão dinamarquesa que é muito engraçado, pois dá para ver que a plateia está aterrorizada com a gente. As pessoas parecem tão intimidadas que não sabem se assistem ou saem correndo.

Incluímos outro clipe do grupo tocando num programa francês. Não dá para acreditar, mas eles chamaram uma banda do Exército de Salvação para tocar antes da gente, então é claro que eles não sabiam nada de Led Zeppelin. Mesmo que tenhamos feito a checagem do som, a masterização é horrível. Então chegou a um ponto em que decidimos que não fazia sentido promover a banda pela TV. O jeito como eles nos apresentavam era uma bosta, e o som era um desastre. Naqueles dias, o público de TV tinha a graça de um único e minúsculo alto-falante! E o Led não foi feito para sair por um minúsculo alto-falante.

É óbvio que a banda descobriu bem rápido como se promover sem rádio nem televisão.
PAGE É verdade. Fizemos do show o nosso maior trunfo.

Foi a mesma coisa nos Estados Unidos?
PAGE Foi parecido. Os Yardbirds provavelmente faziam mais sucesso nos Estados Unidos do que no Reino Unido. Já tínhamos feito muitas turnês lá,

e essa experiência permitiu que eu entrasse em contato com as tendências do mercado americano. Eu sabia que existia toda essa cena underground acontecendo, que não estava nem aí para os hits.

Houve apoio das rádios FM dos Estados Unidos?
PAGE Sim, desde o início. Na época em que chegamos aos Estados Unidos, as pessoas já estavam se familiarizando com o primeiro álbum. Foi o que facilitou tudo.

Então sua perspectiva não ficava somente na música. Você via, num nível sociológico, a importância emergente da rádio FM, do rock mais voltado para os álbuns e da crescente indústria dos shows. E você criou uma banda para aproveitar essas mudanças.
PAGE É isso. Por exemplo, não lançamos singles para as rádios top 20 dos Estados Unidos, mas lançávamos singles para as FMs que valorizassem álbuns. Não tínhamos que criar singles para um mercado de singles pop; seria a nossa morte. Mas quando as pessoas ouviam uma música nova do Led Zeppelin na FM, elas sabiam que havia um álbum novo. Acabou ficando assim.

Outra coisa foi que, por não lançar oficialmente um single tradicional, forçamos as pessoas a comprar álbuns, que era o que queríamos. Queríamos que elas tivessem a perspectiva completa da banda. Além disso, não tínhamos que nos submeter à ideia de ninguém sobre quanto devia durar uma música. Quer dizer, não estávamos só fabricando singles de três minutos. Nem "Whole lotta love" ficou nesse limite. Foi uma coisa totalmente diferente.

Então, se você estava contente em promover a banda na rádio e nos shows, por que filmou o show de 1970 no Royal Albert Hall?
PAGE Não fomos nós que propusemos. Era início de 1970, o *Led Zeppelin II* tinha acabado de sair, e estávamos em ascensão. Aí veio um diretor do *Top of the pops* [*programa musical e de variedades da TV britânica*] pedindo para gravar um show inteiro, talvez para um especial na TV. Ele filmou, editou e nos

166 LUZ & SOMBRA

apresentou um rolo com quatro músicas alguns meses depois. Assistimos à edição, e ela pareceu boa. Mas naquela época estávamos numa velocidade tão grande que o show nos soou datado. Parecia tão *passé!* Então o projeto foi engavetado.

Você esqueceu dele com o passar dos anos?
PAGE Na verdade, não. Eu tinha uma cópia em casa, e começaram a aparecer várias *bootlegs*. Enfim, tivemos uma reunião da banda para discutir o que faríamos com a filmagem. Todo mundo gostou da ideia, então compramos o filme. Mas aí surgiu outro problema: não sabíamos ao certo onde estava a gravação de oito pistas. Ela tinha sido realocada tantas vezes naqueles anos que levamos um tempo para encontrá-la. Finalmente a encontrei numa filmoteca gigantesca, o que me fez começar a pensar em outros projetos que havíamos feito ao longo dos anos. Decidi arranjar tempo para ir atrás daquilo e criar um inventário.

Mas ainda não foi muito fácil localizar tudo dentro desse arquivo gigantesco, porque nossas coisas não estavam num único lugar, estavam sob nomes e contas diferentes. Porém tinha um garoto lá que foi sensacional, ajudou muito. Ele era muito fã da banda e sabia de cor onde ficavam as coisas ligadas ao Led. Então, aos poucos, conseguimos localizar tudo que estava lá.

Achamos as multipistas de todos os álbuns da banda, achamos todos os rolos dos shows de 1980 no Knebworth e os shows de 1975 no Earl's Court, e outras coisas que gravamos no Madison Square Garden e que não usamos no *Song remains the same*. E aquilo era praticamente tudo.

Em retrospecto, considerando quanto o Led era popular, é incrível que só tenhamos isso. Mas, como eu disse, éramos muito seletivos em relação a como nossa música e nossa banda deviam ser apresentadas. Foi tudo por querer que nossa música fosse divulgada de maneira apropriada.

O que você recorda do show de 1970 no Royal Albert Hall?
PAGE Era um lugar de grande prestígio. Lembro de dar duro para preencher todo o espaço com três instrumentistas.

Você parece muito introvertido durante a performance. Está diferente do show-man que viria a emergir em 1973.

PAGE O show no Albert Hall foi gigantesco para nós, e queríamos mostrar o que tínhamos de melhor. Era um lugar mágico. Ele foi construído no período vitoriano, e você entra lá pensando em todo o histórico musical que o precede. Além disso, para mim e para John Paul Jones foi como voltar para casa, porque nós dois crescemos naqueles arredores. Por isso prestamos muita atenção no que estávamos fazendo. Concordo com você, dá para perceber a introspecção.

A maioria das bandas odeia ter que tocar suas melhores músicas ao vivo porque se cansam. O Led, contudo, foi inteligente em usar suas músicas mais conhecidas — como "Whole lotta love" — como pontos de partida para o improviso, e assim agradou o público e manteve a música interessante para a banda.

PAGE "Whole lotta love" é a única música que é repetida no DVD, que tem a versão do show no Albert Hall e de novo em 1973. Tivemos que tocá-la porque era nossa canção-assinatura. Era ainda mais na Inglaterra porque eles a usavam de tema no *Top of the pops*. O que se ouve no show do Albert Hall é basicamente como a tocávamos na época. Mas quando ela é ouvida de novo em 1973 já acrescentamos várias coisas.

"Whole lotta love" não foi a única coisa que evoluiu. Em 1973, a banda começou a parecer muito mais glamorosa. Você parece meio desgrenhado em 1970.

PAGE Desgrenhado? Se você olhar fotos minhas nos Yardbirds estou bem arrumadinho. Humm... acho que houve um período em que eu não tinha grana para comprar roupa! Admito que não fui uma figura de indumentária deveras elegante no Albert Hall! Admito!

Aquilo sim que é um colete...

PAGE Na verdade, ainda tenho aquilo! Eu podia doá-lo para o Hall da Fama do Rock and Roll, para eles vestirem naqueles manequins engraçados!

168 LUZ & SOMBRA

Não quero parecer obsessivo, mas ...
PAGE Por que não? Eu sou!

Por volta de 1970, o Led Zeppelin parou de usar bandas de abertura e lançou a tradição de ser a única banda em cartaz.
PAGE Bem, nas turnês de 1968 e 1969 tínhamos um repertório composto de músicas do primeiro álbum que era razoavelmente bom. Aí, depois que gravamos o segundo álbum, tínhamos um repertório muito, muito bom, mas que era muito longo.

Lembre-se de que não estávamos usando rádio para promover nossos álbuns; então, toda vez que lançávamos um disco novo, inseríamos algumas dessas músicas no repertório. Na época em que chegamos ao *Led Zeppelin III*, tínhamos ainda mais material novo, e o antigo continuou evoluindo, então não quisemos jogar nada fora. Começamos com duas horas e meia e chegamos a três, e em algumas noites foram quatro horas de show.

Você se arrepende de ter estabelecido esse precedente?
PAGE Só se eu não estivesse gostando. Nossos shows eram bem organizados. Cada um tinha seu momento no repertório para os outros descansarem. Eu tinha meu solo em "White summer", John tinha os dele no teclado, Bonham tinha o solo de bateria.

O segundo DVD começa com uma montagem rápida de clipes ao vivo da turnê de 1972, e então entram cenas deletadas de 1973 do filme *The song remains the same*. Por que você incluiu as filmagens de 1972?
PAGE Houve uma grande lacuna entre o show no Albert Hall e o filme, e naquele período gravamos dois álbuns, o III e o IV. Eu queria mostrar como aquele período foi dinâmico, então amarramos gravações da turnê de 1972 a uma apresentação ao vivo de "The immigrant song".

Mesmo com a filmagem bruta de 1972, dá para ver como ficamos mais animadinhos no palco depois daquele show contido no Albert Hall. Isso é interessante.

Os dois shows de Los Angeles em 1972 [*editados no CD triplo* How the West was won] são lendários há anos entre *bootleggers*. Por que você diria que esses shows são tão bons?

PAGE Bem, aparentemente sempre tocávamos melhor nos Estados Unidos. Éramos vaidosos, ficávamos nos exibindo, era fantástico. Não tínhamos que nos preocupar se a família ou os amigos estavam no assento certo.

O show em Los Angeles no dia 24, no Forum, durou quase quatro horas, e o de Long Beach, no dia 27, foi de quase três horas. Acho que o show de Long Beach foi mais curto porque queríamos cair fora mais cedo para curtir os clubes de Los Angeles. Sem brincadeira, foi exatamente esse o motivo!

O Led Zeppelin era o rei de Los Angeles naquela época. Os excessos de vocês viraram lenda.

PAGE Sim, mas às vezes penso que o lugar em que nos comportamos pior foi no Japão. Fizemos coisas que você não vai acreditar. Por exemplo, houve uma noite em que um de nós jogou as roupas pela janela e aproveitou a oportunidade para correr nu pelos telhados. E teve uma cabine telefônica que sumiu da rua e foi encontrada na nossa porta, cheia de dinheiro. Sem falar em outra noite em que as belíssimas telas nos nossos quartos, pintadas à mão, foram rasgadas com uma espada de samurai. Estou lhe dando só três exemplos, mas os três aconteceram num período de 48 horas.

Noite após noite aconteciam coisas como essas e saíamos impunes. Agora penso que nossos anfitriões japoneses devem ter ficado horrorizados, mas eram tão educados que só faziam mesuras!

Onde você conseguiu essa resistência toda?

PAGE Acho que acumulávamos uma quantidade absurda de adrenalina no palco e aí levávamos aquilo para fora do palco também, para o *mondo bizarro*. Sabe como é, alguém podia andar de motocicleta pelo corredor do hotel, mas só era divertido nos primeiros quinze minutos, então íamos para outra, e outra, e outra.

Qual a importância das drogas nessa época?

PAGE Não posso falar pelos outros, mas para mim as drogas eram parte integral da coisa toda, do princípio ao fim. E uma das reações provocadas pelas drogas é se achar invencível. Vou contar uma coisa que é absolutamente insana. Lembro que uma noite eu saí pela janela do nono andar em Nova York e fui sentar em cima de um aparelho de ar-condicionado, só para olhar a cidade. Eu estava fora de mim e achei que ia ser interessante. Era imprudência total. Claro que é ótimo eu ainda estar aqui para poder rir de tudo, mas era totalmente irresponsável. Eu podia ter morrido e deixado um monte de gente que eu amo. Vi muitas mortes.

Mas quando você está fazendo sua performance num nível tão incrível, tão intenso, não tem como aquilo não afetar sua psique. Tudo está em transformação, em mutação, toda noite. E às vezes você passa uma noite que é simplesmente inacreditável — não dá para acreditar mesmo. E é aí que você começa a tentar gravar tudo, porque vai ficando muito interessante. De alguma maneira aquilo vai te afetar. E já não éramos pessoas normais. [*risos*]

Pode dar uma ideia do seu interesse crescente pelo ocultismo nesse período?

PAGE É uma infelicidade que meus estudos de misticismo e das tradições orientais e ocidentais de magia e tantra tenham ficado sob o guarda-chuva de Crowley. Sim, claro que eu li muito Crowley e era fascinado pelas técnicas e pelas ideias dele. Mas lia várias outras coisas também.

Lembre-se de que praticamente qualquer banda britânica dos anos 1960 que se preze tinha pelo menos um membro com formação em artes, o que era parte muito importante da equação geral. Na época não era incomum ter interesse por religião comparada e magia. E foi isso. Foi uma parte bem significativa da minha formação, como tudo o mais.

Crowley, na maioria das vezes, é mal compreendido. A mensagem dele era de libertação pessoal. Ele incentivava as pessoas a perguntar o que realmente queriam da vida e as incentivava a agir. Por exemplo, ele escreveu sobre a igualdade dos sexos, e foi uma coisa chocante no período eduardiano. Ele não estava exatamente ostentando a bandeira, mas sabia que a liberação feminina era inevitável. Ele era um visionário e não era delicado ao apresentar o que pensava. Não concordo com tudo o que ele disse ou escreveu, mas acho que há muita coisa relevante.

Mas não surpreende o fato de as pessoas vincularem você a Crowley. É bem sabido que você tem uma boa coleção de artefatos de Crowley.
PAGE Com certeza. Faço referências a isso na minha música. Sempre fiz referências claras às fontes das minhas ideias. Por exemplo, na sequência de fantasia em *The song remains the same* deixei uma declaração bem clara sobre o que vinha acontecendo na minha vida usando referências de cartas do tarô e sendo alguém que busca a verdade.

Seu estilo de vida rock 'n' roll na verdade permitiu que você seguisse a máxima de Crowley "faz o que tu queres" de uma forma que pessoas normais não poderiam nem cogitar.
PAGE Mas o que eu estava fazendo, acho, era promover o *meu* estilo. Eu não estava pregando nada, porque não havia necessidade. Meu estilo era apenas o meu estilo. Eu não via motivo para converter ninguém; era só o caminho que minha vida estava tomando na época. No fim das contas, desse ponto de vista, ele pode ser tanto celebrado quanto criticado.

Seu estilo de vida chegou a prejudicá-lo?
PAGE Na época em que chegamos a Nova York para as filmagens de *The song remains the same*, em 1973, passei cinco dias sem dormir! Era tudo tão empolgante, por que alguém ia querer dormir? Vai que perdesse alguma coisa. Além disso, era o fim da turnê e iríamos para casa depois daqueles shows, então eu queria aproveitar!

Agora eu nem consigo pensar nisso, mas aquela era a nossa vida. Aliás, durante aquela turnê e nas subsequentes, ficamos tão cheios de adrenalina que começamos a dormir cada vez menos, e tínhamos que recorrer a bebida e calmantes para relaxar e dormir.

Mas quando eu não estava na estrada, o pêndulo sempre se inclinava para o outro lado. Eu gostava igualmente das nossas paradas. Porém, mais

172 LUZ & SOMBRA

uma vez, talvez eu estivesse recarregando as baterias para a próxima! [*risos*] Sempre tive essa personalidade dividida. Eu gostava muito de ter uma vida estável em casa.

O que você fazia?
PAGE Eu criava um equilíbrio me dedicando a compor e ter ideias para o álbum seguinte. Por exemplo, todas as partes de guitarra e camadas de "Ten years gone" foram trabalhadas como demos em casa. Aquilo mantinha minha sanidade. Havia esse equilíbrio de ir para a estrada e vir descansar em casa. Mas o negócio é que minha vida era o Led Zeppelin, e só havia isso, dentro ou fora da estrada.

Na turnê de 1973 vocês começaram a usar um jatinho particular, o Starship. Aquilo foi bom ou virou só uma garantia de que a festa podia continuar e você nunca teria um momento de descanso?
PAGE Não, foi bom. Era um lugar onde você podia levar música e livros e criar algo que parecia a continuidade entre as viagens de cidade em cidade. Porém, Richard Cole [*ex-produtor de turnês*] encontrou uma das aeromoças do Starship há um tempo e ela revelou: "Sabia que eu tirei muita grana de vocês?". Cole perguntou como. "Bom", ela explicou, "quando as pessoas no avião cheiravam cocaína, elas enrolavam notas de cem dólares para usar de canudo. Aí, quando estavam chapadas ou desmaiavam, elas esqueciam da grana. Então a gente passava lá e pegava o dinheiro que ficava." Isso pode até ser verdade, mas uma coisa eu sei: elas nunca pegaram dinheiro meu! [*risos*]

Quando as pessoas ouvem o Led hoje, acho que não percebem quantos novos caminhos a banda estava desbravando, não só na música, mas também na cultura social. Cabelos compridos ainda eram vistos com certo desdém, quanto mais sexo, drogas e música alta. Vocês tiveram problemas com isso?
PAGE Tivemos muitos problemas no começo. Nosso empresário, Peter Grant, me contou uma história sobre uma turnê que ele fez com os Animals no Sul dos Estados Unidos em 1965. O cara que dirigia o ônibus deles era negro e nadava com a banda na piscina do hotel. Porque ele era negro, a

gerência do hotel drenou e esfregou toda a piscina. Isso não faz tanto tempo assim. Aconteceu nos anos 1960.

Meu sonho era tocar em Memphis. Cresci adorando a música que vinha de lá e de Nashville. Mas acabou sendo uma coisa deprimente. Chegamos em Memphis e recebemos a chave da cidade. Foi engraçado, porque na época as chaves eram umas coisinhas de plástico, não essas coisas grandes e honorárias que a gente recebe hoje. A razão pela qual estávamos ganhando a chave era que o prefeito ficou abismado ao saber da velocidade com que "esse camarada Led Zeppelin" tinha esgotado os ingressos da arena local. Ocorreu a ele que, quem quer que fosse esse "cara", devia ser alguém importante e merecia ganhar a chave da cidade.

Pegamos a chave à tarde, mas acho que não gostaram do nosso visual. Pouco depois, fomos ameaçados e tivemos que picar a mula da cidade assim que o show terminou. Eu fiquei puto porque queria ir a vários lugares — no Sun Studios, onde Elvis gravou, e outros. Eles não gostaram nem um pouco do nosso cabelo comprido. A caipirice era uma coisa séria naquela época.

No show de Memphis a meninada ficava em pé nas cadeiras e tomava sovas para se abaixar. A gente fazia parte da subcultura que eles não queriam que os jovens conhecessem: os hippies de cabelo comprido.

Tocamos em Nashville na noite seguinte. Estávamos no camarim, nos preparando para sair e fazer o bis, quando entrou um cara que desabotoou o casaco e disse pra gente: "Se vocês voltarem lá eu vou quebrar a cara de cada um". E ele não estava brincando. Os caras estavam muito bravos. Mas fazer o quê? Você não vai contra um policial armado que quer te dar uma surra. Era hora de sair, e não quisemos mais tocar no Sul por um bom tempo depois daquilo.

Nem vou falar das outras histórias, mas tem muitas. Foi muito deprimente, porque eu tinha passado tanto da minha juventude estudando a música que saiu daquela região.

Só de pensar nisso, é incrível a coragem de Elvis Presley de ter desafiado essas barreiras sociais e sexuais numa região tão conservadora.

PAGE Imagine só! Elvis começou em 1954, mais de dez anos antes de a gente chegar. É um milagre ele ter conseguido alguma coisa! Ele tinha a mão de Deus sobre ele. Tinha mesmo. Foi ele que conseguiu juntar tudo. Ele trouxe o blues e a música negra para a cultura branca.

Você conheceu Elvis. O que lembra desse encontro?
PAGE Fomos chamados para vê-lo tocar e depois convidados para uma festa. Subimos na suíte dele, e sua namorada, Ginger, estava lá com mais umas pessoas. Confesso que estávamos bem nervosos. Quando ele passou pela porta, começou a fazer o famoso *twitch*. Ele não fingia aquilo, sabe, era de verdade! Você deve achar engraçado, mas para nós foi demais. Foi meio estranho no início, porque a música dele tinha um significado muito grande para a gente. Mas aí alguém disse: "Sabe aquele carro que você dirigiu no filme *Loving you*?". E foi assim, todo mundo começou a conversar, a relaxar, se divertir. Ele foi maravilhoso, um homem fantástico.

Enquanto algumas de suas músicas mais longas passam dos vinte minutos, sua abordagem nas jams era bem diferente daquelas que bandas como Grateful Dead ou Cream faziam na época. Não era só a coisa de tocar os solos, os improvisos longos eram quase peças interligadas.
PAGE Estavam mais para "desprogramadas". "Dazed and confused" é o exemplo mais óbvio. Tinha vários gatilhos ao longo da música, que a banda usava para dar o sinal da seção seguinte. Se chegávamos a um desses gatilhos, você sabia que tinha que começar a mudar a marcha. Mas entre cada deixa tudo podia acontecer.

Havia áreas cinzentas...
PAGE Bem, eu não chamaria de "cinzentas". Mas certamente não eram preto e branco. Na verdade, o que fazíamos era bem colorido! Queríamos nos expressar como músicos, porém sem deixar ninguém entediado. Queríamos que todo mundo ficasse se segurando na cadeira.

Alguma vez você se perdeu?
PAGE Inevitavelmente, quando você trabalha em áreas inexploradas, nem

sempre encontra o caminho. Pode ter havido momentos muito estranhos, mas esses, se você os trabalha direito, podem ficar bem interessantes. Uma coisa não intencional pode soar bastante inteligente. Aquele era o foco. Quero dizer, o extrassensorial entre nós era fantástico. Havia as deixas, claro, mas muitas vezes chegamos junto espontaneamente. Era uma grande alegria.

Além de respeitado como músico, você era sem dúvida um showman. Deixava a guitarra bem baixa e definiu um padrão que existe até hoje. Em certo sentido, o único jeito aceitável de um roqueiro usar uma Les Paul é deixá-la na altura das coxas. Era uma questão de imagem ou era mais confortável para você tocar lá embaixo?
PAGE Você tem que entender que, quando eu estava no Led Zeppelin, aquilo era tudo o que eu vivia e respirava. Virou um estilo de vida, que incluía usar minha guitarra lá embaixo, estilo pistoleiro. Os roqueiros da época eram como foras da lei e, assim como nos filmes, nossos coldres foram ficando cada vez mais baixos.

Seus vários trajes de palco também alcançaram um status icônico. Quem criou, por exemplo, a roupa preta de dragão da turnê de 1975?
PAGE Foi uma mulher de Los Angeles chamada Coco que o fez. Fiz um esboço bem básico do que eu queria. Pedi, por exemplo, para ela personalizar minha calça com símbolos astrológicos, como Capricórnio, Escorpião, Câncer.

Ainda tenho essa roupa, e o mais incrível é que ela ainda parece novinha, como se tivesse acabado de sair da loja. Fiz muita coisa na estrada com ela e continua maravilhosa. A maior parte das minhas roupas virou trapo, mas a de dragão está intacta.

Eu pensava com cuidado o que queria das minhas roupas de palco. Depois que Coco fez a roupa de dragão, pedi que ela fizesse a roupa branca com a papoula. Eu usava a de dragão uma noite e a de papoula na seguinte. Virou um ritual para mim.

Assistir a essas apresentações no DVD reavivou alguma memória em específico?
PAGE Eu já havia assistido às apresentações antes, mas era meio na correria. Passei bastante tempo assistindo a cada show para o DVD, e claro que eles

reavivaram memórias e de certa forma fizeram esse projeto virar um trabalho apaixonado. O show do Earl's Court, em particular, me atingiu em cheio. Eu tinha acabado de passar por um divórcio, e aquele foi o último show da turnê de 1975. Lembro que decidi viajar, porque não havia nada que me prendesse em casa. Pouco depois daquilo, Robert teve o acidente, e as coisas nunca mais foram as mesmas. [*Plant e família ficaram seriamente feridos num acidente de carro na ilha grega de Rodes, em 4 de agosto de 1975.*]

Entre os shows do Albert Hall e do Earl's Court, você com certeza reuniu material suficiente para lançar dois DVDs. Por que decidiu lançar todo esse material de uma vez só?

PAGE A primeira ideia era lançar só os shows no Albert Hall. Mas eu não via sentido. Sabia que tínhamos pouquíssimos e preciosos registros visuais da banda, então pensei: por que simplesmente não lançar tudo num pacotão bem bonito? Considerando a tecnologia atual, a hora para apresentar o material é esta, pois temos o meio digital e o som surround 5.1.

Acho que havia a expectativa dos executivos de que poderíamos criar um DVD para cada apresentação. Mas ficou claro que, por exemplo, apenas o show do Earl's Court seria um tédio, porque eram só close-ups e planos fechados.

Por que ficou assim?

PAGE Nos shows no Earl's Court foi a primeira vez, que eu me lembre, que alguém usou projeção de fundo na apresentação. Agora é comum, mas na época foi revolucionário. Projetamos fotos nossas em close na tela atrás do palco, e aquilo permitia que as pessoas no fundo do salão nos vissem. No entanto, elas acabaram sendo as únicas imagens gravadas dos shows e, por conta da natureza da projeção, são todas em close.

Tendo isso em mente, me pareceu mais agradável apresentar essas performances como uma história que se desenrola. Então, o que você tem no DVD é uma verdadeira jornada. Começa com nossas participações rejeitadas na TV e segue até nossa última performance no Knebworth.

O que eu gosto do Knebworth é que ele fecha tudo. O que eu mais amava no Led é que a banda estava sempre num processo de transformação, evolução.

"As turnês eram puro hedonismo. . ." **177**

Mesmo nossas músicas mais antigas eram diferentes a cada noite. Você falou antes de ter usado "Whole lotta love" como trampolim para outras coisas. Bem, mesmo quando fizemos isso no Knebworth, eu inventei toda uma seção no meio dela só para mostrar ao público que ainda estávamos refletindo sobre o que tínhamos a apresentar.

Pode haver pouquíssimos e preciosos filmes da banda, porém há rumores de que o Led fez várias gravações profissionais ao vivo, direto na mesa de som, ao longo dos anos. Os shows de 1972 em Los Angeles são excelentes, mas podemos esperar mais áudio ao vivo?

PAGE Você está certo, gravamos vários shows, mas muitas dessas fitas das mesas foram roubadas de mim há anos. Elas foram meio que "desapropriadas" da minha casa no início dos anos 1980, quando eu não estava lá. Todas essas coisas, assim como as gravações dos nossos ensaios, foram roubadas e ressurgiram em *bootlegs*, o que é uma merda.

Descobri o roubo na época em que estava trabalhando no meu álbum solo, *Outrider* [*1988*]. Lembro de ter começado a procurar umas demos e ficar me perguntando onde estavam minhas fitas. Tinha tanta coisa acontecendo na minha casa e na minha vida naquela época que achei que elas iam aparecer em algum lugar. Bem, acabaram aparecendo — em *bootlegs*! Alguém que se fez passar por amigo roubou as fitas.

[CAPÍTULO]

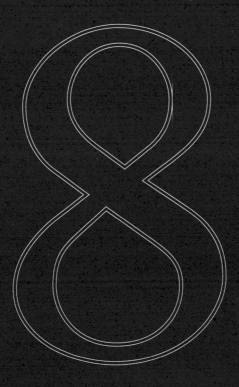

A HISTÓRIA COMPLETA DOS BASTIDORES DE PRODUÇÃO DO *CIDADÃO KANE* DOS FILMES DE SHOW DE ROCK, *THE SONG REMAINS THE SAME*, INCLUINDO O SIGNIFICADO DA LENDÁRIA FANTASIA DE PAGE.

Page no Madison Square Garden, Nova York, 1975 (© *Neal Preston*)

"ESSA ERA A MINHA VIDA — A FUSÃO DE MAGIA E MÚSICA. . ."

QUANDO A TURNÊ recordista de 1973 chegou ao fim, em julho, o Led Zeppelin ficou estranhamente quieto. Levaria dezoito meses para a banda fazer outro show. Mas ao longo desse período sabático longe dos palcos Page ainda estava na ativa em diversas frentes.

Quando não estava passando um tempo merecido e necessário com Charlotte e a filha de três anos, Scarlet, Jimmy trabalhava diligentemente no estúdio de sua casa, fazendo demos para o próximo disco. Ele também se concedeu um tempo para satisfazer sua paixão crescente pela metafísica, abrindo uma pequena loja dedicada à literatura do ocultismo. Na época, disse Page: "Não havia um único lugar em Londres com uma boa coleção de obras sobre ocultismo, e eu estava cansado de procurar e não encontrar os livros que queria". No final do outono de 1973, ele abriu a livraria Equinox, na Holland Street 4, nas imediações da Kensington High Street.

Para ajudar a lançar seu novo empreendimento, o guitarrista buscou a *expertise* de Eric Hill, amigo que trabalhava na Weiser's, livraria de Nova York famosa no mundo inteiro por seu imenso catálogo de antiguidades do ocultismo. Jimmy era freguês da Weiser's, e os dois fizeram amizade por conta do interesse comum por livros, arte e magia. Ambos eram da opinião

182 LUZ & SOMBRA

de que livrarias especializadas em ocultismo tendiam a ser, nas palavras de Hill, "ou vulgares e sensacionalistas, ou chatas e insípidas".

"Percebemos a possibilidade de criar uma loja com refinamento estético", disse Hill numa edição de 2008 da *Behutet*, periódico trimestral dedicado à magia moderna. "Na época, nossos sonhos eram fantásticos."

Era um sonho, contudo, que Page estava determinado a transformar em realidade. Depois de ver diversos pontos, ele encontrou um espaço, por sorte subestimado, próximo a dois belos parques e logo passando a Portobello Road, rua conhecida pelas lojas de antiguidades. Na busca pela elegância e pela ambiência mais apropriadas, ele não economizou no projeto, no mobiliário e na decoração da loja.

"Jimmy contratou um arquiteto de primeira linha para projetar o layout", lembrou Hill. "As divisórias da loja eram painéis de vidro com gravuras de deuses egípcios, incluindo Toth, Hórus e outros. Todas as prateleiras e displays foram feitos num estilo *art déco* neoegípcio preto, e havia iluminação difusa por toda a loja. Nas paredes penduramos pinturas de Crowley e Austin Osman Spare [artista, pintor e mago inglês]."

O nome da loja também foi pensado para ser marcante. Historicamente, os equinócios vernal e outonal são comemorados como épocas de equilíbrio e harmonia espiritual — momentos em que noite e dia têm a mesma duração. Ainda mais relevante é o fato de *Equinox* também ter sido título de uma lendária coleção de livros editados por Crowley e ainda ser uma das obras definitivas sobre ocultismo e magia.

Como define Crowley, magia era "a Ciência e a Arte de provocar Transformações em conformidade com o Desejo". Crowley via a magia como método essencial para uma pessoa alcançar a verdadeira compreensão do eu e para agir de acordo com seu Verdadeiro Intento, ou grande destino em vida. Esse objetivo poderia ser alcançado por meio de rituais, incluindo invocação e conjuração, viagens astrais, ioga, magia sexual e divinação, entre outros.

Numa entrevista de 1975 de Page à revista (hoje extinta) *Crawdaddy*, William Burroughs, o célebre escritor de vanguarda, mais conhecido por seu angustiante livro *Almoço nu*, explicou sucintamente: "A hipótese subjacente à magia é o entendimento de que o *desejo* é o motor primário no universo —

"*Essa era a minha vida — a fusão de magia e música...*" **183**

a convicção profunda de que nada acontece a não ser que alguém ou algum ser deseje que aquilo aconteça. Isso sempre foi evidente para mim. Uma cadeira não se mexe a não ser que alguém a mova. Tampouco seu corpo físico, que é composto praticamente do mesmo material, mexe-se a não ser que você tenha a intenção. Caminhar por uma sala é uma operação mágica. Do ponto de vista da magia, nenhuma morte, nenhuma doença, nenhum infortúnio, guerra ou distúrbio é acidental. Não existem acidentes no mundo da magia. E o desejo é apenas outra palavra para a energia em animação".

A livraria de Page oferecia uma coleção eclética de esoterismo, incluindo volumes sobre filosofia oriental, cabala, tarô, alquimia e Rosa-Cruz. Durante o seu período de existência — ela fechou em 1978 —, a Equinox também publicou novas edições de dois clássicos do ocultismo: o respeitadíssimo *Astrology: a cosmic science*, escrito pela pioneira da astrologia espiritual Isabel Hickey; e a tradução de Aleister Crowley e S. L. MacGregor Mathers para *O livro da goetia do rei Salomão*.

O livro de astrologia foi uma escolha que, embora convencional, valeu a pena. Mas a ideia de reproduzir o *Goetia* foi a mais empolgante. O termo *goetia* deriva da palavra grega para *feitiçaria* e refere-se à prática que envolve invocar anjos e conjurar demônios. *Ars Goetia* é o título da primeira seção do manual de magia do século XVII *A chave menor de Salomão*; ela contém descrições de 72 demônios que o bíblico Rei Salomão supostamente invocou e confinou num recipiente de bronze selado com símbolos mágicos. Em 1904, Mathers e Crowley revisaram o *Ars Goetia* e transformaram-no em *O livro da goetia do rei Salomão*, suplementado por textos com ideias de Crowley sobre magia cerimonial.

Além de identificar toda uma tropa de espíritos poderosos e potencialmente destrutivos, o livro dá instruções claras sobre como conjurá-los e bani-los. De certa forma, a *Goetia* era um livrinho tão perigoso quanto poderoso. Page certamente sabia disso, e reproduzir essa peça arcana tão importante quanto incendiária sem dúvida tocava sua sensibilidade fora da lei e, talvez, seu senso de humor. Mas embora reeditar a magia negra do *Goetia* pudesse ser visto como algo irresponsável, sua ameaça ao público em geral seria mínima dada a tiragem limitada e o pequeno segmento de *hipsters*,

184 LUZ & SOMBRA

acadêmicos e iniciados que estudavam esses assuntos no início dos anos 1970. (Hoje ele pode ser baixado na internet, de graça.)

No mesmo período, Page também aceitou compor a trilha sonora do filme *Lucifer rising*, do diretor de cinema underground e notório ocultista Kenneth Anger. Quando Page conheceu Anger, em 1972, o diretor nascido nos Estados Unidos já havia construído sua reputação como um dos cineastas independentes de maior influência na história do cinema. Seus revolucionários curtas surrealistas, como *Inauguration of the pleasure dome* (1954) e *Scorpio rising* (1964) tornaram-no uma lenda entre o público das artes e um ídolo da contracultura nascente do rock 'n' roll. Assim como Page, Anger também era admirador de Crowley e seguidor de sua religião, a Thelema, de forma que seu trabalho muitas vezes esteve infundido de sofisticados simbolismos ocultistas.

Quando Anger veio à Inglaterra levantar financiamento para produções futuras, não foi surpresa que ele e Page tenham se cruzado. Page já havia visto vários curtas do diretor, incluindo *Invocation of my demon brother*, de inspiração na Thelema, num clube de cinema em Kent, e lido avidamente o artigo da revista *Life* de meados dos anos 1950 que descrevia a visita de Anger a uma pequena morada na Sicília que Crowley usara como abadia em 1920.

"Crowley havia sido expulso da Sicília, e o pessoal de Mussolini passou cal sobre as paredes da abadia, que Crowley havia decorado na melhor das intenções", disse Page ao jornalista Peter Makowski em 2005. "Quando Anger visitou a abadia, ela pertencia a dois irmãos: um era fascista, o outro comunista, e haviam construído uma parede entre eles no centro da sala. O cal ainda estava lá, e havia aquele carma, pois os dois irmãos se odiavam. Anger havia obtido acesso ao prédio para raspar o cal das paredes e rever os murais e afrescos.

"Pude ver que Anger era muito devoto de Crowley. Então foi isso, fora sua produção criativa, que me fez querer conhecê-lo. Ele acabou passando na minha casa em Sussex e eu o visitei em seu flat, em Londres."

Durante esses primeiros intercâmbios sociais, o diretor explicou a ideia do filme que viria a ser *Lucifer rising* e perguntou a Page se gostaria de criar uma trilha sonora para ele. O filme deveria ser uma obra bastante condensada e codificada, baseada no conceito thelêmico de que a humanidade entrara num novo período conhecido como "Éon de Hórus". Era um conceito meio

"Essa era a minha vida — a fusão de magia e música. . ." **185**

Nova Era que celebrava a individualidade e o "verdadeiro desejo", como profetizado no *Livro da lei* de Crowley. Geralmente mal compreendida, a figura titular de Lúcifer não é nem maléfica nem demoníaca: ele é aquele que traz a luz — uma criança mágica que ajuda a anunciar a Nova Era.

Page não resistiu à ideia de colaborar com o respeitado artista num assunto que lhe era muito caro. Ele concordou em trabalhar com Anger e imediatamente começou a compor o que se tornaria um dos maiores tesouros perdidos do rock. No estúdio de sua casa, Page começou a criar peças longas, hipnóticas, *trance*, diferentes de tudo o que já havia feito.

"Utilizei diversos instrumentos e efeitos", explicou ele. "Eu tinha uma tambura, que é um instrumento indiano que produz um bordão majestoso. Era um dos instrumentos que eu havia trazido das minhas primeiras viagens à Índia; tinha mais ou menos um 1,70 metro, era um monstro ressonante. Foi a primeira coisa que eu quis utilizar [*na faixa*]. Aí eu tinha um cântico budista que era inexplicável — nada era o que parecia. Também toquei tabla, vale dizer que não muito bem, mas o efeito dela ficou muito bom. A única coisa que eu queria evitar era o violão. Tem um trechinho de violão bem no final, só um tira-gosto."

Além de trabalhar na trilha sonora, Page deu permissão a Anger para utilizar seus equipamentos de edição de ponta que ficavam no porão de sua casa em Londres. Jimmy fez até uma pequena participação no filme, na qual segura um fac-símile da Estela da Revelação, uma tabuleta egípcia que foi elemento central da filosofia religiosa de Crowley.

Infelizmente, após Page completar mais de trinta minutos de música, ele e Anger tiveram um desentendimento explosivo. Há relatos divergentes quanto à causa da briga. Anger acusou Page de demorar demais para finalizar a trilha sonora. Page, contudo, deu um relato mais detalhado ao jornalista Christopher Knowles.

"Kenneth havia transformado o porão da minha casa em sala de edição, e meu caseiro estava lá um dia e o viu levando amigos para um tour, o que gerou uma discussão. Kenneth ofendeu-se por não poder mostrar a casa às pessoas, e de repente comecei a receber um monte de cartas insultuosas."

O desfecho trágico foi que a trilha sonora criativa e genuinamente assombrosa de Page ficou adormecida por quase quarenta anos. Quando ele

186 LUZ & SOMBRA

enfim lançou uma edição limitada em vinil da trilha de *Lucifer rising*, por intermédio de seu website jimmypage.com, em 2012, ninguém ficou chocado ao ouvir que a música ficava à altura da descrição exótica do compositor. Como fumaça que se eleva de um incenso, uma pluralidade de texturas ergue-se lentamente e desdobra-se em tons produzidos por instrumentos antigos e modernos; ragas indianos, cânticos tibetanos e efeitos eletrônicos entrelaçam-se até se sobrepor aos sentidos. Assim como muitos dos escritos de Crowley, a música tinha um pé na Antiguidade e o outro num futuro distante, criando um efeito real de desorientação em quem ouve. Em certo sentido, *Lucifer rising* é tão importante para entender a estética de Page quanto qualquer álbum do Led. Em nenhum outro momento de sua carreira o guitarrista deixou a imaginação correr tão solta.

Apesar dessas distrações, o Led nunca esteve longe de sua mente, e Jimmy reencontrou-se com John Paul Jones, Robert Plant e John Bonham em Headley Grange no início de 1974 para gravar as guias para o que viria a ser o álbum duplo, amplo e eclético *Physical graffiti*.

Antes de *Graffiti*, o produtor Page havia usado o estúdio móvel dos Rolling Stones para gravar em Headley Grange, o estúdio informal e o segundo lar da banda. O equipamento dos Stones, infelizmente, não estava disponível dessa vez, então Page decidiu usar o estúdio móvel de Ronnie Lane. Lane, baixista da banda britânica The Faces, construiu o estúdio com a ajuda de um jovem engenheiro americano chamado Ron Nevison. Embora Nevison fosse um pouco inexperiente, Page convidou-o para ser o engenheiro das sessões por dois motivos: ele acabara de comandar o intrincado álbum conceitual *Quadrophenia*, do The Who, e, como Page concluiu, "quem melhor para comandar um estúdio do que o cara que o construiu?".

"A banda estava muito bem preparada e ensaiada", lembra-se Nevison. "Fizemos pouquíssimos takes, entre seis e oito, a maioria deles para ajustes menores e para garantir que os andamentos fossem exatamente o que eles queriam e o som da bateria ficasse certo. Começávamos à uma da tarde e terminávamos perto da uma da manhã.

"Passei a morar em Headley Grange com a banda, mas aí percebi que seria melhor não ficar lá. Às vezes a piração ficava demais. Por exemplo, eles

"*Essa era a minha vida — a fusão de magia e música. . .*" **187**

me acordavam e queriam que eu começasse a gravar uma coisa às quatro da manhã, ou algo assim. Achei que, pelo meu bem e o deles, se eu não estivesse por lá, eles não teriam essa opção. No fim das contas, eles concordaram comigo, pois sabiam que estavam sendo meio malucos."

Embora muito tenha sido feito durante a estada, o sexto álbum continuava longe de estar finalizado. Assim como *Led Zeppelin IV*, Page decidiu gravar os vocais finais e os *overdubs* de guitarra no ambiente mais controlado de um estúdio. Antes de isso acontecer, porém, ele precisava resolver outros assuntos importantes — no caso, lançar uma nova gravadora e terminar um documentário sobre a banda que havia sido iniciado meses atrás.

Em janeiro de 1974, o contrato de cinco anos do Led Zeppelin com a Atlantic Records chegou ao fim, e o empresário Peter Grant renegociou com o selo um aumento fabuloso. Também fez parte do acordo um acerto para que todos os discos futuros do Led saíssem pelo seu próprio selo subsidiário. Poucos meses depois, Grant e a banda anunciaram oficialmente a criação do Swan Song, cuja lista incluía o Led, assim como veteranos como The Pretty Things, a toda-poderosa do blues escocês Maggie Bell e um novo supergrupo, Bad Company, com Paul Rodgers do Free nos vocais e Mick Ralphs do Mott the Hoople na guitarra.

Page adorou a ideia de criar um teto para artistas pelos quais tinha respeito, mas deixou claro que estava mais do que contente em entregar o lado comercial do selo para Grant. Foi uma decisão sábia para um homem que já tinha coisas demais para resolver.

Os lançamentos oficiais do Swan Song nos Estados Unidos aconteceram em Nova York e depois em Los Angeles em maio de 1974. Segundo todos os relatos, as duas festas foram libertinas e degeneradas, cheias de convidados classe A, doces em forma de cisnes, álcool e drogas recreativas.

O lançamento do Swan Song aconteceu de forma relativamente tranquila e sem preocupações, mas o mesmo não se pode dizer do conturbado documentário da banda, *The song remains the same*. A ideia inicial do filme não tinha rodeio algum — o diretor Joe Massot e sua equipe foram convidados para filmar as últimas três apresentações da banda na turnê de 1973, no Madison Square Garden, para um esperadíssimo filme de shows do Led.

188 LUZ & SOMBRA

"Na época tínhamos interesse em apresentar a banda num filme", disse Page. "Já tínhamos filmado os shows do Royal Albert Hall em 1970, mas em 1973 estávamos já tão avançados num período tão curto que achamos as filmagens do Albert Hall datadas em todos os aspectos. Nossa aparência e nossas roupas estavam diferentes, e toda a qualidade comunicativa da música havia melhorado.

"Também achávamos que podíamos fazer algo mais profissional, usando câmeras múltiplas e equipamentos mais sofisticados. Antes dos shows do Madison Square, a equipe de filmagem assistiu a duas apresentações para preparar ângulos de câmera e ter uma ideia de quanta película seria necessária para gravar um show inteiro. Infelizmente, depois que eles terminaram de filmar, olhamos o bruto e percebemos de cara que havia buracos imensos na filmagem. A equipe não havia dado atenção a coisas básicas, como filmar os versos de algumas músicas! Achamos que eles deviam estar chapados; talvez tenha sido isso mesmo. Todo mundo na época era chapado, mas pelo menos a gente dava conta do *nosso* serviço!"

Foi nesse período que a banda teve a ideia de cada membro filmar uma "sequência de fantasia" que seria usada para cobrir os grandes buracos no filme. Robert Plant se apresentaria como um mítico herói hippie resgatando uma dama em apuros durante "The rain song"; John Paul Jones se tornaria um saqueador mascarado cujas aventuras seriam editadas em "No quarter"; e, para preencher buracos em "Moby Dick", John Bonham representaria a si mesmo como um fazendeiro e homem de família com predileção por carros velozes.

Mas de todas as sequências sem dúvida a de Page foi a menos convencional, refletindo seu interesse pelo tarô e pela obra de Aleister Crowley. Filmado próximo de sua propriedade às margens do lago Ness, na Escócia — a qual havia pertencido a Crowley e fora comprada por Page em 1970 —, a cena apresenta o guitarrista escalando uma montanha íngreme e escarpada numa noite invernal de lua cheia. Décadas antes, Crowley costumava fazer a mesma jornada na neve. Ao chegar ao topo, Jimmy encontra um velho eremita. Quando se revela o rosto do eremita, aos poucos ele vai ficando mais jovem até virar claramente Page, e então faz um retrocesso à infância para refletir cada estágio da vida do homem.

"Essa era a minha vida — a fusão de magia e música. . ." **189**

Apesar dos esforços do diretor Massot para montar o filme, a cópia bruta apresentada à banda foi recusada. O diretor foi demitido e substituído pelo cineasta australiano Peter Clifton, que convenceu o Led a regravar todo o show do Madison Square Garden no Shepperton Studios, na Inglaterra, para preencher os buracos deixados na filmagem original. Para garantir uma aparência de continuidade, a banda teve que fazer mímica da gravação original, o que se provou difícil graças à natureza irrestrita e improvisada da performance. Mas eles deram seu melhor, e as performances ficaram incrivelmente convincentes.

Gravadas no verão de 1974, as sessões no Shepperton foram consideradas um sucesso. A banda então deu instruções a Clifton para remendar tudo e fazer o filme. Page sabia que algumas coisas "ficariam totalmente dessincronizadas", mas não estava tão preocupado porque "era apenas algo divertido para o cinema". Além disso, era hora de a banda seguir em frente, finalizar o novo álbum e planejar mais uma turnê. O Led só voltaria a pensar seriamente no filme uns dois anos depois, em 1976.

As sessões de *Physical graffiti* prosseguiram ao longo do ano, com *overdubs* adicionais e mixagem final realizados por Page e o engenheiro Keith Harwood no Olympic Studios de Londres. Page inventou o título do álbum, que representa a enorme energia criativa e corpórea que fez parte da produção e da execução do repertório.

O objetivo do novo álbum, declarava Page, era "manter a centelha da espontaneidade" a todo momento. "Firme mas solto" foi a frase que Page usou muitas vezes para descrever os melhores momentos do Led, e *Physical graffiti* com certeza era isso. Com alguns dos arranjos mais ambiciosos e refinados da banda ("Kashmir", "Ten years gone" e "In the light") justapostos à audácia absoluta ("In my time of dying" e "Custard pie"), a obra foi uma espécie de ideal platônico de sua perspectiva yin-yang.

"Ao longo do álbum você pode ouvir os quatro elementos formando o quinto", disse Page a respeito das sessões. "'In my time of dying' foi gravada em dois takes de quase puro improviso. Nós estávamos com tudo. Com mais de onze minutos, é a maior gravação de estúdio do Led, mas quando você está tocando assim quem é que quer parar?"

190 LUZ & SOMBRA

Enfim, quem ia querer parar? As oito faixas gravadas em Headley Grange e no Olympic iam bem além da duração de um álbum convencional; então, decidiu-se incluir várias músicas não lançadas de sessões anteriores e fazer do álbum um duplo — um evento poderoso que, nas palavras de Page, "com certeza vai deixar você pirado".

Graffiti foi, em vários sentidos, um resumo brilhante de onde a banda estivera e para onde se dirigia. Pode-se dizer que *Physical graffiti* foi o primeiro álbum com duração suficiente para mostrar todas as facetas da banda que vinham se desenvolvendo desde a sua estreia, em 1969.

As afinações pouco usuais do primeiro e do terceiro álbum e o alcance épico do quarto estão na sobrenatural "Kashmir"; o potente funk de influência James Brown que ficava evidente nos shows ao vivo está à solta em "Trampled under foot"; o rock pesado e pulverizante do segundo álbum tem seus ecos em "The rover" e "The wanton song"; e o misticismo típico ("In the light") e o blues profundo ("Custard pie") permeiam tudo o mais. Mesmo quando *Graffiti* ameaça exagerar, suas ambições são delicadamente amenizadas com um toque de diversão, leve e peculiar, como "Boogie with Stu".

A guitarra de Page de novo reluz ao longo de tudo, provando mais uma vez por que ele era considerado mundialmente o melhor dos melhores artistas do rock. "In my time of dying" comemora seu amor pelo blues do Delta tocando uma guitarra de arrepiar. Suas influências folk aparecem de novo no suave instrumental de "Bron-Yr-Aur", e "Houses of the holy" demonstra que ele ainda sabia compor riffs cativantes e sem rodeios, tocando o bom e simples rock 'n' roll com os melhores.

"Eu vejo *Physical graffiti* como um documento da banda em seu ambiente de trabalho", disse Page. "Há pessoas que dizem que algumas partes são muito preguiçosas, mas creio que o álbum é muito sincero. É mais pessoal, acho que ele deixou o ouvinte entrar no nosso mundo, sabe? 'Aqui está a porta. Entrei.'"

Tanto o nome do álbum quanto sua embalagem deveriam refletir a perspectiva que Page tinha do disco. A música, afirmava o título, era a verdadeira *grafite física*, recheada com o sangue, o suor, a alegria e a dor da banda. E a capa inovadora do álbum foi projetada para literalmente convidar o ouvinte a entrar. Com janelas recortadas no papel, podia-se ter um vislumbre do grupo participando da festa mais bizarra e libertina do mundo, com convidados como King Kong, Elizabeth Taylor, Flash Gordon e a Virgem Maria. A capa foi pensada como uma brincadeira bem elaborada, mas também tinha a intenção de espelhar a vida real cada vez mais bizarra na autoestrada do rock 'n' roll — vida que estava prestes a ficar mais rápida e mais bizarra.

Lançado em 24 de fevereiro de 1975, *Graffiti* foi um sucesso comercial imediato, tornando-se o primeiro álbum a virar platina somente na pré-venda. Pouco depois do lançamento, todos os álbuns anteriores do Led Zeppelin voltaram ao top 200, fazendo dele a primeira banda a ter seis álbuns ao mesmo tempo nas listas.

"Fazia sentido ser duplo, considerando o que era o Led Zeppelin e como nós trabalhávamos", disse Page. "Pareceu uma ótima ideia. Já devia haver outros álbuns duplos e triplos de outras bandas na época, mas eu não estava nem aí, porque o nosso ia ser melhor que todos os outros."

Para marcar a consciência pública e satisfazer sua inquietação primordial, o Led pegou a estrada dois meses antes do lançamento de *Graffiti*. Já passara mais de um ano desde que eles haviam tocado juntos, o que parecia uma eternidade. A décima visita aos Estados Unidos teria um imenso show de luzes sobre um painel do Led Zeppelin iluminado com néon, um show de lasers de última geração para a sequência de Page com o arco de violino em "Dazed and confused" e 70 mil watts de amplificação para garantir som cristalino mesmo nos assentos mais distantes.

Além das luzes e do som, Page estreou várias novas roupas cobertas de lantejoulas, incluindo sua icônica roupa de dragão, que ele usou perto do fim da turnê nos Estados Unidos em Los Angeles e nos shows da banda no Earl's Court, no Reino Unido.

O repertório também foi revisado para dar espaço a músicas potentes de *Graffiti*, tais como "Trampled under foot", "Sick again" e "Kashmir". Os devotos das guitarras ficaram particularmente deliciados quando Page ressuscitou sua Danelectro para dar uma aula de *slide guitar* em "In my time of dying". Mas a banda não ia abdicar das prediletas, como "Dazed and confused", "Moby Dick" e "No quarter", e os shows normalmente duravam mais de três horas.

192 LUZ & SOMBRA

O início de 1974 tinha sido ótimo para o Led Zeppelin, e eles queriam encerrar a primeira metade do ano com um ponto alto. Decidiram que não haveria lugar melhor para comemorar o sucesso prolongado do que em casa, com cinco noites seguidas no Earl's Court Arena, de 18 mil lugares, em Londres.

O palco inteiro dos Estados Unidos foi transportado de avião para a Inglaterra, a um custo estratosférico. Além disso, uma imensa tela Ediphor, que daria a todos os presentes visão clara dos músicos, foi colocada sobre o palco por meras 10 mil libras. Era a primeira vez que se via essa tecnologia na Inglaterra.

John Bonham viria a declarar que os shows de Londres em meados de maio estavam entre as melhores performances do grupo em solo britânico, e vários *connoisseurs* do Led concordam com ele. Além de tocar músicas que foram aperfeiçoadas ao longo da longa turnê nos Estados Unidos, a banda agraciou o público britânico com algo especial: um set acústico que não entrava no repertório da banda desde 1972. Page tirou o pó de sua Martin D-28 para tocar versões cativantes de "Tangerine", "Going to California", "That's the way" e "Bron-Y-Aur stomp", cada uma acrescentando um toque surpresa de intimidade ao evento naquela descomunal arena.

Os shows esgotados em seu próprio país deram à banda a profunda sensação de orgulho quanto a suas realizações e ao mesmo tempo serviram de clímax feliz ao que fora talvez sua melhor turnê até então. Infelizmente, a sensação boa logo se tornaria uma memória distante que os ajudaria a resistir ao tempo ruim que estava por vir.

E NQUANTO O LED ZEPPELIN se preparava para uma turnê pelas arenas dos Estados Unidos em agosto, Peter Grant recebeu péssimas notícias. Se a banda quisesse ficar com o dinheiro que havia feito no ano anterior, teria que se mudar da Inglaterra para evitar a penosa carga tributária do país. Embora Bonham e Jones não estivessem a fim de perturbar sua vida familiar mais uma vez, Page e Plant aproveitaram a oportunidade para viajar e explorar.

Page estava recém-divorciado, então não havia nada que o mantivesse em casa. Ao longo dos meses seguintes, o guitarrista viajou para a Suíça e

"Essa era a minha vida — a fusão de magia e música. . ." **193**

para o Rio de Janeiro, e em junho encontrou-se com Robert Plant e família no Marrocos. Eles participaram de um festival de música em Marrakech e visitaram os desertos do Norte da África. Page acabou indo por conta própria à Sicília para conhecer uma *villa* que estava à venda próxima a Cefalu, onde Aleister Crowley viveu durante um período nos anos 1920.

Plant, por outro lado, foi à ilha grega de Rodes. Foi lá que ocorreu o desastre. O cantor, a mulher, os dois filhos e a filha de Page, Scarlet, envolveram-se num grave acidente de carro. Plant sofreu múltiplas fraturas no tornozelo e no cotovelo, e sua mulher, Maureen, teve traumatismo craniano, além de ter fraturado a pélvis e uma perna. As crianças também ficaram bastante machucadas, e, após várias horas de angústia, os cinco foram levados de avião a Londres para atendimento emergencial.

A turnê de verão do Led Zeppelin foi imediatamente cancelada, e não se sabia se Plant voltaria a andar. Mas após seu período de recuperação decidiu-se que a melhor terapia seria aquela que sempre manteve a banda em tempos bons e ruins: fazer música. Em setembro, Plant, confinado a uma cadeira de rodas, foi à Califórnia para encontrar-se com Page numa casa alugada em Malibu.

Ao longo do mês seguinte, os músicos trabalharam juntos da mesma forma que em Bron-Yr-Aur, tendo ideias para músicas que comporiam seu álbum seguinte, *Presence*. Em outubro, Bonham e Jones foram convocados para ir à Costa Oeste, e a banda passou um tempo ensaiando o material novo nos SIR Studios, em Hollywood.

Quatro semanas depois, a banda foi para o Musicland Studios, em Munique, para gravar seu sétimo álbum. Page muitas vezes chamou *Presence* de um de seus prediletos, por sua energia pura e por representar um fantástico triunfo sobre a adversidade. Além de trabalhar com Plant em estado de convalescença, a banda também lidou com um prazo quase impossível.

"Tínhamos que gravar a coisa toda em até dezoito dias porque os Rolling Stones já tinham agendado o período logo depois do nosso", disse Page. "Depois que acabamos de gravar todas as nossas partes, nosso engenheiro, Keith Harwood, e eu começamos a mixar até cair no sono. Aí, quem acordava primeiro chamava o outro, e continuávamos trabalhando até desmaiar de novo."

É claro que Page poderia ter dado sequência ao trabalho em outro lugar, mas ele achava que a pressa o ajudaria a criar um álbum interessante. Seria um reflexo do estado de suas emoções. Pela primeira vez não haveria músicas acústicas, teclados nem nada de meloso.

Mas não faltou guitarra.

Possivelmente mais do que em qualquer álbum desde o primeiro, *Presence* é dominado pela guitarra causticante de Page. Sentindo que a banda estava em desalinho psicológico devido à saudade de casa e à incerteza quanto à saúde de Plant, Jimmy reanimou as tropas com um álbum inteiro de riffs inesquecíveis. Alguns se estendiam e outros eram calculados para dar um soco no plexo solar, mas todos foram projetados para inspirar o grupo abatido a entrar na linha e tocar como se a vida de cada um dependesse daquilo.

A abertura chocante do álbum, "Achilles last stand", deu o aviso de que a carreira da banda estava longe do fim. Fechando em 10min25s, a concorrente a maior momento de estúdio do Led Zeppelin tem uma das performances mais potentes do baterista Bonham, um baixo galopante implacável e guitarras tão majestosas e bem marcadas que conseguiram evocar as ruínas gregas do Éfeso. Junte uma das melhores letras de Plant — referência mal disfarçada a seu ferimento e mortalidade — e você entende por que Page diz que a música é "muito, muito intensa".

"Achei que o solo de 'Achilles' ficou particularmente especial", disse Page, que em geral reluta em declarar suas prediletas. "Ele realmente se destaca. Quando ouço de novo, fico pensando: 'Meu Deus, aquele solo me diz muita coisa. O que estava acontecendo ali?'." Page também faz menção ao solo de "Tea for one", um blues em tom menor perturbador que reflete o isolamento que todo membro da banda sentia devido a seu estado de exílio.

Outras músicas notáveis do disco incluem "For your life", uma acusação maldosa do uso da cocaína em Los Angeles, com um riff brilhante tocado numa Lake Placid Blue Fender Stratocaster 1962; e a requintadamente pesada "Nobody's fault but mine", releitura atômica de um hino sacro de Blind Willie Johnson.

Mas nem toda música tinha um tom soturno. A cômica "Royal Orleans" é um adorável conto sem pé nem cabeça envolvendo travestis, enquanto

"Essa era a minha vida — a fusão de magia e música. . ." **195**

"Candy store rock" é um tributo a todas aquelas canções do rockabilly que Page e Plant amavam quando meninos.

Ainda assim, não há como negar: *Presence* é o álbum mais lúgubre e pessoal da banda. Plant chamou-o de "grito das profundezas", e Page admitiu que "não é um disco fácil de ouvir". Com sua produção rigorosa, guitarras mordazes e visão de mundo desoladora, não surpreende que seja um dos lançamentos de menor sucesso comercial do Led Zeppelin. Contudo, a cada passar de ano, a insistência de Page de que *Presence* está entre os melhores trabalhos da banda ganha mais credibilidade. Puro e verdadeiro, o álbum é simplesmente devastador.

Presence foi lançado oficialmente em 31 de março de 1976. Apesar das arestas pontiagudas, o álbum ainda chegou com tranquilidade ao topo das paradas tanto nos Estados Unidos quanto no Reino Unido. Em geral a banda fazia turnês para promover as novas músicas, mas com Plant ainda em recuperação Page voltou sua atenção para outros negócios inacabados, mais exatamente o filme *The song remains the same* e o álbum duplo da trilha sonora.

Se o Led não podia ir até o público, então o filme faria o público ir até o Led. Page sabia que o filme tinha suas falhas, mas também tinha pontos bastante fortes.

Com estreia em Nova York em 20 de outubro de 1976 e duas semanas depois em Londres — nas duas vezes com resenhas mornas —, o filme acabou tornando-se um sucesso de bilheteria, principalmente em sessões da meia-noite, arrecadando, segundo estimativas, 10 milhões de dólares até 1977.

CONVERSA

P:

PELO QUE SEI, AS FAMOSAS SEQUÊNCIAS DE FANTASIA EM *THE SONG REMAINS THE SAME* FORAM CRIADAS PARA COBRIR BURACOS NAS PERFORMANCES DEVIDO A ERROS DE CÁLCULO DO DIRETOR.

"Essa era a minha vida — a fusão de magia e música. . ." **197**

JIMMY PAGE Sim. Foi a solução que encontramos para o problema. O diretor, Joe Massot, foi convidado para trabalhar com os membros da banda de modo que cada um desenvolvesse sua sequência.

Qual foi a sua predileta?
PAGE Eu gostei muito da do John Bonham. Capturava a essência dele, um homem de família. Foi divertido, e é o outro lado da persona dele no palco, estrondosa. De certa forma, reflete o jeito como todos éramos em casa.

Como foram criadas essas sequências? Vocês discutiram antes um com o outro?
PAGE Na verdade, não. Eu sabia o que queria fazer e o Robert também — atacar o castelo e essas coisas.

Quando você viu as sequências juntas, alguma o surpreendeu? Os membros da banda respeitaram a sequência um do outro?
PAGE Naquela época, acho que ter respeito mútuo ainda dava liberdade para um pouco de conversa de bêbado. [*risos*] Com certeza houve alguns cutucões pelas costas, mas justos! Era difícil, entende, encontrar o limite entre fazer uma sequência de fantasia num filme de rock 'n' roll e tentar ser *estrela* na telona.

A sequência de John pode ser divertida, mas a sua é a mais marcante.
PAGE Eu tinha ideias bem formadas sobre a sequência. Queria ser filmado escalando uma montanha perto da minha casa, no lago Ness, numa noite de lua cheia. Massot ficou muito surpreso, porque a noite estava perfeita e a locação era exatamente a que eu queria. Filmamos em dezembro, então tinha neve no chão e nuvens fantásticas passando pela lua cheia. Criamos um andaime para filmar, tudo estava perfeito e tal, mas eu tinha esquecido do óbvio: que eu ia ter que fazer vários takes subindo e descendo. Lembro de pensar: o que fui inventar?! Era muito frio lá em cima também, disso me lembro muito bem!

Numa parte de sua sequência, você está vestido como eremita e de repente sofre uma transformação. Como isso foi feito?
PAGE A transformação foi feita com uma *life mask* [*máscara produzida a*

partir de um molde do rosto do indivíduo] que eu ainda tenho. Com essa base, eles criaram vários rostos diferentes que mostravam como eu podia ficar em vários estágios da vida. Não sei quantas havia, mas eram várias. Aí eles juntaram todas as gravações dos vários rostos.

Quando o filme saiu, levei minha filha para assistir. Ela tinha seis anos. Não foi uma boa ideia; o filme era muito longo, e ela era muito criança. Mas no ponto em que minha cena de transformação entrou na tela, o cinema ficou calado, com exceção de uma vozinha que gritava: "Não é o papai!". [*risos*]

Podemos falar sobre o significado por trás da sequência?
PAGE Para mim o significado é muito claro, não é?

Acho interessante que você tenha decidido representar-se como eremita numa época em que era uma figura pública bem significativa.
PAGE Bom, eu era hermético. Estava envolvido com artes herméticas, embora não fosse um recluso. Ou talvez fosse.

A imagem do eremita que usamos para a arte [*da capa interna*] de *Led Zeppelin IV* e no estúdio de cinema tem suas origens numa pintura de Cristo chamada *A luz do mundo*, do artista pré-rafaelita William Holman Hunt. As imagens depois foram transferidas para o baralho de tarô Waite [*o baralho de tarô mais conhecido no mundo anglófono*]. Minha sequência era para tratar de um aspirante que sobe ao farol da verdade, que é representado pelo eremita e sua jornada. O que eu estava tentando dizer, por intermédio dessa transformação, era que a iluminação pode ser alcançada em qualquer momento; só depende de quando você quer acessá-la. Em outras palavras, sempre é possível ver a verdade, mas você a reconhece quando a vê ou tem que parar para pensar?

Sempre houve muita especulação quanto a seu interesse pela metafísica. Pode ter sido algo sutil, mas você não estava escondendo.
PAGE Era o que eu vivia. Nada além disso. Essa era a minha vida — a fusão de magia e música.

"Essa era a minha vida — a fusão de magia e música. . ." **199**

Você fazia um uso muito sofisticado da simbologia. Os _sigils_ [_símbolos de poder ocultista_] em _Led Zeppelin IV_ e os ornamentos nos seus trajes de palco naquele período são bons exemplos das marcas que você deixou na cultura popular. Usar os símbolos como marca é uma coisa que as grandes corporações estão tentando fazer hoje.

PAGE Você está falando de magia talismânica? Sim, eu entendia o que estava fazendo. Não há mais a dizer sobre isso, pois quanto mais eu falo, mais excêntrico pareço. Mas a verdade é que, até onde sei, estava dando certo, então eu usava. Porém não é muito diferente de quem usa fitas no pulso; tudo é uma abordagem talismânica. Ou melhor, não é exatamente a mesma coisa, mas está no mesmo domínio.

Encerro o assunto dizendo que os quatro elementos musicais do Led Zeppelin, ao criarem um quinto, é pura magia. É o processo alquímico.

Depois que você terminou as sequências de fantasia, você trocou os diretores.
PAGE Sim. Depois de revisar todas as filmagens, descobrimos que ainda havia falhas. Então tomamos a decisão de contratar um novo diretor, Peter Clifton, e ir à instalação britânica chamada Shepperton Studios. Recriamos o palco do Madison Square Garden e gravamos os pedacinhos que faltavam ou que não tínhamos, fazendo mímica das gravações originais. Foi uma boa ideia, mas o único problema era copiar meus longos improvisos. Foi praticamente impossível fazer de maneira precisa. Eu podia ter voltado e aprendido a tocar cada solo nota por nota, mas tem as quebras de instrumentos que duravam mais de dez minutos, e eu não queria fazer aquilo de novo!

O que o fez, finalmente, lançar o projeto?
PAGE Estávamos inativos depois que Robert sofreu o terrível acidente de carro em Rodes, na Grécia, então lançamos enquanto ele se recuperava.

Por fim, você ficou satisfeito em ter feito o filme?
PAGE Sim, claro. Na verdade, sempre houve a vontade de fazer outro filme. Falamos disso em 1977. Teria sido uma turnê interessante de captar, pois foi extremamente visual e estávamos tocando muito material novo, como

200 LUZ & SOMBRA

"Kashmir", "Achilles last stand" e "Nobody's fault but mine". Acho que você teria visto o mesmo salto de estilo e música de 1973 para 1977 que viu de 1970 para 1973.

É verdade que parte da sua motivação em fazer um filme provém da ideia de que assim você poderia ter mais controle sobre o som do que se fizesse um especial para a TV?
PAGE O som era elemento crucial do filme. Havíamos mixado em surround, que era tecnologia de ponta na época em que os cinemas usavam três caixas de som: a central para diálogos e as da direita e da esquerda para efeitos. Em *The song remains the same*, mixamos o som para cinco caixas e demos duas caixas extras para serem posicionadas no fundo do cinema.

Usávamos as caixas do fundo para criar efeitos bem fortes. Por exemplo, fazíamos o solo de bateria de John Bonham passar por cima da sua cabeça e, quando eu tocava guitarra com o arco de violino, fazíamos o som viajar por todo o auditório. As pessoas já tinham ouvido a música ir e voltar no estéreo, mas isso era uma coisa radical para a época. Achamos que precisávamos desses destaques no áudio, pois era um filme bem longo. Criar esses efeitos fazia parte do ritmo.

Considerando quanto a tecnologia de áudio avançou desde então, você ficou feliz com a oportunidade de remixar *The song remains the same* e relançar o filme em som surround 5.1 para recriar essa experiência para home theaters?
PAGE Claro. Já tínhamos tomado esse rumo quando mixamos o DVD do Led Zeppelin em 2003. O som Dolby surround fez grande diferença em tudo.

Você conseguiu tratar dos problemas de sincronia que acontecem na cópia original?
PAGE Sim. O maior problema foi encaixar a trilha sonora nas imagens. Parece que o filme está sujeito a leis de direitos bem restritas, e é quase impossível mexer num fotograma. Para sincronizar melhor o visual com a música, chamamos Kevin Shirley [*engenheiro*] para mexer no áudio com o software Pro Tools. Ele fez um serviço fantástico. Agora está bem melhor.

Porém, como falei antes, no filme original eu estou muito fora de sincronia porque tentava copiar meus próprios improvisos em Shepperton, mas isso não fica tão óbvio porque todo mundo estava fora de sincronia. Agora que o Kevin conseguiu deixar vocais e bateria mais sincronizados, eu pareço *bem mais* fora de sincronia!

O filme foi um grande sucesso de bilheteria quando lançado.
PAGE Foi gratificante. Era o período antes das fitas VHS e dos DVDs, então o único lugar para vê-lo era a sala de cinema. Ele foi um grande sucesso cult, e as pessoas assistiam várias vezes em sessões da meia-noite. Como o *Rocky horror picture show*.

Devia ser difícil conseguir ingressos para shows do Led Zeppelin nos anos 1970. O filme foi a única maneira de muita gente conseguir ver a banda.
PAGE Foi por isso que o fizemos. Fazia sentido. Mas, como sempre, toda vez que trabalhávamos com alguém de fora do nosso grupo era uma catástrofe. Demos o nosso melhor para juntar tudo e precisamos de muita imaginação para resgatar o que poderia ter sido um desastre.

É sempre mais difícil do que deveria fazer as pessoas tratarem um projeto seu com o mesmo cuidado que você teria.
PAGE Se você assistir com atenção, vai ver um grande exemplo desse tipo de desleixo no filme. Antes de eu entrar no placo, pedi a todos os cameramen para manter uma distância razoável de mim, porque não queria que me distraíssem enquanto tentava tocar. Claro que nenhum deles deu ouvidos, e tem um momento em que você vê um cara chegando perto de mim e pisando no meu wah-wah! Dá para ouvi-lo pressionando o pedal, aí tive que continuar usando o efeito. Fazer o quê? É "sem maquiagem", você vê tudo!

Assistindo ao filme, fiquei impressionado com quanta precisão, finesse e controle você teve ao operar os controles de volume e tom da sua guitarra. É praticamente uma arte perdida.
PAGE Primeiro, é preciso ter a sorte de contar com um amplificador que

opere no limiar do limpo e do sujo, para que se possa interagir com os controles da guitarra. Com isso, você pode começar a jogar com o volume e o controle.

Hoje é diferente porque há muitas maneiras de criar sons de guitarra, mas nos anos 1970 você só podia usar o pouco que tinha para atingir o máximo efeito. Tudo o que eu tinha para trabalhar era um *overdrive*, um wah--wah, um Echoplex [*delay de fita*] e o que havia na guitarra. Não era muito, e tive que criar toda a amplitude de sons que se veem nos primeiros cinco álbuns do Led. Tendo isso em mente, os controles de volume e como e onde palhetar eram muito importantes.

Como se criaram as longas improvisações ao vivo de músicas como "Dazed and confused" e "No quarter"?
PAGE Quando você toca com uma banda boa como era a nossa não quer parar depois de um solo de um minuto! E, veja, se você começa a tocar as mesmas músicas noite após noite numa turnê longa, o improviso é o único jeito de manter a música viva e interessante para você mesmo. Eu nunca quis que as músicas ficassem cômodas. Sempre gostei de viver da minha capacidade na guitarra. Isso vem desde a época de músico de estúdio, quando eu tinha que inventar minhas entradas na hora.

Ao longo dos anos, as pessoas reclamavam que eu nunca tocava os solos dos álbuns ao vivo, especialmente em músicas como "Stairway to heaven". Foi por isso que decidi tocar nota a nota no show de reencontro em 2008 — só para provar que eu sabia!

O que eu gosto do improviso é que as melhores músicas surgem de tensão e liberação, e às vezes você consegue tirar algo, outras, não. Não é exatamente um fracasso não conseguir tocar muito bem; está mais para uma falha heroica! Sua chance de sucesso é maior, porém, quando está cercado por outros grandes músicos, como eu estava.

Você se preparou para o filme? Estava preocupado em tocar o seu melhor para a posteridade?
PAGE Não, não foi nada assim. Acho que minha única preparação para o filme foi passar cinco dias sem dormir! É verdade.

Quando você olha para trás e volta à trilha sonora e ao filme, tem algo lá que se destaca?

PAGE Acho que "Rain song" ficou muito boa. Aposto que você não esperava que eu dissesse isso, mas ela ficou com dramaticidade. Não é tão boa quanto a versão de estúdio, mas acho que tem seu caráter. Também gosto da seção com o arco em "Dazed and confused", que fechou muito bem com a sequência de fantasia.

Quem reparava a crina do arco de violino que você destruía toda noite tocando "Dazed and confused"? Consertar um arco não é coisa que qualquer *roadie* saiba fazer.

PAGE Como você deve saber, arcos de violino são bem caros, então o que a gente fazia era comprar um monte de arcos velhos e levar para a turnê. Eram bem mais baratos!

A turnê de 1973 foi um apoio para *Houses of the holy*, que se seguiu ao monumental quarto álbum. Você sentiu alguma pressão para ficar à altura que estabeleceu naquele álbum e em "Stairway to heaven"?

PAGE Claro que sim, mas não deixamos que isso atrapalhasse. Meu objetivo maior era seguir em frente.

Uma das minhas músicas prediletas em *Houses of the holy* é a épica "The song remains the same".

PAGE No início ela ia ser instrumental, uma abertura que levava a "The rain song". Mas acho que Robert reconsiderou. Sabe: "Isso é muito bom. Melhor colocar letra — rápido!". [*risos*]

Eu tinha todo o material do início montado, e Robert sugeriu que baixássemos o ritmo no meio da música. Depois que descobrimos como baixar, a música acabou saindo em um dia. Usei uma Fender Electric XII doze cordas naquela faixa. Antes disso tinha usado uma Vox doze cordas para gravar coisas como "Thank you" e "Living loving maid" no segundo álbum.

204 LUZ & SOMBRA

Você tinha um caderno de notas ou gravava suas ideias em fitas?
PAGE Sempre tive. E depois eu juntava tudo. Eu sempre tinha um gravador de fita por perto. Foi assim que tanto "The song remains the same" quanto "Stairway" aconteceram: pedacinhos de ideias gravadas.

Houses é um álbum com uma sonoridade mais viva, brilhante. Você alterava a velocidade da fita para fazer tudo cintilar um pouquinho mais?
PAGE Não. A única música que eu lembro que aceleramos foram os _overdubs_ em "Achilles last stand". Contudo, apliquei esse efeito à faixa completa de "No quarter". Baixei um quarto de tom em toda a faixa porque ela ficava mais densa e nefasta.

O clima otimista de _Houses of the holy_, exceto "No quarter", sugere que você estava se sentindo bem alto-astral quando gravou. "The Crunge", por exemplo, é uma grande brincadeira.
PAGE Nessa última eu toquei uma Stratocaster — eu queria pegar um tom bem James Brown. Você tem que ouvir com atenção, mas dá para me escutar pressionando a alavanca no fim de cada frase. Foi Bonzo que puxou a batida, aí Jonesy começou a tocar a cadência no baixo e entrei no ritmo. Dá para ouvir a diversão que estávamos tendo em _Houses_ e _Physical graffiti_. E também dá para perceber a dedicação e o compromisso.

Se _Houses of the holy_ é uma das suas produções mais compactas, _Physical graffiti_ é das mais soltas. Você tomou a decisão de não se ater a um som tão refinado de maneira consciente?
PAGE Sim, mas não totalmente. "In my time of dying" é um bom exemplo de algo mais imediato. Ela estava sendo montada quando gravamos. No final, vira uma jam e não temos nem jeito certo de terminar a coisa. Porém achei que ficou muito bom. Gostei porque parecíamos um grupo funcional. Podíamos ter deixado mais retinha, mas gostei do risco. Por outro lado, "Kashmir", "In the light" e "Ten years gone" são todas muito ambiciosas.

"Essa era a minha vida — a fusão de magia e música. . ." **205**

Você alguma vez fez uma música sair à força ou descartou ideias que não batiam automaticamente?
PAGE Vez por outra nós forçamos. Na verdade, "When the levee breaks", do quarto álbum, é um bom exemplo. Testamos "Levee" num estúdio comum, e ela parecia supertrabalhada. Porém, quando montamos a bateria de Bonzo no salão de Headley Grange e ouvimos o resultado, eu disse: "Peraí! Vamos tentar essa de novo!". E funcionou. Mas nunca fomos de tentar noventa takes. Se a curtição não estava lá, nossa tendência era deixar para trás.

Você e Plant estavam viajando para lugares como Marrocos e deserto do Saara nessa época, e pode-se ouvir essa influência em músicas como "Kashmir". De quem foi a ideia de explorar o Marrocos?
PAGE Fiz uma entrevista com o [*romancista beat*] William Burroughs para a revista de música norte-americana *Crawdaddy*, no início dos anos 1970, e tivemos uma longa conversa sobre o poder hipnótico do rock e como ele fazia paralelo com a música das culturas árabes. Foi uma observação que Burroughs fez depois de ouvir "Black mountain side", do nosso primeiro álbum. Ele então me incentivou a ir para o Marrocos e investigar essas músicas em primeira mão, o que Robert e eu acabamos fazendo.

Você já disse que *Presence* é um dos seus álbuns prediletos do Led.
PAGE Acho que é porque o fizemos em circunstâncias impossíveis. Robert estava com a perna engessada e ninguém sabia se ele voltaria a andar. A coisa estava feia!

Triunfar diante da adversidade...
PAGE Exatamente isso. Foi um reflexo do ponto em que estavam nossas emoções na época. Não havia músicas acústicas nem teclados, nada de meloso. Também estávamos sobre grande pressão para finalizar o disco. Fizemos o esquema todo em dezoito dias. Eu trabalhava em média dezoito a vinte horas por dia.

Também foi penoso porque ninguém mais tinha ideias para músicas. Sobrava para mim inventar todos os riffs, e talvez por isso *Presence* seja tão forte na guitarra. Mas não posso culpar ninguém. Todos estávamos meio para baixo. Tínhamos acabado de terminar uma turnê, estávamos fora de casa e Robert estava engessado. Acho que todo mundo estava de banzo. Nosso clima está resumido na letra de "Tea for one".

Qual é sua memória mais forte desse período?
PAGE Brigar com o prazo. Só tínhamos três semanas para trabalhar porque os Rolling Stones tinham agendado os dias depois da gente.

Na época, você não tinha poder para exigir mais tempo da gravadora para finalizar o álbum?
PAGE Claro que tinha, mas não queria. Não queria que o disco fosse um processo arrastado. Naquelas circunstâncias, acho que, se tivesse se arrastado, teria entrado em cena algum elemento negativo, destrutivo. A pressa nos ajudou a criar um álbum interessante.

A contribuição de John Paul Jones a _In through the out door_ parece ser mais significativa que em outros álbuns. Você sentiu que seria mais interessante você acompanhar em vez de ser o centro das atenções?
PAGE Veja bem, a situação que eu tinha em _Presence_ foi que Jonesy não colaborou muito com as composições, o que virou um problema. O que eu quero dizer é que preferia ter tido algum apoio naquele momento. Mas ele comprou um sintetizador [um _Yamaha GX-1_] e ficou inspirado a inventar um monte de coisa para _In through the out door_. Ele também começou a trabalhar mais próximo de Robert, uma coisa que antes não acontecia.

Você estava perdendo o entusiasmo pela banda?
PAGE Nunca. Nunca. Na verdade, Bonzo e eu já havíamos começado a discutir os planos para um álbum de rock bem pesado logo depois daquele. Nós dois achamos _In through the out door_ meio mole. Eu não estava muito convencido quanto a "All my love". Estava meio preocupado com o refrão. Fiquei imaginando as pessoas fazendo a onda, aquelas coisas. E aí pensei:

"Isso não é o Led". Naquele momento, tudo bem, mas eu não queria seguir esse mesmo rumo no futuro.

O Led Zeppelin conseguiu muita coisa. Você nunca quis um single de sucesso?
PAGE Não, não mesmo. Só queríamos compor músicas muito boas que se sustentassem por si só. Música de paradas de sucesso tende a ser descartável.

Como você gostaria que as pessoas vissem seu papel no Led Zeppelin?
PAGE Muita gente me vê apenas como um guitarrista de riffs, mas eu me vejo em termos mais amplos. Como músico, acho que minha maior realização foi criar melodias e harmonias inesperadas dentro do esquema do rock 'n' roll. E como produtor eu gostaria de ser lembrado como alguém que conseguiu sustentar e conduzir uma banda de talentos individuais inquestionáveis durante seu período de atividade. Acho que capturei o melhor da nossa produção, crescimento, transformação e maturidade nas fitas — a pedra preciosa e multifacetada que é o Led Zeppelin.

INTERLÚDIO MUSICAL

———

UMA CONVERSA COM DANNY GOLDBERG, RELAÇÕES-PÚBLICAS DO LED ZEPPELIN

EM 1973, O JOVEM DANNY GOLDBERG HAVIA SIDO
ENCARREGADO DE MUDAR A IMAGEM PÚBLICA DO LED ZEPPELIN.
SEU OBJETIVO? TORNÁ-LOS MAIORES QUE OS BEATLES.

ATUALMENTE, DANNY GOLDBERG é um dos agentes de maior sucesso no mundo do rock, mas há muito tempo, nos idos de 1973, ele trabalhava para a Solters and Roskin, uma firma de relações públicas da velha guarda que atendia o showbiz.

"Eu era o roqueiro cabeludo da casa", disse Goldberg. "Então, quando o Led Zeppelin bateu na nossa porta, fui eleito na hora para representar a banda."

Goldberg disse que suas ordens eram claras. O Led vendia mais discos e ingressos que qualquer outra banda, mas os Rolling Stones ficavam com toda a atenção. Até que o empresário do Led, Peter Grant, decidiu encontrar alguém que fizesse alguma coisa a esse respeito.

Até 1973, o Led Zeppelin estava praticamente queimado com a imprensa.
DANNY GOLDBERG É verdade. A banda não foi aceita pela crítica quando apareceu. Os críticos amavam Eric Clapton e Jeff Beck e consideravam Jimmy Page uma espécie de intruso. A imprensa deixou a banda magoada. Mas os Zeppelin viraram superstars instantâneos nos Estados Unidos graças às FMs e aos shows incríveis, e achavam que não precisavam ser reconhecidos pela imprensa.

Quando comecei a trabalhar com a banda, eles já estavam no quinto álbum, *Houses of the holy*, e com uma cabeça bem diferente. Eles queriam começar do zero, sentiam que era um novo capítulo na história da banda e que era hora de alcançar um público maior.

Do que tratava o seu primeiro press release?
GOLDBERG Principalmente do tamanho do público. Eles tocaram numa arena em Tampa, na Flórida, que era um pouco maior que o Shea Stadium de Nova York, onde os Beatles tinham batido o recorde de público para um único artista. Então nosso primeiro press release foi sobre como o Led bateu o recorde dos Beatles. Foi uma abordagem que deu certo, e a imprensa do mundo inteiro entendeu que o Led era maior que os Beatles.

Naquele mesmo verão, a banda começou a usar um jatinho particular, o Starship, e aquilo virou nossa abordagem, porque era uma novidade, e muitos jornalistas nunca tinham andado de jatinho particular. Era uma história legal, que ajudou a reforçar o conceito de que o Led era realmente uma grande banda.

A decisão de fazer *The song remains the same* também tem a ver com esse conceito?
GOLDBERG Provavelmente teve origem na mesma ideia: deixar uma marca mais forte.

O que você recorda do diretor, Joe Massot?
GOLDBERG Só lembro que a banda estava sempre puta com ele. Foi um drama porque ele não conseguia gravar "Whole lotta love". Foi naquela época em que havia latonas de película na câmera; quando ficava sem filme, demorava um tempo para recarregar. Ele não calculou as coisas direito, aí a película acabou durante a música. Mas o Joe merece crédito: ele filmou as performances, e aquele filme é algo pelo que a banda é lembrada. Para muitos fãs, é a principal experiência com o Led.

Na época, o filme não pareceu tão significativo. Na verdade, parecia amador, bizarro. Nunca achei que seria um filme que as pessoas ainda estariam assistindo 35 anos depois. Eu estava errado.

Led Zeppelin e o Starship, 1973 (© *Bob Gruen*)

Você não era fã do filme?

GOLDBERG Fiquei desapontado com ele. Eu tinha uma memória bem viva daqueles shows, e nela as cenas eram melhores que as do filme. Mas em retrospecto fico feliz que ele exista. É uma coisa preciosa ter esses shows documentados. Comprei várias cópias dele com o passar dos anos, e tenho um filho de catorze anos que adora o filme. Agora entendo que a vontade da banda em fazer aquilo era acertada, mas na época achei que não tinha ficado à altura deles.

O que você acha que torna a banda tão sensacional? Por que ainda nos interessamos pelo Led?

GOLDBERG A razão principal é que os quatro membros da banda têm um talento incrível. John Paul Jones, por exemplo, era o mais low profile, porém era um gênio incrível. Jonesy era pouco conhecido, mas qualquer banda daria um braço para tê-lo. Não há dúvidas de que John Bonham foi o melhor baterista de rock que já existiu. E Robert Plant acabou virando um líder, compositor e cantor fantástico. Jimmy era o cara com a visão de tudo, mas os outros também eram ótimos.

Eles eram mais difíceis de imitar do que se imagina. Tem muitas bandas que tentam refazer os elementos mais pesados das músicas deles, mas perdem a luz e a sombra — a sexualidade, a brutalidade, a sensibilidade. Acabou virando uma coisa muito difícil de copiar. Há poucos artistas tão singulares que permanecem por décadas, e o Led Zeppelin está nessa pequena lista.

Mas há vários críticos que nos levam a crer que eles eram só festeiros.
GOLDBERG Havia clareza e equilíbrio neles, algo muito sofisticado. Eles sempre levaram a música a sério. Apesar das festas, das tragédias, dos dramas e da extravagância, eles ficavam aflitos com os detalhes. Faziam checagens de som meticulosas; ensaiavam; ficavam preocupados com a luz, com o som, com o repertório. Não tinha nada de relaxado na maneira como eles conduziam as coisas.

Lembro de épocas em que Robert ficava gripado e não conseguia fazer algumas notas, aí passava dias deprimido. Bonham passava horas fazendo checagem de som para deixar a bateria com o som certo para o show. O sucesso deles não foi acidental. Eles não ficavam só se chapando e partindo para o improviso. Quer dizer, às vezes eles se chapavam, mas sempre estavam bem preparados e levavam sua arte tão a sério quanto qualquer pintor ou artista.

INTERLÚDIO MUSICAL

OS DEZ MAIORES MOMENTOS
DA GUITARRA NO LED ZEPPELIN

O MUSICÓLOGO DA GUITARRA JIMMY BROWN TRANSCREVEU CADA NOTA DE GUITARRA NO CATÁLOGO DO LED ZEPPELIN. AQUI ELE SELECIONA DEZ MÚSICAS QUE DEMONSTRAM O QUE TORNA JIMMY PAGE UM ARTISTA SINGULAR. . .

O editor e guitarrista Jimmy Brown, um dos homens com o ouvido mais apurado do mundo, foi encarregado pela Alfred Music, a editora de todos os songbooks do Led Zeppelin, com a formidável tarefa de colocar no papel cada nota que Jimmy Page tocou nos lançamentos de estúdio da banda. Partindo de mais de três décadas de documentação, entrevistas, filmagens, gravações e análises, Brown finalizou o catálogo, com a aprovação de Page, em 2012.

Como respeitado teórico da música e alguém íntimo das nuances da guitarra de Page, Brown está altamente qualificado para selecionar dez das melhores performances de Jimmy e destacar a essência do que as torna tão especiais.

1) "Since I've been loving you" (*Led Zeppelin III*)

Na guitarra base desse *slow blues* ao estilo Chicago, Page toca uma criativa frase ao final de cada *turnaround* (a primeira vai de 1min06 a 1min12) imitando uma *steel guitar* estilo country, com uma nota alcançada com bend no topo de cada acorde. O que torna essa frase tão interessante e enigmática é como, sobre um acorde de Ré bemol maior com sétima maior

(Dbmaj7, tocado no órgão por John Paul Jones), Page faz um bend de Dó até Ré *natural* — a nona bemol do Dbmaj7 — e consegue fazer aquilo soar "correto". É uma coisa que poucos músicos, que não Miles Davis, teriam coragem de fazer.

2) "Dazed and confused" (versão ao vivo, *The song remains the same*)
A apresentação ambiciosa com 28 minutos é o ápice da evolução dessa música e traz uma das interações mais intensas e criativas do Led Zeppelin. Page estava no ápice da sua potência, tanto em termos de habilidade quanto de perspectiva musical. Aquele interlúdio sobrenatural com o arco de violino, que começa perto de 9min10 e dura quase sete minutos, é particularmente inspirado.

3) "Achilles last stand" (*Presence*)
Essa é a realização mais impecável de Page na orquestração com a guitarra. A música começa a brotar em 1min57, e desse ponto em diante Page lança diversas variações melódicas sobre a base da progressão de acordes Em-Cadd9#11. Pensou-se a fundo na imagem estereofônica de cada pista da guitarra, o que mantém toda a gravação limpa, apesar do arranjo denso. Num aparte, Page fez uma prévia da dissonante e melancólica progressão Em-Cadd9#11 dessa música na versão ao vivo de "Dazed and confused", de 1973, que já mencionei, a partir de 5min52.

4) "The rain song" (*Houses of the holy*)
Tocada com uma afinação incomum (da mais grave para a mais aguda, D-G--C-G-C-D), com várias notas soltas ressoando e notas dobradas em uníssono, essa música traz uma progressão de acordes sofisticada, inspirada pelo Beatle George Harrison, que desafiou Page a compor uma balada. Depois de citar de brincadeira os versos de "Something", de Harrison, nos primeiros três acordes de "The rain song", Page parte para uma progressão que acaba sendo mais ambiciosa.

5) "Kashmir" (*Physical graffiti*)
Tocada com a afinação D-A-D-G-A-D, que Page usara com ótimo efeito

216 LUZ & SOMBRA

anteriormente em "Black mountain side" no álbum de estreia do Led Zeppelin, "Kashmir" constrói-se em torno de quatro riffs hipnotizantes, três dos quais envolvem o uso de notas abertas em uníssono e notas oitavadas, que criam um efeito de "chorus" natural e um som descomunal, épico. É de notar, em particular, a forma como Page sobrepôs, aos 53 segundos, o riff ascendente principal da música — aquele em tom de música tema do James Bond — com a recorrente sequência descendente de acordes sus4. Page comentou: "A sequência de acordes descendentes foi a primeira coisa que eu fiz. Depois que me veio a parte do 'da-da-da, da-da-da', fiquei pensando se as duas partes podiam ficar uma em cima da outra, e deu certo! Dá alguma dissonância ali, mas não tem problema. Na época, fiquei muito orgulhoso".

6) "Whole lotta love" (*Led Zeppelin II*)

Um dos riffs de abertura/versos mais pesados já feitos! Não contente em tocar "direito", como fariam seus contemporâneos do blues-rock, Page insere um ingrediente sutil e secreto nessa peça: em vez de simplesmente tocar a segunda e a quarta nota do riff — Ré, na quinta casa da corda de Lá —, ele dobra a nota com a corda solta de D e então faz um bend no outro Ré até elevá-lo a quase um quarto de tom empurrando lateralmente com o indicador. A turbulência harmônica criada pela sobreposição das notas ligeiramente desafinadas é abrasiva e musicalmente assombrosa, mas a tensão dura pouco e logo se alivia, pois Page passa rápido ao sólido *power chord* E5. "Eu fazia isso o tempo todo", ele me explicou uma vez. "Fiz no riff principal de 'Four sticks' [*de* Led Zeppelin IV] também." Naquela música, o guitarrista faz o bend com o indicador no Sol tocado na quinta casa da corda D enquanto a corda de G é tocada solta.

7) "Going to California" (*Led Zeppelin IV*)

Page também usava notas em uníssono com grandes efeitos em sua obra--prima acústica. Afinando tanto a corda de E aguda quanto a corda de E grave em D (afinação conhecida como double-drop-D), o guitarrista toca arpejos hipnóticos e etéreos com muita ressonância e notas repetidas tocadas em diferentes cordas. Com sua mistura de estilos ingleses e americanos na guitarra folk (imagine Bert Jansch com Merle Travis), "Going to California" é o paraíso dos dedilhadores. É muito envolvente, em particular, a dramática bridge que começa em 1min41, que Page toca no tom paralelo menor, Ré menor. Se você escutar com atenção, vai ouvir dois violões sendo dedilhados com diferentes inversões dos mesmos acordes, separados por terças.

8) "Babe I'm gonna leave you" (*Led Zeppelin*)

Outra obra-prima acústica, essa música traz uma progressão circular de acordes através de arpejos dedilhados e ressoantes. Destaca-se a maneira como Page insere algumas variações melódicas sutis no tema principal ao longo da música (confira o que acontece em 3min40), temperando a mistura auditiva com contrastes dramáticos de volume. Essa deve ser uma das pistas de guitarra mais bem gravadas e mixadas da história. Perceba como, na introdução da música, o violão "seco" (direto e sem efeitos) fica no canal esquerdo, enquanto o direito fica mais "cheio", saturado em reverb.

9) "Stairway to heaven" (*Led Zeppelin IV*)

Page passou por cima de duas regras da música pop nessa obra-prima: ela tem mais de oito minutos, duração que já foi proibitiva nas rádios pop, e o ritmo aumenta à medida que a música se desenvolve. "Stairway" é o epítome do brilhantismo de Page não só como guitarrista, mas também como compositor e arranjador, pois ele sobrepõe violões de seis cordas e guitarras elétricas de doze cordas ao longo de uma bela composição que faz um crescendo gradual até culminar no que muitos consideram ser o solo de guitarra perfeito.

10) "Over the hills and far away" (*Houses of the holy*)

Essa música é um estudo de contrastes, especificamente entre o folk acústico inglês-celta e o hard rock movido a Gibson Les Paul. Começa com um delicado riff folk, que Page toca de início num violão de seis cordas e então dobra o som em um violão de doze cordas, que dá lugar (em 1min27) a *power chords* destruidores e um riff inteligente de uma nota só que se

218 LUZ & SOMBRA

constrói em torno de bends com notas puxadas (que se ouvem primeiro em 1min37). É legal, em particular, como Page reconcilia esse riff elétrico com os acordes acústicos palhetados que apresenta antes. Sobre tudo isso, Page, o produtor, conclui a música com um final falso; quando inicia o *fade out* em 4min10, uma guitarra solo emerge com uma variação final sobre o riff folk da introdução, mas você só ouve o sinal de retorno 100% reverb, que dá um efeito místico, sobrenatural.

[CAPÍTULO]

A morte do baterista John Bonham leva ao fim do
Led Zeppelin. Page forma um novo grupo e segue
"sempre em frente, sempre em frente".

Jimmy Page, 1984 (© *Neal Preston*)

"PERDI O CHÃO..."

OM O ÁLBUM *In through the out door* concluído, o empresário Peter Grant queria que a indústria fonográfica soubesse que, apesar da ausência de quatro anos dos palcos britânicos, o Led Zeppelin ainda era a maior banda do Ocidente. Grant e o promotor Freddy Bannister trabalharam juntos para que o grupo fosse a linha de frente de dois imensos shows no Knebworth Park, em Hertfordshire, em 4 e 11 de agosto de 1979. Também se decidiu que o álbum seria lançado para coincidir com os shows, aproveitando a publicidade em torno das apresentações.

Mais de 100 mil fãs compareceram. Levando em consideração quanto tempo o Led Zeppelin já fazia rock 'n' roll, as apresentações no Knebworth foram surpreendentemente fortes. "Achilles last stand", "In the evening" e "Rock and roll" ainda tinham muito daquela magia antiga, como se pode ver no DVD *Led Zeppelin* oficial. Plant parecia um pouco mais velho e Page estava magro demais, mas no geral a banda parecia feliz, e havia motivo para ser otimista. Apesar de tudo o que haviam passado recentemente, os quatro membros ainda queriam fazer música juntos e continuar sendo um grupo.

Depois do Knebworth, marcou-se uma pequena turnê europeia. Foi uma experiência tão positiva que a banda concordou em tocar de novo numa

224 LUZ & SOMBRA

turnê de outono pela América do Norte. Mas o destino não quis. Em 24 de setembro de 1980, John Bonham participou de um ensaio no Bray Studios para a turnê vindoura. Depois de um dia tocando e bebendo vodca, ele voltou à nova casa de Page em Windsor com os outros membros da banda. À meia--noite, um dos assistentes de Jimmy deixou Bonham em um dos quartos do andar de cima, onde o baterista foi dormir. Em algum momento das horas seguintes, o coração do baterista parou. John "Bonzo" Bonham, uma das pedras fundamentais do Led Zeppelin, morreu aos 32 anos. O legista decretou como "morte acidental", concluindo que Bonham morrera dormindo, sufocado pelo próprio vômito, devido ao consumo de álcool.

Algumas semanas depois, arrasados, os membros da banda encontraram--se com Peter Grant no Hotel Savoy, em Londres, onde Plant disse ao empresário que eles não poderiam continuar sem Bonham. Não houve surpresa. Page muitas vezes descreveu a misteriosa química do Led Zeppelin como quatro elementos que se uniam para criar um quinto, mais poderoso. Era sensato ver que, eliminado um componente da equação, a estrutura inteira viria abaixo. "Qualquer de nós que fosse, acho que não teríamos continuado", disse Page. "Não era esse tipo de banda. Ninguém tinha a mesma capacidade de John."

Em 4 de dezembro de 1980, eles emitiram uma declaração pública oficial: o Led Zeppelin não existia mais.

Page disse que a morte de Bonzo foi uma sensação de "perder o chão" e o pior momento de sua vida. Choveram especulações quanto ao uso crescente de drogas pelo guitarrista, e sua aparência cada vez mais esquelética não colaborou para que as pessoas pensassem diferente. Era notório que o até então inabalável rock star estava arrasado. Mas, em tempo, ele começou a tocar de novo e até a fazer participações especiais com outros músicos. Em março de 1981, ele subiu ao palco com Jeff Beck para um bis surpresa no Hammersmith Odeon. Sua determinação em prosseguir ficou absolutamente clara quando ele comprou de Gus Dudgeon, produtor de Elton John, o estúdio Sol, localizado a dez minutos de sua casa.

Embora não houvesse dúvida de que ele retomaria a carreira de criativo da música, permaneciam as perguntas: quando? Como? A oportunidade literalmente bateu na sua porta: o vizinho Michael Winner, diretor de cinema mais conhecido pelo filme que fez imenso sucesso em 1974, *Desejo de matar*, estrelado por Charles Bronson. Winner estava trabalhando numa sequência quando abordou o guitarrista e compositor para compor a trilha sonora.

O projeto tinha que ser finalizado em oito semanas, que era o típico desafio extremo que Page precisava para erguer-se de sua perda. Trilhas de filmes eram uma mídia relativamente nova para Jimmy, mas, intrépido, ele caiu naquilo com a típica autoridade. Composta e gravada em 1981 no Sol, qualquer um pode confirmar que a trilha musical diversificada de *Desejo de matar 2* era impressionante. "Who's to blame", cantada por Chris Farlowe, ex-vocalista da Colosseum/Atomic Rooster, e "The release", música instrumental tensa, movida a guitarra, pareciam extensões lógicas de *Presence* e de *In through the out door*. Mas foram "Prelude", uma interpretação ao estilo blues do Prelúdio n. 4 de Chopin em Mi menor no piano, e a fantasmagórica "Hotel rats and photostats" que demonstraram que Page era ele mesmo mais uma vez, sem temor de traçar rumos inauditos.

Correram rumores de que os editores de música de *Desejo de matar 2* tinham receio quanto à habilidade técnica de Page. O serviço acabou saindo com tanto esmero que Winner declarou ter sido a trilha mais profissional de todos os seus filmes.

Depois que Page completou seu projeto para o cinema, a Atlantic Records começou a fazer pressão, dizendo que o Led Zeppelin tinha obrigação contratual de entregar um último álbum. Depois de pensar numa coleção de gravações ao vivo, a banda decidiu olhar no fundo da geladeira e entregar um disco de sobras de estúdio e experiências. Como produtor, foi trabalho de Page juntar, organizar e editar as músicas, para transformá-las em um álbum genuíno. Depois de *Physical graffiti*, pouco restava nos arquivos do Led, mas Jimmy conseguiu encontrar músicas suficientes para criar uma coleção de curiosidades desordenada porém agradável. As melhores delas eram a rouquíssima "Wearing and tearing", cortada das sessões de 1978 para *In through the out door*, e a audaciosa "Bonzo's Montreux", um instrumental de bateria de Bonzo gravado em 1976 e tratado eletronicamente por Page.

Embora Page estivesse bem ativo na música, ele trabalhava em grande medida longe dos olhos do público, e o mundo começou a vê-lo como uma

226 LUZ & SOMBRA

espécie de recluso. O homem que fora, por quase uma década, a peça central — e bastante visível — da maior banda do rock parecia ter sumido da face da Terra.

Tudo isso, porém, estava prestes a mudar. Em maio de 1983, Page uniu-se a Eric Clapton para apresentações bis de "Further on up the road" e "Cocaine" no Civic Hall, em Guildford. Mas o que parecia ser uma jam de momento na verdade foi um prelúdio cuidadosamente planejado para um dos eventos mais inesperados e eletrizantes dos anos 1980: uma turnê beneficente de superstars que trazia, pela primeira vez nos palcos, o lendário triunvirato da guitarra dos ex-Yardbirds: Page, Clapton e Jeff Beck.

A turnê, em apoio à organização britânica Action Research into Multiple Sclerosis (ARMS, ou Movimento pela Pesquisa sobre Esclerose Múltipla), foi invenção de Ronnie Lane, ex-baixista do Faces e vítima da doença. Resumiu-se em dois shows, em noites sucessivas, no Royal Albert Hall de Londres. Os lucros com a primeira apresentação foram para o ARMS, enquanto os da segunda, à qual compareceram o príncipe Charles e a princesa Diana, foram destinados ao Prince's Trust, uma organização de caridade que dá apoio a jovens socialmente desfavorecidos.

Junto às três lendas da guitarra, os shows faziam um *who's who* dos roqueiros britânicos, incluindo o vocalista do Traffic, Steve Winwood, e a seção rítmica dos Rolling Stones com o baixista Bill Wyman e o baterista Charlie Watts, entre vários outros amigos e colegas de Lane.

Como já era esperado, as duas noites foram singulares. Cada músico deu tudo de si em apoio a Lane e a outros que sofrem de esclerose múltipla. Após sets muito aplaudidos de Clapton e Beck, Page, em sua primeira grande aparição pós-Zeppelin, foi recebido com uma longa e emocionante ovação. Era claro que o público estava muito feliz em ver Jimmy de volta ao front. Com o apoio de Simon Phillips na bateria, Fernando Saunders no baixo, Chris Stainton no teclado, Andy Fairweather-Low na guitarra e Winwood nos vocais, Page tocou três músicas da trilha sonora de *Desejo de matar 2* — "Prelude", "Who's to blame" e "City sirens" — com a Telecaster marrom 1959 que usara em sua primeira aparição na turnê de 1977 do Led Zeppelin. O repertório curto era concluído com uma majestosa versão instrumental de "Stairway to heaven", tocada por Jimmy em sua icônica Gibson de dois braços. A multidão respondeu extasiada, seus gritos a abalar o imponente Albert Hall até as nobres fundações.

"Eu estava com muito medo", disse Page sobre o retorno. "Mas queria fazer todos os shows. É engraçado, concordei em participar, porém no último minuto pensei: 'O que diabos eu vou tocar?'. Todos os outros tinham carreiras notáveis. Enfim, todos os músicos facilitaram, pois estavam trabalhando juntos pela causa."

Os shows foram um sucesso arrasador, e decidiu-se que a apresentação iria para os Estados Unidos com datas marcadas em Dallas, São Francisco, Los Angeles e Nova York. Winwood infelizmente não tinha agenda, então Jimmy convidou Paul Rodgers, do Bad Company, para tomar o lugar dele nos vocais.

Nos shows nos Estados Unidos, Page e Rodgers acrescentaram duas músicas ao repertório: "Boogie mama", canção do recente álbum solo de Rodgers, e uma nova composição conjunta intitulada "Bird on a wing" (que depois seria renomeada como "Midnight moonlight"). Quase seis anos haviam se passado desde que Page fizera uma turnê na América do Norte, e, como também aconteceu na Inglaterra, foi recebido como herói. Page depois viria a dizer que os shows lhe fizeram "maravilhosamente bem... os fãs me queriam de volta".

Os shows do ARMS reacenderam a paixão de Page pelo palco, e ele estava determinado a encontrar um novo escape para suas ambições musicais. Sua química com Rodgers nos shows nos Estados Unidos foi promissora, e os dois sentiram que valia tentar um projeto. Os dias do Bad Company estavam contados e, felizmente para Jimmy, Rodgers estava aberto a novas possibilidades.

No verão de 1984, a dupla recrutou um jovem baixista de *fretless* chamado Tony Franklin, que vinha tocando com o amigo de Jimmy, Roy Harper, e o baterista Chris Slade, que tocara com David Gilmour, do Pink Floyd, e na Manfred Mann's Earth Band. Eles batizaram o novo quarteto de The Firm. Page diz que o objetivo deles na época era não fazer nada além de se divertir e "sair para tocar".

228 LUZ & SOMBRA

Em novembro de 1984, a banda já tinha reunido material original suficiente para fazer uma turnê na Europa, e três meses depois lançaram um álbum homônimo para coincidir com a turnê na América do Norte. A ideia das principais figuras do Led Zeppelin e do Bad Company unindo forças era simplesmente sensacional para o público dos Estados Unidos, e a turnê foi um sucesso. O álbum e os shows foram apoiados ainda pelo primeiro single, "Radioactive", que misturava os vocais emocionantes de Paul Rodgers, sua marca registrada, com uma pegada rústica irresistivelmente dissonante.

A banda The Firm serviu para Page quebrar laços com o passado e abraçar o futuro. Isso ficou expresso na decisão corajosa da banda de não tocar nenhum material do Led Zeppelin ou do Bad Company nos shows. Eles não tinham interesse em ganhar aplausos fáceis e pareciam mesmo determinados a forjar sua própria identidade. E, em certo sentido, The Firm foi uma unidade inesperadamente original, misturando as tendências naturais de Page e de Rodgers para o blues a um som new wave futurista dos anos 1980 e uma dinâmica seção rítmica comandada pelo distinto baixo sem trastes de Franklin e a batida marretada de Slade.

Page até começou a dar preferência a uma nova guitarra para o novo som de sua banda. Aposentou temporariamente sua Les Paul *sunburst* e começou a tocar com uma Fender Telecaster marrom customizada com um Gene Parsons/Clarence White B-Bender, aparato que lhe permitia criar efeito semelhante a um *pedal steel*, que fazia um bend mecânico na corda em Si que a elevava um tom inteiro. Jimmy havia usado poucas vezes a guitarra com o Led Zeppelin, no Knebworth, para "Ten years gone" e "Hot dog", e a usara bastante nos shows do ARMS, mas sua turnê com The Firm foi a oficialização: Page tinha uma nova adorada, e o caso era sério.

"Levei mais ou menos um ano para me acertar com a B-Bender", disse Page ao escritor Steven Rosen em 1986. "Sempre gostei do jeito como o *pedal steel* pode alterar afinações. Aí ouvi Clarence White usando a B-Bender no álbum *Untitled*, dos Byrds, e achei fantástica. Uma noite fui vê-los tocar e depois conversei com Gene Parsons, que tinha co-projetado o aparelho com White, e ele fez a gentileza de criar um daqueles aparelhos para mim."

Se The Firm e os shows do ARMS haviam tido sucesso em restabelecer a carreira de Page, outro evento de caridade o levaria à estratosfera. O Live Aid foi um show de rock realizado simultaneamente em diferentes locais em 13 de julho de 1985. O evento com os maiores astros do rock do mundo foi organizado por Bob Geldof, da banda Boomtown Rats, e Midge Ure, do Ultravox, para recolher fundos contra a fome na Etiópia. Acontecendo simultaneamente no Estádio de Wembley, em Londres, e no Estádio JFK, na Filadélfia, o show épico foi transmitido ao vivo pela televisão e assistido por aproximadamente 400 milhões de telespectadores em sessenta países.

De início, Robert Plant e sua nova banda foram convidados para tocar. Plant estava em turnê pelos Estados Unidos com seu álbum *Shaken 'n' stirred*, e seu cronograma fechou com o show da Filadélfia. Mas depois de pensar sobre o escopo e a importância do evento, o cantor decidiu entrar em contato com Page e o baixista John Paul Jones para um reencontro do Led Zeppelin, embora sem John Bonham. A difícil tarefa de assumir o posto da bateria ficou com dois músicos: o excelente Tony Thompson, baterista de estúdio mais conhecido como membro da banda funk Chic, e o superastro Phil Collins, do Genesis.

A banda subiu ao palco às 8h13 do horário leste dos Estados Unidos e abriu com "Rock and roll", "Whole lotta love" e "Stairway to heaven". Os músicos não tinham ensaiado muito e tocaram meio dissonantes, mas, dada a reação quase histérica a sua participação e ao set, parece que ninguém notou ou se importou. Os fãs que assistiam ao show pela televisão também reagiram de forma positiva — abrindo a carteira. Divulgou-se posteriormente que uma hora após a participação do Led os donativos em benefício ao povo etíope havia mais que dobrado.

Inevitavelmente, o júbilo em torno do Live Aid e o burburinho sobre o reencontro do Led tiraram muito do peso do Firm. Apesar disso, Jimmy e sua banda retornaram ao estúdio e gravaram um segundo álbum, *Mean business*, e em março de 1986 embarcaram numa breve turnê pelos Estados Unidos. Pouco depois, porém, "a firma" foi fechada.

"The Firm foi pensado desde o início como um projeto de dois álbuns", disse Page. "Depois daquilo, Paul e eu concordamos que já tínhamos feito tudo que era possível."

INTERLÚDIO MUSICAL

UMA CONVERSA COM O VOCALISTA
DO THE FIRM, PAUL RODGERS

ELE ERA O VOCALISTA DO BAD COMPANY, MAS, NO MOMENTO
EM QUE JIMMY PAGE PRECISAVA DE UMA FORÇA,
PAUL RODGERS SE REVELOU UMA ÓTIMA COMPANHIA.

Sempre ficou claro que, se Jimmy Page fosse trabalhar com um vocalista, teria que ser *o* vocalista. Paul Rodgers preenche os requisitos. Contemporâneos seus como Rod Stewart, Pete Townshend e Freddie Mercury derramavam-se em elogios, e, em 2008, a voz de barítono rouca e de blues de Rodgers rendeu-lhe uma posição na lista da revista *Rolling Stone* entre os 100 Maiores Cantores de Todos os Tempos.

Em 1968, Rodgers teve sua ascensão ao formar o Free, cujo espetacular single de 1970 "All right now" continua sendo matéria-prima do rock clássico. Em meados dos anos 1970, ele esteve à frente do grande sucesso das FMs, o Bad Company, que fazia parte do selo Swan Song, criado pelo Led Zeppelin. A banda empilhou um sucesso arrasador sobre o outro, incluindo "Can't get enough", "Feel like makin' love", "Shooting star" e, é claro, "Bad company".

A seguir, Rodgers reflete sobre The Firm e a música da banda, assim como sobre sua relação com Jimmy Page.

O que significou para você entrar no selo do Led Zeppelin?
PAUL RODGERS Os caras do Led Zeppelin eram meus deuses. Foi uma sur-

232 LUZ & SOMBRA

presa terem tempo de criar o Swan Song, que era um esquema meio de caça-talentos. Eles nos deram uma chance fantástica ao nos chamar e deixar Peter Grant ser nosso empresário.

Free e Led Zeppelin foram bandas contemporâneas. Como foi vê-los se tornarem "deuses", como você diz?
RODGERS Ficamos impressionados com a ascensão repentina do Led. O Free já existia havia alguns anos, e o Led nos ultrapassou a toda velocidade. De uma hora para outra, já estavam fazendo shows imensos e havia cartazes deles por todo o lado.

Como você entrou no Swan Song?
RODGERS Depois que o Free acabou, comecei a montar o Bad Company, com Mick Ralphs na guitarra. Mas continuava achando que precisávamos de um empresário. O problema do Free era que nós mesmos fazíamos o trabalho do empresário, e isso só funciona até certo ponto.

O Free tinha um *roadie* chamado Clive Coulson, que nos deixou para ir trabalhar com Peter Grant e o Led Zeppelin, embora tenhamos mantido a amizade. Quando nos visitou e falou do Swan Song, ele implorou que eu entrasse em contato com Grant. Então falei com ele, mas sem grandes expectativas. Queríamos um grande empresário e um grande selo, e o Led Zeppelin era a maior banda do mundo, então liguei para o Peter para ver se ele tinha interesse em trabalhar com a gente. Ele disse: "Bem, eu estou interessado em *você*". Eu falei: "Eu só vou com uma banda, que se chama Bad Company". E ele concluiu: "Não estou muito seguro quanto ao nome, mas eu passo aí para ouvir vocês".

Preparamos um ensaio para ele no Village Hall, onde eu morava, em Surrey. Não tínhamos baixista, mas tínhamos várias músicas boas, incluindo "Rock steady" e "Can't get enough of your love". Enfim, Peter acabou não vindo e ficamos muito desanimados. Quando estávamos guardando os instrumentos, ele finalmente apareceu. Estava ouvindo do lado de fora porque não queria nos intimidar nem ter influência sobre a gente. Felizmente ele gostou do que ouviu.

The Firm: Paul Rodgers, Chris Slade, Page e Tony Franklin, 1985 (© *Neal Preston*)

Ele disse: "Vocês não me conhecem, e eu não conheço vocês, então não vamos fazer contratos. Pelos primeiros três meses, a gente trabalha junto com base no aperto de mão".

Peter era empresário das antigas e ex-lutador, então ele conhecia essa coisa de negócios a fundo, entende? Era muito intuitivo — uma pessoa mágica, enfim. Acho que ele era cigano. Era um cara grandão, mas muito gentil, até onde a gente sabia. Nunca tivemos medo de Peter; aliás, estávamos sempre tirando com a cara dele. Nós éramos horríveis! Ele aceitava tudo na boa, sempre foi sensacional.

Essa história é antiga, mas quando começamos a fazer turnê nos Estados Unidos, o primeiro álbum do Bad Company estava em 99° nas paradas da *Billboard*, e quando terminamos era o número 1. Isso que é ter um bom empresário, pensei na época.

234 LUZ & SOMBRA

É óbvio que tive meus probleminhas com Peter. Ele não queria que a banda se chamasse Bad Company. A gravadora também não. Ninguém queria! Um dos membros da banda veio na minha casa para me convencer a desistir, que não era uma boa ideia, mas eu disse: "Quer saber? Vai ser Bad Company — e é isso. O nome vai ser esse". O estranho é que tive o mesmo problema com o Free. Penso que, não importa o tamanho da oportunidade que lhe dão, você ainda tem que manter o que é seu.

Como você conheceu Jimmy?

RODGERS Conheci Jimmy no escritório do Swan Song. Eu estava meio apavorado, pois o Led era uma coisa descomunal. O mais impressionante é que eles eram fortes em questões comerciais, mas também tinham profundidade como artistas. Apesar da reputação de reservado, achei Jimmy muito tranquilo.

Ainda somos grandes amigos. Ele aparece quando faço shows no Reino Unido, e quando recebi o Prêmio Ivor Novello de composição ele veio e sentou-se do meu lado na mesa.

Pode me contar sobre a gênese do Firm?

RODGERS Depois de vários álbuns e várias turnês, abandonei o Bad Company. Estava tão exausto que nem sabia se algum dia ia querer fazer turnê de novo. Decidi montar um estúdio de gravação em casa e ficar fazendo música lá. Naquele período, o Led Zeppelin perdeu seu caro amigo John Bonham, que era o coração pulsante da banda. Acho que Jimmy ficou meio perdido, e ele aparecia na minha casa só para ver o que eu andava fazendo. Quando veio da primeira vez, já fazia um tempo que ele não tocava guitarra, e todas as pessoas que nos conheciam me diziam: "Quando ele vier, faça qualquer coisa, só não o convide para tocar guitarra".

Pensei naquilo e, assim que entrei no estúdio, eu disse: "Ei, Jimmy, vamos tocar uma". Foi como um choque... um horror! Mas no fim daquela noite ele estava tocando, nós estávamos tocando. Aquilo foi crucial. Se ele estava de luto, o negócio era continuar tocando, porque é isso que ele é, um músico. Então foi assim que começamos a fazer esse negócio.

Você estava trabalhando informalmente com Jimmy, mas isso mudou.

RODGERS Jimmy tocou no show beneficente do ARMS, na Inglaterra, e convidou Steve Winwood para ser vocalista. Mas Steve não pôde fazer a turnê nos Estados Unidos, e eles precisavam de alguém para assumir a vaga. Acho que foi o empresário do Eric Clapton — que estava muito envolvido na organização desses eventos — que me ligou e disse: "Ouvimos falar que você toca no estúdio com Jimmy. Vocês podem trocar uma ideia e vir tocar juntos?". Jimmy e eu falamos que era só um passatempo e que não tínhamos banda. E eles disseram: "Bom, vocês só têm que tocar meia hora, é tudo que precisamos". Aí ficamos sem desculpa, pois tínhamos meia hora de música e eles disseram que nos davam uma seção rítmica. Era uma causa muito boa, e Ronnie Lane era um cara tão legal que decidimos topar.

Tenho que admitir que na época eu estava relutante em retornar à estrada, mas animado em fazer uma coisa que valeria a pena. Naquele momento não havia planos de criar uma banda, mas acho que os shows do ARMS inspiraram o Jimmy. Ele voltou dos Estados Unidos com muita vontade de fazer algo junto, de cair na estrada, porque achava que lhe serviria de terapia. Ele me dizia: "Vamos montar uma banda e cair na estrada". E eu sempre respondia: "Eu e a estrada estamos meio que de relações cortadas. Não quero mais sair".

E aí inventamos essa fórmula. "Vamos fazer dois álbuns", disse o Jimmy, "e vamos fazer turnê de apoio aos dois álbuns, e é só". E eu respondi: "Tá bom". E foi o que a gente fez. Não tínhamos nada de contrato. Era só um acordo de aperto de mão.

Uma das primeiras músicas em que vocês trabalharam juntos foi "Midnight moonlight", que tem ambiciosíssimos nove minutos.

RODGERS Sim, foi. Quer dizer, foi um desafio, e a primeira música que compusemos juntos. Jimmy trouxe uma partitura gigante, que antes tinha bem mais que nove minutos. Sem muita coragem, eu disse: "Vamos deixá-la um pouco mais curta?". Imagina, quem sou eu para dizer ao Jimmy Page que tem que ser mais curta? Mas ele falou: "Tá bom, a gente pode cortar um pouquinho".

Como você fez para criar a melodia e escrever a letra da música? Deve ter sido uma empreitada difícil.

RODGERS Acho que muitos compositores lhe diriam que é preciso deixar a música falar com você e ver quais palavras lhe vêm à mente ao ouvir a melodia. Deixei a música falar comigo. Comecei a cantar: "The dawning of a new creation". Os acordes pareciam falar comigo e me identifiquei com aquelas palavras. Queria que fosse uma canção de esperança pelo futuro.

Essa é uma das composições mais longas e mais complexas de Jimmy, algo de que raramente se lembra.

RODGERS Não era feita para o rádio! Quando você tem um troço de nove minutos, com a estrutura de música clássica, você tem que ouvir com atenção e entrar no clima. Talvez fosse desafiadora demais para o público.

The Firm tinha um som incrivelmente original. Era diferente do Free, do Bad Company e do Led Zeppelin. Era importante para você e para Jimmy criar algo novo?

RODGERS Era ponto pacífico que íamos criar algo original. Nenhum de nós chegou a considerar usar material antigo. É estranho, pensando agora. Não sei nem se chegamos a conversar sobre isso; simplesmente não tocamos no assunto. Foi uma coisa automática: se íamos fazer algo juntos, era para compor juntos e criar algo novo.

Havia rumores de que suas opções originais para a seção rítmica eram Bill Bruford, do King Crimson, na bateria, e o músico de estúdio Pino Palladino no baixo sem trastes.

RODGERS Pino estava na lista, sem dúvida. Ele sempre ficava de vir trabalhar com a gente, mas tinha outros compromissos. Começamos a tocar com o Tony Franklin, que também tocava baixo sem trastes nos ensaios, e de repente essa história de o Pino entrar ou não virou piada. Jimmy acabou me dizendo: "Bom, o Tony ensaia com a gente, já conhece todas as músicas e faz parte da banda. Vamos ficar com ele?". Então ficamos. Acho que na época o Pino não queria ir para a estrada, e entendo as razões dele.

O baixo sem trastes foi uma opção meio incomum.

RODGERS Foi ideia do Jimmy e deu um sabor diferente à banda. Em coisas como "Radioactive", começávamos com um demo simples e passávamos a outro espaço — a um som do Firm. Nosso baterista, Chris Slade, criava a batida, e o baixo fazia seu som característico sem trastes, e era fantástico, pois a seção rítmica elevava a música e a fazia alçar voo.

O primeiro álbum do Firm é absolutamente subestimado. Tem ótimas músicas, mas é parcialmente prejudicado por sua produção claramente oitentista — muitas guitarras com chorus e baterias com reverb excessivo.

RODGERS Esse era o som que predominava na época. Tinha que ter essas baterias pesadas no reverb porque era a última moda, e entramos naquela onda. Estávamos fazendo o que era costume na época.

Vocês gravaram no estúdio do Jimmy, o Sol, não foi?

RODGERS Sim, gravamos lá. É um estúdio lindo, muito bom. Fica perto do rio e é *muito* assombrado. De verdade. O engenheiro perguntou: "Ah, você vai passar a noite e dormir *naquele* quarto?". E eu respondi: "Vou". Ele disse: "Ah, você vai ficar bem. A gente se fala depois". Vou ficar bem? Por que eu *não* ficaria bem?

Aí eu já estou dormindo e, de repente, no meio da noite, um pássaro gigante passa pelo meu rosto e vai direto para o armário. Eu solto um: "Puta que o pariu!". Aí ligo a luz e vou até o armário; claro que não tem nada lá. Então acho que a janela está aberta, vou até a janela e ela tem vidro triplo — nada poderia ter entrado voando. E aconteceram outras coisas também. Era muito estranho. Só digo uma coisa: nunca mais fiquei lá.

Você toca muita guitarra no álbum.

RODGERS Não é muita gente que sabe, mas na verdade eu toquei o solo de "Radio-active". Era um exercício técnico que o Alexis Korner, pioneiro britânico do blues, tinha me ensinado anos antes, e era tão robótico e estranho que eu quis que fizesse parte da música. Hoje, quando lembro, penso que foi meio que uma audácia minha ir dizer para o Jimmy Page: "Eu faço o solo dessa, Jim". Mas ele topou sem problema e colaborou com uns acordes sensacionais.

Você trabalhou com vários guitarristas ótimos, incluindo Paul Kossoff no Free, Mick Ralphs no Bad Company e Brian May no Queen. O que Jimmy tem de especial?

RODGERS Ele tem uma mente incrível, quase matemática. Consegue criar acordes sensacionais e os insere em lugares que você não espera — vai lá ouvir de novo as inversões de acordes em "All the king's men". E ele conseguia levantar toda a banda só com um solo de guitarra. O som dele era uma coisa que quase dava para sentir na boca. Eu costumava ficar no palco, só dizendo: "Uau!". Quase dava para sentir. Acho que, em termos técnicos, ele deve ser um dos grandes guitarristas do mundo — ele e Jeff Beck.

Jimmy sempre foi muito aberto. Uma vez ele me perguntou: "Vamos fazer um cover. Que música você gostaria de tocar? Qualquer uma". E respondi: "Sempre quis tocar 'You've lost that loving feeling', dos Righteous Brothers". Fizemos nossa versão, e achei que foi uma generosidade incrível do Jimmy ter feito algo totalmente fora da caixinha como essa.

No geral, acho que a forma como ele abordou o The Firm foi bem diferente, não acha? Era muito atmosférico. The Firm não tinha o peso do Led nem do Bad Company.

Como foi trabalhar com ele em comparação a suas experiências com outros músicos? Os métodos dele são fora do comum?

RODGERS Ele é meio que um gênio da produção. No geral, sendo sincero, deixei a parte de estúdio para ele, porque ele é ótimo nisso. Não quero dizer que ele é só engenheiro, porque ele tem um *feeling* ótimo também, mas entende mais de estúdio que a maioria dos músicos, com certeza mais do que eu. Eu tinha que me esforçar para acompanhar. Meu jeito de fazer música é só no *feeling*.

As melodias e as letras surgiram relativamente rápido? Sei que Jimmy gosta de eficiência no estúdio.

RODGERS Ah, eu também. Odeio perder tempo no estúdio. Sempre tive essa forma de trabalhar, e o Jimmy concordava comigo: o trabalho pesado você faz no ensaio e não perde tempo em estúdio, porque geralmente sai caro. Odeio esse desperdício. Além disso, gosto do trabalho pesado na sala de ensaio para, quando entrar no estúdio, você saber exatamente o que vai fazer e poder se focar na performance. É muito mais fácil assim conseguir a qualidade que se quer.

Ouvi dizer que quando você canta gosta de fechar o vocal em um ou dois takes.
RODGERS É verdade. Se você faz cem takes, alguma coisa se perde. O vocal pode sair bem perfeito, mas a energia e a alegria se perdem. Você sempre tenta achar algo inspirado na performance, e aquilo é coisa de uma chance.

É quase como atuar: você tem que entrar naquele momento para que ele soe legítimo.
RODGERS É exatamente isso. Acho que você tem que se colocar na música. Aprendi isso ouvindo gente como Otis Redding e Wilson Pickett, e caras do blues como John Lee Hooker, B. B. King e Albert King. Eles sempre cantavam valendo, e esse é o único jeito certo, é isso que eu quero dizer. O melhor é dominar a música no ensaio para esquecer do trivial quando for a hora de dar o melhor de si no estúdio. É cantar valendo. Acho que devia ser assim com todos os músicos.

O que foi o melhor no The Firm?
RODGERS Para mim, foi que a banda trouxe Jimmy de volta à roda, fazendo rock 'n' roll, de volta à música. Esse era o meu grande propósito com o The Firm. E fiquei muito feliz de vê-lo em forma de novo. No aspecto musical, gostei de "Satisfaction guaranteed", "Radioactive", "Midnight moonlight", "Lady", gostei de várias coisas que fizemos em termos criativos. E fizemos shows *sensacionais*.

Tanto fãs quanto críticos musicais acham que há algo místico em Jimmy que transcende até o tanto que ele entende de música. Para você ele é um cara normal?
RODGERS Jimmy é um cara bem normal em vários aspectos, mas sempre

tem uma dimensão a mais. Quase uma bruxaria. Em certo sentido, ele é um alquimista. Ele põe uma gota de magia em tudo o que faz.

Quando The Firm chegou ao fim, depois de dois discos, você achou que tinha feito o que se propôs a fazer?
RODGERS Bem, eu tinha feito o que eu queria, que era deixar o Jimmy feliz. Ele estava muito bem e em ótima forma quando terminamos.

E por que isso era importante para você?
RODGERS Era muito importante para mim porque eu havia perdido o guitarrista do Free, Paul Kossoff, para as drogas e a depressão. Sempre me lamentei por não ter conseguido fazer nada por ele. E fiquei preocupado com a possibilidade de perder o Jimmy.

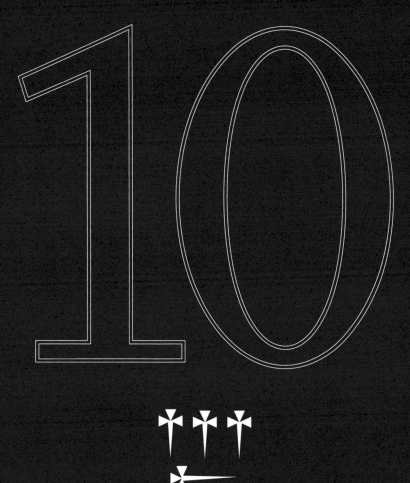

[CAPÍTULO]

10

Page grava seu primeiro e único álbum solo, retorna ao Led Zeppelin e grava um álbum controverso com o pin-up do hair metal David Coverdale.

David Coverdale e Page, 1993 (© *Ross Halfin*)

"EU AINDA TENHO MUITO A CONTRIBUIR E A DIZER NA MÚSICA..."

EM DEZEMBRO DE 1986, Page casou-se com Patricia Ecker, 24 anos e natural da Louisiana. Eles se conheceram em Nova Orleans quando ela trabalhava de garçonete no Bairro Francês. Jimmy diria mais tarde que a conexão foi imediata. Eles continuaram juntos até 1995 e tiveram um filho, James Patrick Page III, nascido em 26 de abril de 1988. O casal mudou-se para a casa de Jimmy em Windsor, onde ele começou a formular *Outrider*, seu primeiro e único álbum solo. Nos estágios iniciais do disco, Page chegou a pensar em fazer um álbum duplo, em que cada um dos quatro lados enfocaria um aspecto do seu jeito de tocar.

Infelizmente, logo no início do estágio de composição, várias das demos que Page escolhera para começar foram roubadas de sua casa, assim como as fitas demo do Led Zeppelin e outros pertences. A perda das demos fez o guitarrista repensar sua ideia original. Mas também havia outros motivos.

Como contou ao jornalista Bud Scoppa em 1988: "Como eu ainda estava formatando *Outrider* ao longo da produção, acabei trabalhando mais nele do que em qualquer outro álbum que já fiz. Consequentemente, não tinha vontade de fazer um duplo — seria masoquismo".

Fica evidente que Page investiu muito nessa obra rica e variada. Ele diz que, para cada solo e *overdub* do álbum, chegou a tentar até quatro abordagens antes de se decidir pela que usaria. Em certo sentido, a música de Jimmy em *Outrider* parece a expressão máxima de uma abordagem nova e mais pessoal que ele começara a explorar a partir de *Physical graffiti*. Mais solta, embora ritmicamente mais angulosa e complexa do que seu trabalho pregresso no Led, a "voz da guitarra" de Page era claramente diferente da que se ouve em *IV* ou *Led Zeppelin II*.

Lançado em 19 de junho de 1986, *Outrider* é uma visão geral bem ampla do estilo Page de tocar no final dos anos 1980. Muitas das faixas são dobradas com camadas adicionais de *overdub* e guitarras harmônicas, que convidam o ouvinte a entrar fundo na mixagem. Mesmo as faixas mais simples, como "Wasting my time" e "Wanna make love", com o todo-poderoso do blues John Miles nos vocais, são batizadas com ritmos complicados, sincopados, e preenchimentos que ricocheteiam com texturas intrigantes e solos tão afiados quanto explosivos.

O álbum fecha com três instrumentais maravilhosos, dois blues em tom menor intensos, com a voz de Chris Farlowe, e uma *rocker* adicional com Robert Plant. Talvez a presença de três vocalistas diferentes tenha tornado difícil para os críticos aceitar *Outrider* como uma obra-prima coerente, mas a turnê subsequente foi recebida com aclamação praticamente universal. Diferente de seus shows com o The Firm, os de Page em 1988 com *Outrider* — com Miles nos vocais, o filho de John Bonham, Jason, na bateria, e Durban Laverde no baixo — eram um resumo de toda a sua carreira e incluíam músicas iniciais como o arranjo dos Yardbirds para "Train kept a-rollin'", preciosidades da era Zeppelin como "Over the hills and far away" e "Custard pie", e seleções mais recentes de *Desejo de matar 2*, *Outrider* e seus álbuns com o The Firm.

A turnê foi precursora da grande empreitada seguinte de Page: a muito aguardada remasterização do catálogo do Led. Na década em que a banda estava desfeita, o vinil havia desaparecido e toda a obra Led Zeppelin fora transferida de forma apressada para *compact disc*. "A Atlantic lançou o catálogo em CD sem me comunicar", queixou-se Page. "Ouvi histórias horrendas sobre como eles haviam 'masterizado', se é que dá para chamar assim. Acho que eles não fizeram porcaria nenhuma. Eles até cortaram uma tossida no fim de 'In my time of dying' que deixaria qualquer fã do Led puto."

Page e o engenheiro de áudio George Marino passaram vários dias e noites no Sterling Sound Studios, em Nova York, enfeitando ainda mais o melhor do Led. O resultado foi *Led Zeppelin*, de 1990, uma elaborada caixa com quatro discos, lançado pela Atlantic Records. Mas ao escavar essas fitas master com anos de caixa-forte e passá-las pelos equalizadores modernos, sem falar na supervisão pessoal da seleção de músicas e sequências, Page queria mais que um passeio lucrativo pelo mar de memórias. "Não havia dúvidas de que eu queria uma nova visão da banda e da nossa música."

O resultado foi uma vasta melhoria na qualidade geral do som, que ficou equivalente aos padrões da época. Marino disse que o processo todo não foi tão simples e exigiu diversas decisões difíceis em termos técnicos e estéticos.

"Jimmy passou meses procurando as fitas de estúdio originais", disse o engenheiro ao jornalista Joe Bosso em 1991. "Dentro do possível, ele tentou garantir que nossa fonte fosse a master original. Você não imagina o trabalho de detetive que ele fez. Havia fitas na Atlantic, na casa de Jimmy, em vários estúdios pelo mundo. Mesmo sendo um artista importante como Jimmy Page, havia boas chances de que fitas de 1969 estivessem em caixas-fortes, sem que ninguém soubesse a localização correta. Jimmy fez tudo isso, procurando por toda parte.

"Quando finalmente reunimos as master, tínhamos que corrigir algumas perdas que eram resultado do tempo. Mas, no geral, decidimos abordar cada canção num nível de música e energia. Se inventávamos uma equalização nova para fazer a canção pegar legal, mas que deixava efeitos adversos — algum barulho ou distorção —, o jeito era ignorar. O fato é que gravar em CD não quer dizer que tudo tem que sair limpinho e cristalino.

"Achei que o projeto ia ser um pesadelo, mas Jimmy fez aquilo tudo ser uma diversão. Ele sabia que tinha muitos fãs por aí que iriam à loucura com esse lançamento e queria que saísse com toda a integridade possível. E foi ótimo vê-lo entrar nas músicas."

248 LUZ & SOMBRA

A caixa grande e luxuosa poderia ter sido o *grand finale* de Page — um monumento a sua significativa carreira. Em vez disso, o projeto o reenergizou e, por sugestão do executivo da A&R, John Kalodner, em 1991 Jimmy uniu-se a David Coverdale, vocalista do Whitesnake e colega de selo na Geffen Records, para trabalharem juntos num novo álbum.

"O sucesso da caixa do Led Zeppelin poderia ter sido intimidador, mas me lembrou que eu ainda tinha muito a contribuir e a dizer na música", disse Page. "David era o elemento-chave. Eu não tinha uma relação como essa, para compor, desde os primeiros tempos do Led, e foi na que eu mais estive focado em uma década."

Embora Jimmy estivesse entusiasmado, a mídia foi rápida em taxar o projeto como algo menor na carreira do guitarrista, tratando o extravagante Coverdale como nada mais que um metido a Robert Plant. Page deu um peteleco nos críticos, como o que fazia com várias baganas de Lucky Strike: "Nosso pé é do mesmo tamanho e fumamos o mesmo cigarro. Isso é o que eu chamo de parceria!".

Coverdale foi menos petulante. O extrovertido vocalista prontamente admitiu que tinha problemas de reputação, mas via sua colaboração com Page como uma forma de se distanciar de seu passado recente, que incluía estrelar clipes para a MTV cheios de badulaques e quadris balançantes, como "Here I go again". "Eu estava totalmente desencantado em fazer parte do Whitesnake por conta dos aspectos periféricos de ser músico — os clipes, a imprensa, a maquiagem —, que começavam a ficar mais importantes que compor e cantar", disse Coverdale. "Tudo caiu em 'Com licença que vou vestir algo mais confortável'", referindo-se às roupas justas de lycra que viraram o traje a rigor das bandas de metal dos anos 1980.

Apesar do ceticismo, o álbum *Coverdale and Page* lançado em março de 1993 fez sucesso tanto nos Estados Unidos quanto no Reino Unido, alcançando status de platina. Foi uma colaboração curta, mas serviu para inspirar Page e Plant a reunirem-se menos de um ano depois.

CONVERSA

P:

COMO SURGIU O PROJETO
COVERDALE AND PAGE?

JIMMY PAGE Depois do lançamento da caixa do Led Zeppelin, houve uns bons nove ou dez meses de letargia, embora eu estivesse sempre atrás de oportunidades para tocar. Naquele período, havia a sensação entre meus empresários e os de John Paul Jones e Robert Plant que de uma forma ou de outra acabaríamos nos reencontrando. Não tínhamos certeza se íamos planejar a "lendária turnê que nunca aconteceu", ou gravar um álbum novo, ou as duas coisas.

Infelizmente, o destino não quis. Então, depois desse interlúdio frustrante, minha opção seguinte era pensar em outro álbum solo. Comecei a procura por um cantor. Mexi em pilhas de fitas cassetes, mas nenhuma me inspirava a pegar o telefone e ligar para o empresário.

Então meu próprio empresário na época ligou e perguntou se eu já tinha pensado em trabalhar com David. Eu disse: "Seria interessante. Ele é muito bom vocalista. Vamos ver como nos damos pessoalmente". Imaginei que, se não conseguíssemos engatar uma conversa, não haveria jeito de a gente compor junto. Acabou que nos demos muito bem.

O passo seguinte foi ver como nos daríamos compondo juntos. Só porque éramos dois "pesos pesados" não significava que íamos conseguir criar a mesma magia necessária para juntar os dois nomes. Decidimos tentar durante duas semanas. Imaginei que, com sorte, conseguiríamos montar umas quatro músicas. O que aconteceu foi que nos acertamos logo de saída e a música começou a verter.

Todas as ideias foram novas?
PAGE Não, eu usei um riff que tinha em mente havia algum tempo. O *lick* acústico que abre "Shake my tree" foi uma coisa que apresentei originalmente ao Led Zeppelin durante nossas sessões do *In through the out door*. Na época eles não ficaram entusiasmados. Com exceção do Bonzo, parece que ninguém entendia o que fazer com aquilo, então arquivamos.

Decidi tirá-lo da gaveta e David entendeu na hora. Ele veio com a letra no mesmo momento e um começou a incentivar o outro até chegarmos à estrutura completa.

Robert foi a público dizer que não aprovava a colaboração.

PAGE Ele soltou um monte de indiretas contra mim. Até quando fui aos Estados Unidos para a divulgação do *Outrider* eu só ouvia "Robert disse isso" e "Robert disse aquilo". Fiquei chateado. Eu tinha que ficar repetindo: "Não era para a gente falar do *Outrider*?".

Depois que você e David entenderam que podiam trabalhar juntos, o que aconteceu?

PAGE Nossas ideias vinham tão rápido que precisávamos de alguma coisa para capturá-las de maneira veloz. Começamos a usar um gravador de fita bem primitivo, desses de cinquenta dólares na Radio Shack, que meio que virou nosso amuleto da sorte. Só tínhamos um amplificadorzinho Vox, uma guitarra base, uma fita com uns ritmos de bateria e o gravador.

Depois de compor umas cinco ou seis músicas, trouxemos o baixista Ricky Phillips e o baterista do Heart, Denny Carmassi, e gravamos demos numa máquina Akai de doze pistas. Quando fechamos as demos, David e eu voltamos ao gravador da Radio Shack, escrevemos mais e repetimos o processo com a Akai. As faixas rítmicas do álbum foram gravadas no Little Mountain Studio, em Vancouver, que tinha ótima reputação por captar bem o som de bateria acústica, e finalizamos vocais e *overdubs* no Criteria Studios, em Miami.

Em termos de *overdubs* e texturas, o álbum representa a grande realização da sua ideia de "exército de guitarras".

PAGE O sinal principal da guitarra era geralmente dividido em dois ou três setups de amplificadores completamente diferentes. Então esses sinais eram mixados para criar o som. Eu sempre quis gravar assim, mas nunca tinha canal que chegasse. Dessa vez eu tinha 72 canais para brincar, então aproveitei.

O intuito por trás do projeto era fazer as coisas com bastante tempo e manter a qualidade. Eu queria mostrar o melhor de mim. Eu não tocava tão bem desde a época do Led Zeppelin.

Como foram gravadas as pistas rítmicas?

PAGE Assim como os *overdubs* e as pistas principais, foram gravadas usando uma mistura de aparelhos, mas com diferenças significativas. Primeiro, todas as pistas rítmicas foram tocadas ao vivo com todos os músicos. Mas, além disso e de várias mudanças nas guitarras, nos amplificadores e nos efeitos, também gravamos uma alimentação direta — um sinal limpo da guitarra que ia direto para a mesa.

Quando você toca ao vivo, certas dinâmicas são cruciais para manter a sensação natural da música. Quando você começa a sobrepor e acrescentar *overdubs*, descobre que a guitarra base original começa a ficar fraca e precisa de mais substância. Quando isso aconteceu no álbum, peguei o sinal limpo, passei por um amplificador e o regravei para reforçar a parte rítmica original. Não tive que fazer isso sempre, só às vezes.

Você gravou na cabine ou na sala com o amplificador?
PAGE Na sala, com amplificador e alto-falantes. O jogo entre os captadores da guitarra e a amplificação é componente importante do som. Isso se perderia se eu ficasse na cabine de controle. Gosto de gravar quando o volume está quase no limite de dar feedback. O único porém de ficar no espaço de gravação é que você tem que usar fones de ouvido. Eu não gosto muito, mas são um mal necessário.

Você já dobrou suas linhas manualmente? Ou seja, você já reforçou suas partes tocando-as mais de uma vez com amplificador e instrumentos diferentes?
PAGE Já. "Over now" é um bom exemplo disso. Tem uma história interessante nessa música. A banda inteira fez alguns takes e, depois que sentamos e decidimos qual performance parecia a melhor, eu ia usar uma configuração diferente para duplicar toda a pista rítmica. Mas primeiro, só para ver ao certo quanto a minha parte estava bem sincronizada, decidi comparar a performance de um dos takes descartados com a que decidimos manter. Vimos que eram quase idênticas — surpreendente. Eu estava no ponto certo nas duas vezes. Foi um grande incentivo!

Embora o álbum tenha sido feito em equipamento de último tipo, você manteve distância de efeitos de rack digital.
PAGE É verdade. Usei um rack DigiTech Legend 21, mas no geral fiquei com

pedais de chão. Eu fui pioneiro no uso dos pedais, então por que não? Para mim era mais fácil ficar sentado pensando: vou usar isso, isso e isso junto e ver no que dá. Meu efeito predileto provavelmente seja o que usei em "Over now". Depois que David canta "I release the dogs of war", você ouve um rugido. Criei aquilo passando minha B-Bender Les Paul por um Vox wah do começo dos anos 1960, um pedal DigiTech Whammy no máximo, um Octavia antigo e um dos meus antigos Marshall Super Leads de cem watts, daqueles que eu usava no Led.

Você toca gaita muito bem em "Pride and joy".
PAGE Toquei gaita por anos, quando fazia estúdio. Não tocava havia uns vinte anos, aí foi divertido. Mas levei duas horas para me recuperar. Soprei tanto que vi estrelas!

Você era conduzido por um sentimento de que precisava viver à altura do seu legado?
PAGE Isso nunca foi uma motivação. É natural que eu tenha um padrão incrivelmente alto comigo mesmo, e sou meu pior crítico. Sei quando não toco bem.

Olhando hoje, qual é sua avaliação do álbum *Coverdale and Page*?
PAGE Não fizemos nada de brincadeira em nenhum aspecto, nem na nossa execução. Eu queria mostrar que ainda estava vivo e com tudo em cima. Nesse sentido, foi um sucesso total.

INTERLÚDIO MUSICAL

UM INVENTÁRIO DAS PRINCIPAIS
GUITARRAS, AMPLIFICADORES E EFEITOS
DE JIMMY PAGE

ENQUANTO A MAIORIA DOS GUITARRISTAS TENDE
A ADQUIRIR MUITOS INSTRUMENTOS, PAGE MANTEVE
UM HARÉM DE SEIS CORDAS BASTANTE ENXUTO. É CLARO
QUE TEVE ALGUNS FLERTES AO LONGO DOS ANOS, MAS AS
GUITARRAS, AMPLIFICADORES E EFEITOS A SEGUIR SÃO SUAS
COMPANHIAS MAIS FREQUENTES E FOTOGRAFADAS.

GIBSON LES PAUL CUSTOM 1960

A "Beleza Negra" foi comprada em 1962 por 185 libras e usada na maior parte do trabalho de estúdio de Page, de 1963 a 1966. As características talvez mais distintivas da Custom sejam sua enorme alavanca Bigsby e três captadores, ao contrário dos dois que se veem em outros modelos Les Paul. Em termos simplistas, o captador extra dá a Page mais cores e tons; de agudos claros e limpos a graves suaves e sedosos, passando pelos tons médios. Ao longo dos seus anos de estúdio, ele nunca sabia que tipo de música tocaria no dia seguinte, de forma que ter várias opções de som disponíveis era crucial para seu sucesso e ganha-pão. Assim, o instrumento preto-smoking era ideal.

Sempre disposto a testar os limites sonoros, Page fez mais modificações na guitarra. No Led Zeppelin, Page e o guitarrista/engenheiro norte-americano Joe Jammer instalaram um sistema singular de três switches que fazia com que os outros guitarristas se vissem repetindo seus takes.

"Originalmente ela tinha um único switch que só deixava Jimmy escolher entre um captador e outro", disse Jammer. "Tirei aquele switch e coloquei três switches on/off. O sistema o deixava ligar ou desligar qualquer combinação dos três captadores."

Page era tão apaixonado pela guitarra que raramente a levava na estrada, com medo de estragá-la. Mas as coisas andavam tão bem com o Led que ele mudou de ideia e fez uma turnê com a guitarra de janeiro a abril de 1970. Infelizmente, aconteceu um desastre. "Ela foi roubada do caminhão no aeroporto quando estávamos indo para o Canadá e não chegou a nosso destino", lamenta-se Page, com razão. Ficou famoso seu anúncio na *Rolling Stone* oferecendo recompensa pela devolução, mas sem resultado. Ele sempre se referia ao instrumento como "aquela que fugiu de mim".

TELECASTER 1959 ("THE DRAGON TELE")

Dada a Page por Jeff Beck em 1966, essa foi a companhia principal de Jimmy quando ele estava nos Yardbirds e foi usada ao vivo e em estúdio com o Led Zeppelin de 1968 até maio de 1969. Originalmente era pintada de branco, mas Page lhe acrescentou oito círculos espelhados na primavera de 1967, e no final daquele ano ele a desmontou e pintou à mão a figura de um dragão. É a guitarra principal que se ouve em *Led Zeppelin I*. Posteriormente ele usou o instrumento para gravar o solo de "Stairway to heaven".

GIBSON LES PAUL STANDARD 1959 ("NÚMERO UM")

"É minha amante, minha esposa", disse Page a respeito de sua Les Paul-mor. "Absolutamente insubstituível."

É difícil dizer o que leva ao amor à primeira vista. Embora esteja longe de ser uma "belezoca" pelos padrões de acabamento e pintura, a Número Um de Page compensa a falta de impacto visual com um som extraordinário. E tem algo a mais que a faz ser a primeira.

A guitarra *honey sunburst* 1959 — comprada em 1969 de Joe Walsh, guitarrista da James Gang e posteriormente dos Eagles, por quinhentos dólares e ouvida na maior parte da produção do Led dali em diante — distingue-se por vários motivos. O perfil de braço fino e elíptico (e a falta do número de série no *headstock*) sugere que ele fora lixado antes de Walsh a passar a Page. Além disso, Page tinha adaptado a guitarra com tarraxas Grover, com as quais estava familiarizado desde sua Les Paul Custom 1960.

"As Grovers são mais sensíveis", explica Page, "e, cara, ainda estão ali depois de tudo pelo que passaram — não preciso dizer mais nada. Numa banda como o Led, não dava para ter uma tarraxa que ficasse perdendo afinação. É daquelas guitarras feitas para mim. Joe Walsh insistiu demais para que eu a comprasse. E tinha razão."

Page amava a guitarra, mas não teve problema em mandá-la para uma cirurgia plástica. Nos anos 1980, pediu a Steve Hoyland, engenheiro de manutenção do seu estúdio, para melhorar a guitarra acrescentando potenciômetros de tom push/pull, que lhe davam o som típico de inversão de fase que Page entendia ser "relacionada ao som que Peter Green conseguia tirar, e certamente com B. B. King".

GIBSON LES PAUL STANDARD 1959 ("NÚMERO DOIS")

Todo guitarrista precisa de um bom instrumento de apoio em casos de emergências técnicas ou problemas de afinação, seja no palco ou no estúdio. Depois de uma longa procura pela guitarra que fosse merecedora do cargo de substituta à Número Um, ele enfim encontrou e comprou sua Les Paul marrom-escura em 1973.

A Número Dois era praticamente original quando a comprou, mas, assim como seu instrumento principal, ela passou por várias modificações determinantes. Primeiro, ele mandou lixar o braço para deixá-la mais próxima da pegada de sua Número Um. No início dos anos 1980, decidiu customizá-la para poder "explorar toda a amplitude que os dois captadores *humbuckers* conseguiam". Page projetou um sistema de interruptores sofisticado para *coil-split*, opções em série/paralelo e fase reversa, para ambos os captadores. O resultado envolvia um potenciômetro push/pull em cada um dos quatro controles-padrão da guitarra, além de dois botões sob o escudo que permitem a reprodução de uma incrível amplitude de sons, dos agudos mais finos aos graves mais pesados.

HARMONY SOVEREIGN H1260 FLATTOP

Page não lembra exatamente onde ou quando comprou seu violão Harmony,

Robert Plant e Page com sua EDS-1275 6/12 double neck (© *Jim Marshall Photography LLC*)

mas acredita que tenha sido na loja de instrumentos da sua cidade no tempo dos Yardbirds. Violões mais caros e refinados, como os Martin e Gibson, não eram vendidos na Inglaterra na época, então ele pegou esse *flattop* jumbo perfeitamente aceitável. Com grande resposta nos graves e agudos bem definidos, o Sovereign servia muito bem a Page, tendo aparecido em gravações de estúdio como "Babe, I'm gonna leave you", "Ramble on", "Friends" e, é claro, "Stairway to heaven".

GIBSON EDS-1275 6/12 DOUBLE-NECK 1971
Embora raramente tenha sido utilizada em estúdio, a EDS double-neck é com certeza um dos instrumentos mais icônicos de Page. Objeto de inúmeras fotografias, o incomum modelo "dois em um" era tanto vistoso quanto altamente prático. Em várias das grandes composições de Page ele costuma alternar guitarras de seis e doze cordas durante a música. Embora isso seja uma coisa fácil de fazer no estúdio, alternar em alta velocidade

é tipicamente impossível ao vivo. A Gibson de dois braços — um de doze e outro de seis cordas —, lhe permitia fazer essas transições durante o show com estilo e facilidade. Embora originalmente tenha adquirido a guitarra para a versão ao vivo do Led de "Stairway to heaven", Page logo começou a utilizá-la no palco para "The song remains the same" e outras músicas.

FENDER ELECTRIC XII 1965

Então, se Jimmy não usava a Gibson double-neck no estúdio, qual guitarra de doze cordas ele teria utilizado em músicas como "Thank you", "The song remains the same", "When the levee breaks" e "Stairway to heaven"? Segundo o próprio Page, sua preferida era uma Fender Electric XII *sunburst*, que adquiriu quando ainda estava nos Yardbirds.

A XII raramente foi vista ou fotografada, mas fez uma aparição pública dramática na primavera de 2009, quando Jimmy a tirou do armário para executar "Beck's bolero" e "Immigrant song" no jantar do Hall da Fama do Rock and Roll com o homenageado Jeff Beck.

DANELECTRO 3021 1961

Feita com duratex e madeira poplar, a Danelectro era uma guitarra barata, econômica, mas isso não impediu Page de enxergar seu potencial. Atraído pelo som anasalado mas simpático do instrumento, que soava como um violão amplificado, ele a usou em canções ao vivo, em afinações estilo cítara — D-A-D-G-A-D —, incluindo no *medley* "White summer/Black mountain side" e em "Kashmir". Ele também usou o instrumento em músicas com *slide*, como "In my time of dying".

Em 1982, o cavalete de aço inoxidável original da Danelectro foi substituído por um cavalete Leo Quan Badass, com possibilidade de ajustes individuais para afinações mais precisas.

FENDER TELECASTER 1953

A única guitarra que já ameaçou a primazia da Les Paul "Número Um" de Page. Adquirida em novembro de 1975, a Tele marrom foi utilizada em "Hot dog" e "Ten years gone" na turnê de 1977 do Led pelos Estados Unidos. Dois anos depois, nos shows do Knebworth, Page trocou o braço de *maple* pelo de *rosewood* da "Dragon Tele" 1959.

Essa Tele talvez seja mais famosa por ter sido equipada com o B-Bender de Gene Parsons e Clarence White, que permitiu a Page um bend da corda de Si em um tom inteiro (duas casas), até Dó sustenido, aproximando-se do som de um *pedal steel*. Page, contudo, usou o aparelho para criar suas texturas mais peculiares, sendo um bom exemplo o lânguido solo com *slide* na versão de Robert Plant para "Sea of love".

No que se refere a tom, a penetrante Telecaster marrom não tinha como ser mais diferente que a exuberante Les Paul "Número Um" de Page. Mas talvez a intenção sempre tenha sido essa. Depois que o Led Zeppelin acabou, Page tinha interesse em traçar um novo rumo e usou a Tele como guitarra principal na turnê do ARMS, em 1983, e continuou a se concentrar nela ao longo de grande parte dos anos 1980, no The Firm e na turnê de *Outrider*.

AMPLIFICADORES E EFEITOS

Seria uma tolice especular que amplificadores foram utilizados em cada música do catálogo do Led. Seja porque não se lembra ou porque quer que as pessoas adivinhem, Jimmy raramente fala sobre amplificação no estúdio. Quando era pressionado a falar no assunto, ele desconversava — disse que sempre que menciona uma marca em especial muitas pessoas acabam comprando tudo e depois ele não encontra mais nas lojas.

Dito isso, temos algumas certezas. Nos anos 1960, era fácil encontrar um Vox AC30 na maioria do estúdios e palcos britânicos. Na época dos Yard-birds, Jimmy, assim como vários colegas, usava uma versão do amplificador com opção "Top Boost" (ou "Brilliance"), que dava mais vitalidade ao som. De início, o combo com trinta watts de potência era suficiente, mas locais maiores exigiam mais volume, então Page começou a usar cabeçotes Arbiter Power One Hundred e colunas de som 4x12 nas primeiras turnês com o Led. Nesse período inicial também se percebe o uso de um amplificador Vox UL-4120 de 120 watts.

Fazer turnê pelos Estados Unidos nos anos 1960 envolvia muitos desafios, e um deles era o custo de cruzar o oceano com todos os equipamentos.

"Eu ainda tenho muito a contribuir e a dizer na música..." **261**

Nas primeiras turnês, utilizavam-se amplificadores fabricados nos Estados Unidos, e Page era visto no palco com uma mistureba de amplificadores e caixas Rickenbacker, Univox e Fender.

Às vezes o equipamento comercial não rendia a performance que Jimmy precisava, por isso eram necessários equipamentos tunados ou feitos sob medida. O primeiro foi um Hiwatt Custom 100 "Jimmy Page". O amplificador possuía um pedal de *boost*, que eliminava a necessidade de usar um *fuzz-tone*, e foi utilizado em turnês de 1969 a 1971, até a mudança definitiva de Page para um Marshall Super Lead 1959, o amplificador pelo qual ele é mais lembrado.

Pedais de efeito rendiam novos sons e texturas, e Jimmy empregou alguns equipamentos bem específicos ao longo dos anos. Wah-wahs e fuzz-tones foram os primeiros efeitos de guitarra disponíveis no mercado, e Jimmy dava preferência ao Tone Bender Sola Sound e ao wah-wah Vox Grey. Outra criação da época são as câmaras de eco, e ele fez experimentos com modelos diversos até se acertar com a Maestro Echoplex EP-3.

Misturas criativas desses efeitos podiam resultar em sons nunca ouvidos, e o mais exótico era a combinação do Echoplex com seu teremim Sonic Wave, um instrumento musical eletrônico que é controlado pela proximidade entre as mãos do músico e o par de antenas, o que resulta em um som muito agudo, semelhante à voz de uma soprano. O exemplo clássico dessa junção insólita pode ser ouvido no meio das versões de estúdio e ao vivo de "Whole lotta love".

[CAPÍTULO]

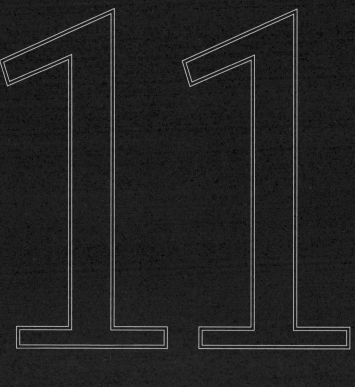

Page reencontra-se com Plant, faz turnê com os Black Crowes, tem uma noite mágica com o Led Zeppelin, torna-se herói na China e traça um novo futuro para si via internet.

A reunião do Led Zeppelin dois minutos antes do show, 2007 (© *Ross Halfin*)

"MAIS VELHOS E MAIS SÁBIOS . . ."

EXECUTIVOS DA INDÚSTRIA fonográfica, empresários de artistas, jornalistas e fãs continuaram a atormentar Jimmy Page e Robert Plant para fazer um reencontro do Led Zeppelin. Mas no início dos anos 1990 a maioria acreditava que a parceria da dupla havia se encerrado. Contudo, em 1993, Plant recebeu o convite para participar da popular série *MTV Unplugged*, programa que levava superastros como Eric Clapton, Paul McCartney, Bob Dylan e Bruce Springsteen para tocar seus maiores sucessos em ambiente acústico.

A MTV queria que Plant fosse a fundo no seu passado com o Zeppelin, mas o cantor não conseguia imaginar como fazer aquilo sem Jimmy. Parecia ser a hora certa. Page e Plant vinham tocando juntos apenas por passatempo desde então, e quaisquer que fossem as tensões e divergências que existiam nos últimos dias do Led, elas tinham se dissipado como "anéis de fumaça entre as árvores". *

Como disse Page ao escritor Charles Shaar Murray, em 2004, "eu estava a caminho de Los Angeles para ensaiar com David Coverdale para uma turnê no Japão quando o empresário do Robert me pediu para encontrá-lo em Boston. Robert disse: 'Fui convidado pela MTV para fazer o *Unplugged*

---

* No original, "rings of smoke through the trees", trecho de "Stairway to heaven". (N.T.)

266 LUZ & SOMBRA

e gostaria muito que fosse com você'. Eu topei. Foi uma ótima experiência, porque nos deu oportunidade de rever algumas apresentações e usar o mesmo quadro numa moldura muito, muito diferente".

A química entre os dois músicos era fascinante e inegável. Ao longo dos anos 1980, ambos haviam criado músicas muito interessantes em carreira solo — interessantes, mas longe de alcançar a grandiosidade de suas colaborações no Led Zeppelin. Juntos eles conseguiam abranger uma perspectiva que era maior que a já considerável soma das partes. Enquanto os roqueiros que iam ao *Unplugged* viam, em sua maioria, o programa como uma oportunidade de apresentar seus melhores trabalhos no ambiente intimista que nunca mais veriam, Plant e Page, como lhes convinha, optaram por uma abordagem bem mais audaciosa. O reencontro não seria uma noite tranquila de delicada nostalgia; seria um espetáculo.

Ao longo da primeira metade de 1994, eles reuniram um verdadeiro batalhão de músicos e arranjadores de todo o mundo para repensar, reinventar e revisitar a música do Led Zeppelin. A ideia básica era destacar e reforçar os elementos celtas, norte-africanos, afro-americanos e do Oriente Médio que moldaram o catálogo da banda. Enfim, eles convocaram uma banda folk-rock de sete músicos que tinha realejo, bandolim, bodhrán e banjo; um conjunto egípcio de onze músicos; quatro músicos do Marrocos; e 28 músicos de cordas da Orquestra Metropolitana de Londres.

A fim de colocar um ponto de exclamação na extravagância multicultural do *Unplugged*, Page e Plant filmaram sequências especiais do show em Marrakech, Marrocos e na Snowdonia, ao norte do País de Gales, onde haviam escrito algumas das músicas acústicas que compõem *Led Zeppelin III*. Para Page, a experiência marroquina filmada em agosto de 1994 provou-se particularmente inspiradora. Ele e Plant, acompanhados de músicos gnaoua, executaram diversas composições inéditas nas ruas de Marrakech. Os moradores assistiam curiosos e deliciados à dupla britânica executar músicas originais de tempero norte-africano, como "City don't cry", "Wha wha" e "Yallah".

"Robert e eu trabalhando com os músicos gnaoua em 1994 foi algo tão estimulante quanto os músicos de Bombaim em 1972", disse Page. "Os músicos gnaoua tocam em festejos e casamentos e entram nas casas para

"*Mais velhos e mais sábios . . .*" **267**

exorcizar demônios. Eles têm uma ação muito espiritual num ambiente cultural bem distinto. Não conhecem nada da nossa música e não estão nem aí para ela. Mas nossa intenção era simplesmente fazer uma conexão para que todos saíssem do reencontro dizendo: 'É, foi muito legal. Eu lembro de ter tocado com uns inglesinhos, foi muito interessante'."

Poucas semanas depois, Page e Plant reencontraram-se nos estúdios da London TV com mais de quarenta músicos para filmar o grosso do que viria a ser *No Quarter: Jimmy Page and Robert Plant Unledded*. Meses antes da gravação, o tecladista Ed Shearmur e o percussionista egípcio Hossam Ramzy ficaram com a tarefa árdua de elaborar os ambiciosos arranjos para orquestra e para banda que fariam a fusão entre estilos musicais distintos e criariam algo uno, coerente e poderoso.

"Ed Shearmur e eu passamos bastante tempo juntos tentando usar várias ideias e sons, ritmos e batidas, e aí fazíamos o teste no meu estúdio caseiro", disse Ramzy ao jornalista Neil Davis. "Ed apresentava as ideias a Robert e Jimmy. Se gostassem de alguma coisa, trazíamos os músicos egípcios para fazer um ensaio com a banda de rock principal para ver se eles conseguiam se mesclar."

Ao longo desse processo, os arranjadores decidiram que a melhor maneira de mesclar o que à primeira vista eram estilos muito diversos seria executá-los em paralelo, em vez de justapostos. Dali em diante, eles buscaram eixos semelhantes entre os ritmos egípcios e os ritmos do Led Zeppelin, e utilizaram-nos de maneira muito eficaz nos arranjos de "Kashmir", "Friends" e "Four sticks". As execuções dinâmicas demonstraram a flexibilidade do material de base do Led sem diminuir o poder de nenhuma das interpretações.

No Quarter: Jimmy Page and Robert Plant Unledded, com noventa minutos, foi exibido na MTV dos Estados Unidos em 12 de outubro de 1994 e foi uma sensação entre crítica e público. Chegou a ofuscar a apresentação de retorno, muito alardeada, de Eric Clapton em 1992. O triunfo de *Unledded* foi o incentivo para Jimmy e Robert prosseguirem com a colaboração, o que fizeram em *Walking into Clarksdale*. Lançado em 1998, foi o primeiro álbum da dupla só com músicas inéditas desde o encerramento do Led Zeppelin, em 1980, em *In through the out door*. Com a mesma seção rítmica de *No Quarter* — Michael Lee na bateria e Charlie Jones no baixo —, o álbum surpreendeu por não ter penduricalhos, tão econômico e despretensioso quanto *Unledded* havia sido barroco. O Led Zeppelin sempre teve orgulho de fazer o inesperado e, seguindo essa tradição, Page e Plant surpreenderam o mundo do rock contratando Steve Albini, o produtor/engenheiro iconoclasta do punk rock, para gravar o que viria a tornar-se *Walking to Clarksdale*.

Albini construiu sua reputação gravando álbuns sem frescuras com bandas na crista da onda, como Pixies, Jesus Lizard e Nirvana, e, embora parecesse escolha incomum para roqueiros clássicos como Page e Plant, as filosofias do trio estavam incrivelmente em sincronia. Assim como Page na época do Led, Albini gravava de forma rápida e barata, com os olhos voltados para capturar a melhor performance. Ele acreditava que tudo o que se precisa para um grande álbum é uma banda que saiba tocar o material e um engenheiro com capacidade para selecionar e posicionar os microfones.

"No geral, faço tudo do mesmo jeito que Jimmy e Robert sempre fizeram", disse Albini à revista *Guitar World*. "Na época, antes de haver tanta dependência da tecnologia na gravação, havia um aspecto muito orgânico da performance em tudo que era gravado. Normalmente tenho que capturar isso em bandas de rock underground que não têm muito dinheiro para gastar em locação de estúdio. E era isso o que Jimmy e Robert vinham procurando."

Page explicou mais: "Sempre vi *Walking into Clarksdale* como uma coleção de músicas e ambientações que, espero, apresentam todo um panorama musical. 'Shining in the light' é uma espécie de porta de entrada a esse panorama, com picos altos, montanhas e vales sombrios. É um álbum atmosférico, na verdade, e com muita informação, mesmo que soubéssemos que seria algo bem minimalista. Foi o rumo que decidimos tomar depois do projeto *No Quarter*. Mas já que aquele tinha tantos músicos, ficou difícil ouvir as sutilezas do que eu fazia. Então voltamos ao que entendemos bem, que é compor músicas para baixo, bateria, guitarra e voz".

Pode-se perceber como a abordagem mais direta tinha maior apelo com o guitarrista. Em *Outrider* e em sua colaboração com David Coverdale, ele explorou os limites das multipistas e das gravações digitais modernas. Em

Clarksdale, Page tinha interesse em voltar à fonte de seus grandes poderes. Até o título do álbum sugere um resgate das origens. Clarksdale, no Mississippi, onde artistas como Robert Johnson, Son House e Muddy Waters trabalhavam e tocavam, é vista por muitos como o ponto central do blues do Delta — a música que inspirou toda uma geração de roqueiros britânicos. Em termos de conceito, servia como potente símbolo do intento de Page e Plant de retornar ao ponto de partida.

Assim como *Presence* do Led Zeppelin, Page queria que *Clarksdale* fosse "um álbum-performance", em que cada nota tocada estivesse ali "por ter significado". Nada seria supérfluo.

No que diz respeito à sua relação com Plant enquanto trabalhavam no projeto, Page expressou, impassível, seu afeto pelo antigo parceiro. "A gente estimula um ao outro de maneira extraordinária", disse ele. "Eu sentia falta da voz de Robert e da relação profissional com ele. Tenho certeza de que ele tinha saudade da minha guitarra e desse aspecto de um inspirar o outro. Foi uma grande felicidade conseguirmos invocar esse espírito depois de catorze anos. A química foi imediata."

Imediata, sem dúvida, mas fadada a ser breve. Assim como The Firm, a experiência Page e Plant rendeu dois álbuns e algumas turnês muito interessantes, mas então se dissolveu no éter de maneira tão veloz quanto se materializou.

Na década seguinte, Page e Plant tomaram rumos distintos, vagando de um passatempo a outro como "penas ao vento".* Sendo cantor de suas próprias músicas, Plant tinha toda a vantagem na hora de montar bandas e projetos de discos. Em 2007, ele encontrou uma mina de ouro em *Raising sand*, álbum de inspiração na cultura americana, vencedor do Grammy, que ainda trazia a estrela contemporânea do bluegrass Alison Krauss.

Page, por sua vez, teve que se esforçar para encontrar parceiros dignos de sua atenção e preferiu concentrar-se em projetos bem selecionados e de curta duração. Vez por outra ele retornava ao adorado Led Zeppelin, fazendo curadoria e produção da compilação do DVD *Led Zeppelin* e do CD ao vivo

---

* No original, "feathers in the wind", trecho de "All my love". (N.T.)

270 LUZ & SOMBRA

How the West was won, ambos lançados em 2003. Ele também supervisionou a meticulosa ressurreição do clássico álbum ao vivo do Led de 1976, *The song remains the same*, lançado em 2007.

Entre os vários projetos sem continuidade que Page assumiu estava sua colaboração com o empreendedor do hip-hop Sean Combs, também conhecido como Puff Daddy e P. Diddy, em 1998. Produzido por Tom Morello, guitarrista do Rage Against the Machine, para a trilha sonora do filme *Godzilla*, "Come with me" tinha Diddy fazendo seu rap justaposto à guitarra de Page, em um arranjo bem orquestrado de "Kashmir".

"Foi muito divertido", lembra Page. "Recebi uma ligação em que me perguntavam se tinha interesse em colaborar com Diddy num remake de 'Kashmir'. Ele não queria fazer sampling e queria saber se eu tocaria guitarra com uma banda ao vivo. Tudo soava bem.

"Mas ficou ainda mais interessante, para mim, quando explicaram que ele queria gravar as partes dele em Los Angeles e fazer um link via satélite comigo em Londres. Ele me telefonou e disse que em certo ponto da música queria fazer uma modulação. Expliquei a ele que, como a guitarra era com afinação aberta, eu preferia tocar a música em Ré. E então sugeri que modulássemos para Mi. Ele ficou um instante sem dizer nada e falou: 'Eu não entendo nada disso de *Ré* e *Mi*!'. Achei a resposta fantástica!

"Depois que gravamos, ele me disse que queria colocar uma orquestra junto, e falei: 'Ótimo, boa sorte'. Ele acabou sobrepondo duas orquestras para criar um efeito estéreo massivo. Ou seja: o cara pode não entender nada de *Ré* e *Mi*, mas a imaginação dele é fantástica.

"O resultado final ficou épico, e gostei muito de fazer. Quando tocamos 'Come with me' ao vivo no *Saturday Night Live*, ele me impressionou de novo. Ele ficava sempre trocando o arranjo nas checagens de som e nos ensaios gerais. Tive que me concentrar muito e não parar de contar para entrar nos pontos certos. Ficava pensando: 'Nunca que ele vai lembrar de todas as entradas. Nunca que ele vai acertar'. Mas ele acertou cada uma, na lata. Ele merece esse reconhecimento.

"O interessante é que as pessoas não entenderam direito por que eu trabalhei com Puff Daddy. Jesus! Era como se elas estivessem de olhos fechados para o que acontecia no hip-hop. Elas não entendiam mesmo? Para mim, era muito importante fazer parte daquele mundo. Foi um desafio fazer aquela faixa, e eu curti."

Page e Diddy viriam a apresentar-se mais uma vez com a música, em 9 de outubro de 1999, no estádio dos Giants, em New Jersey, para a iniciativa antipobreza NetAid. Page, ao lado do baterista Michael Lee (Page/Plant) e do baixista Guy Pratt (Page/Coverdale), também agraciou a plateia com duas instrumentais, uma música inédita intitulada "Domino" e um arranjo maravilhoso de "Dazed and confused" que trazia uma reelaboração harmonicamente avançada da melodia vocal tocada na guitarra.

QUANDO SAÍRAM notícias, no outono de 1999, de que Page iria unir forças e fazer turnê com a banda Black Crowes, de Atlanta, parecia que um raio havia surgido nos céus azuis do estado da Geórgia. A verdade é que ocorreu um cortejo bastante longo antes de a parceria ser anunciada. Em 1995, Robert Plant tinha levado Page a um show dos Crowes no Albert Hall, em Londres, e algumas noites depois, em Paris, Jimmy subiu ao palco para uma jam com a banda. Os dois campos continuaram a se cruzar ao longo dos anos seguintes, o que tornou a colaboração praticamente inevitável. Tudo se juntou, enfim, quando Page foi convidado para ser a atração principal num show para duas de suas organizações beneficentes prediletas: a SCREAM — Supporting Children through Re-Education and Music [*Reeducação e música em apoio a crianças*] — e a ABC — Action for Brazil's Children [*Movimento pelas crianças brasileiras*].

"Era para acontecer num clube de Londres chamado Café de Paris", disse Page. "Robert Plant e eu havíamos tocado lá um ano antes, e eu queria fazer algo diferente. Meu amigo Ross Halfin sugeriu que eu tocasse com os Black Crowes, que tinham vindo a Londres tocar no Estádio de Wembley."

Os Crowes ficaram honrados com o convite e aceitaram na hora. O Led havia sido uma grande influência na música da banda, e era fácil entender a atração que Page tinha por eles. Ambos tocavam uma forma similar de blues rock aventureiro, e o vocalista Chris Robinson soava estranhamente como

272 LUZ & SOMBRA

uma mistura de Steve Marriott e Terry Reid, dois cantores que Page já havia considerado para o Led.

Em 27 de junho, Page e os Black Crowes tocaram um show intenso, de dez canções, para aproximadamente quatrocentas pessoas que se apinhavam no Café. O repertório era composto de blues tradicionais como "Sloppy drunk", de Jimmy Rogers, e "Shake your moneymaker", de Elmore James, junto a grandes do Led como "Whole lotta love" e "Heartbreaker". A energia foi tão boa que, poucos meses depois, o empresário do Crowes, Pete Angelus, ligou para Jimmy para saber se ele tinha interesse em fazer mais shows. Para o guitarrista, a proposta soou divertida. Depois de explorar as texturas mais exóticas e acústicas de sua música com Robert Plant, ele estava pronto para tocar hard rock e blues com o formidável conjunto sulista.

Seis shows foram marcados, incluindo dois que seriam gravados no Greek Theater, em Los Angeles. Além de tocar as melhores dos shows do Led, como "Celebration day", "In my time of dying" e "Lemon song", Page e os Crowes atacaram destaques raramente executados em shows do Led, como "Nobody's fault but mine", "Out on the tiles", "Hots on for nowhere" e a intrincada "Ten years gone".

"Tocamos 'Ten years gone', e foi a primeira vez que ouvi toda a guitarra do álbum executada ao vivo", disse Page. "Foi como estar no céu das guitarras. O melhor de tudo foi que eles tinham feito o dever de casa. Foram mínimas as vezes que cheguei a dizer: 'Na verdade, é *assim*'."

A banda também tocou uma versão singular de "Shapes of things" que misturava a versão dos Yardbirds com a gravada pelo Jeff Beck Group. Em homenagem a seu velho amigo, Page tocou uma reinvenção nota a nota do louco solo de Beck nos Yardbirds, algo que não tentava fazer desde 1969.

Mas não teria sido uma verdadeira empreitada de Page se ele não incorporasse alguns elementos de inovação. Decidiu-se que o duplo *Live at the Greek: excess all areas* seria distribuído exclusivamente pela internet, por meio do musicmarkers.com. Considerando que, na época, o iTunes era só um cintilar nos olhos de Steve Jobs, essa opção foi incrivelmente controversa e pioneira. O ceticismo da indústria fonográfica derreteu, porém, quando Page e os Crowes se tornaram os primeiros artistas a chegar ao top 10 com um single exclusivo da internet: "What is and what should never be".

Como disse Pete Angelus ao jornalista Alan di Perna: "Não precisava ser gênio para reconhecer que acontecia algo de muito especial naquele palco. O empresário de Jimmy, Bill Curbishley, e eu achamos que perderíamos uma raríssima oportunidade se não gravássemos os shows para ver o que saía. De início, foi só: 'Vamos colocar em fita e ver no que dá'. Depois, Bill e eu começamos a falar sobre transformar em algo que gostaríamos de lançar e que podíamos fazer de maneira especial. Eu disse: 'Que caminho nos daria imediatismo para fazer a música chegar direto aos fãs?'. Pensando assim, a internet fazia sentido. Se tivéssemos passado pelo sistema tradicional de marketing e distribuição dos grandes selos, é seguro dizer que levaria entre quatro e seis meses para o disco chegar nas lojas".

O que também possibilitou um lançamento independente, exclusivo na internet, foi que, na época, nenhum dos lados tinha contrato de gravação. Os Crowes tinham acabado de deixar a Sony, e Page não tinha contrato como artista solo, portanto ambos estavam livres para fazer o que quisessem... com uma exceção. "No contrato com a Sony", explicou Angelus, "havia uma retenção de dois anos dizendo que os Black Crowes não poderiam regravar nenhuma música da banda que tivesse sido lançada comercialmente. E por isso não se ouvem músicas do Black Crowes no *Live at the Greek*."

Quando foi lançado, o álbum tornou-se o produto musical mais vendido na história da internet. *Live at the Greek* não soltou o gatilho da indústria fonográfica rumo à web, mas com certeza fez os selos prestarem atenção nisso. Também restabeleceu a reputação de Page como artista na vanguarda do mercado musical.

Infelizmente, como aconteceu em suas outras aventuras pós-Zeppelin, a colaboração promissora e potente com os Crowes não durou muito. Uma curta turnê para promover o álbum, dividindo o cartaz com The Who, ficou pela metade quando Page foi para o banco de reserva devido a problemas nas costas — e nunca retornou.

274 LUZ & SOMBRA

O S ANOS SEGUINTES foram relativamente calmos, mas bastante improdutivos, pois Jimmy passou meses trabalhando em dois projetos muito significativos relacionados ao Led Zeppelin. O ano de 2003 foi o do lançamento do DVD *Led Zeppelin*, que trazia as únicas performances ao vivo da banda filmadas durante seus doze anos de vida (mais detalhes no Capítulo 7).

Em complemento ao CD, havia *How the West was won*, um significativo conjunto de três CDs com seleções dos shows do Led em 1972, no Los Angeles Forum e na Long Beach Arena, respectivamente em 25 e 27 de junho. Essas apresentações eram lendárias entre estudiosos e *bootleggers* do Led, e dá para entender por que ao ouvi-las. Além de performances inspiradas de "The immigrant song" e "Stairway to heaven", há uma versão poderosa de "Whole lotta love" com 23 minutos e outra totalmente orgásmica de "Dazed and confused" com 25 minutos.

Como explicou Page: "Os shows de Los Angeles começaram a sair dos alto-falantes com tudo, e dava para ver que estávamos a toda potência. Quando tocávamos assim, era como se houvesse um misterioso quinto elemento atuando junto".

As duas compilações foram recebidas com grande entusiasmo. *How the West was won* chegou ao topo em 14 de junho de 2003, o primeiro álbum do Led Zeppelin a realizar esse feito desde *In through the out door*, de 1979. Mas o DVD superou todas as expectativas. A RIAA [*Recording Industry Association of America, a associação da indústria fonográfica dos Estados Unidos*] concedeu-lhe o certificado de Doze Platinas e, de acordo com a BBC, ele quebrou todos os recordes para vídeos musicais, vendendo quase três vezes mais cópias na primeira semana do que o segundo lugar. Permaneceu sendo o DVD musical mais vendido nos Estados Unidos por três anos.

Em 2005, Page foi nomeado Oficial da Ordem do Império Britânico em reconhecimento a seu trabalho pelas organizações beneficentes Task Brazil e ABC, além de ter se tornado cidadão honorário do Rio de Janeiro no final do ano. Seu interesse pelo bem-estar das crianças brasileiras assoladas pela pobreza foi por conta do relacionamento sério que teve com Jimena Gomez-Paratcha, fundadora do ABC, que conheceu na turnê de *No Quarter* com

Plant. Ele adotou a filha de Gomez-Paratcha, Jana, e o casal ainda teve dois filhos: Zofia Jade, em 1997, e Ashen Josan, em 1999.

Em setembro de 2007, o rompimento de Page com os holofotes encerrou-se com a notícia avassaladora de que o Led Zeppelin se reencontraria por uma noite, em 26 de novembro, na o2 Arena de Londres. Page, Plant e o baixista John Paul Jones subiriam ao palco com Jason Bonham, filho do baterista John Bonham, para ser a atração principal de um show em homenagem ao fundador da Atlantic Records, Ahmet Ertegun, que falecera em dezembro. O show seria a primeira vez que os membros fundadores do Led Zeppelin tocariam juntos desde maio de 1998, quando participaram do show de aniversário de quarenta anos da Atlantic Records, também com Jason Bonham na bateria.

Para completar o entusiasmo, o álbum ao vivo de 1976, *The song remains the same*, foi relançado poucos dias antes do show de 20 de novembro em edição de luxo com dois DVDs. Com apresentações das três noites da banda no Madison Square Garden, em julho de 1973, o filme foi remixado e remasterizado em som surround Dolby Digital 5.1. A caixa também incluía mais de quarenta minutos de material inédito, incluindo gravações das apresentações de "Over the hills and far away" e "Celebration day".

Embora o relançamento de *Song* possa ter soado perante alguns como uma forma oportunista de tirar proveito do show de reencontro, os dois tinham um vínculo temático: tanto a apresentação na o2 quando o álbum ao vivo remodelado deram à banda a oportunidade de tratar de negócios inacabados de longa data. Primeiro, havia a questão do Led Zeppelin estar vivendo aos pés de seu legado. Durante seus onze anos de reinado no topo do mundo do rock, o Led galgou a escada do sucesso produzindo uma das obras de maior durabilidade no mundo da música. Mas quem queria descobrir fendas na armadura da banda costumava citar os dois reencontros anteriores: a participação no Live Aid em 1985, com os bateristas Tony Thompson e Phil Collins, e o set no show de quadragésimo aniversário da Atlantic Records, em 1988.

Até Page admitiu que os dois shows, apesar de todo o entusiasmo gerado, haviam sido desanimadores. "O reencontro na o2 Arena foi, enfim, a oportunidade de apresentar o Led adequadamente, e levamos aquilo muito a sério", disse ele. "As performances no Live Aid e no evento da Atlantic não foram boas por vários motivos. Não seria assim no show na 02."

Em segundo lugar, havia a questão de *The song remains the same*, que passou um bom tempo precisando de revisão. Como destacou Page, quando o filme e a trilha sonora entraram no digital, nos anos 1990, eles "nunca receberam a atenção devida". Os novos relançamentos em CD e DVD faziam mais do que prestar justiça aos originais. Page conseguiu melhorar o som empregando ferramentas de última geração na tecnologia de áudio.

O show na 02 foi tudo o que a banda e os 20 mil fãs esperavam. O Led reconstituído e bem ensaiado tocou dezesseis músicas que atravessavam a gama cronológica e estilística de toda a sua carreira, incluindo duas apresentações que nunca havia tocado por completo em shows: "Ramble on" e "For your life".

"No início, eles pediram que tocássemos por um tempo determinado, que depois ampliamos para conseguir encaixar mais músicas", disse Page. "Percebemos bem rápido que não podíamos tocar 'Whole lotta love' por quarenta minutos, fazer um solo de bateria, tocar 'Stairway to heaven' mais vinte e só! Depois fazer 'Rock and roll' de bis e cair fora — não podia ser assim. Então, para mostrar ao público como era nosso show, e tocar com discernimento e paixão, tínhamos que tocar um set bem comprido."

Os destaques do show incluíram uma "Dazed and confused" eletrizante, com Page empunhando seu arco com um tom mais mágico e sombrio do que fazia nos anos 1970. A execução de "Kashmir", em toda a sua grandiosidade, só pode ser chamada de épica. Mas Page, já com os cabelos brancos como os de um mago, reservou o momento talvez mais comovente — e surpreendente — da noite para o fim, com "Stairway to heaven". Apesar de seu status amplamente reconhecido como "maior solo de guitarra de todos os tempos", Page raramente tocava o break de "Stairway" nota por nota nos shows, preferindo improvisar sobre os temas que se ouviam na versão de *Led Zeppelin IV*. Mas foi o que fez no show da 02 e levou a casa abaixo. "Todo mundo achava que eu não sabia tocar", disse ele, rindo. "Talvez eu quisesse mostrar que sabia."

O único aspecto que se pode considerar decepcionante no reencontro na 02 foi o limite a apenas um show. Com irritação ainda muito evidente mesmo anos depois do evento, Page explica: "Robert não quis mais. É meio bobo, porque a demanda era imensa. Era egoísta fazer só um. Em certo nível, não sei se devíamos ter tirado o gênio da garrafa se não fosse para continuar".

COM O GÊNIO BEM arrolhado, Page tomou a dianteira com um quarteto de projetos de alto nível visando quatro mídias: televisão, cinema, impressos e internet. Não seria feito pequeno para um artista próximo dos setenta anos.

O primeiro foi sua performance de "Whole lotta love" na cerimônia de encerramento da Olimpíada de Pequim, em 2008, assistida pela televisão por aproximadamente 2 bilhões de pessoas. A seguir veio *A todo volume*, o documentário de 2009 de Davis Guggenheim que abordava a guitarra pelos olhos de Page, Jack White, do White Stripes, e The Edge, do U2. Em setembro de 2010, Page lançou *Jimmy Page by Jimmy Page*, uma "autobiografia fotográfica" em edição limitada, concebida e coprojetada pelo guitarrista e lançada pela Genesis Publications. Enfim, em 14 de julho de 2011, Page lançou seu website pessoal, jimmypage.com, com a intenção de torná-lo veículo de sua "obra passada, presente e futura".

De acordo com Page, as cerimônias de encerramento dos jogos da Olimpíada de Pequim não foram nada menos que "assoberbantes". Para a execução de "Whole lotta love", ele formou par com a cantora pop Leona Lewis, vencedora do famoso show de talentos britânico *The X Factor*. Acompanhados de explosões de fogos de artifício, centenas de dançarinos, acrobatas e percussionistas, Page e a provocante vocalista chegaram ao Estádio Nacional de Pequim, apelidado de "Ninho de Pássaro", no topo de um ônibus vermelho de dois andares, do qual eles deram uma versão balançante à censurada "Whole lotta love", com letra e gemidos sexualmente explícitos alterados para se adequar aos requisitos dos censores oficiais chineses.

A cena com Page foi parte de uma extravagância espetacular com duração de oito minutos que marcou a entrega dos jogos a Londres, onde seriam os Jogos Olímpicos de 2012. "Eu amo fazer coisas como essa porque mostram como a música consegue alcançar um grande número de pessoas", disse Page. "Aquela apresentação foi assistida em todo o mundo, em cada província da China. Foi um grande show de cor, de espetáculo, de drama — Leona cantou com toda a coragem —, mas o mais maravilhoso foi que um grande riff do rock 'n' roll serviu de combustível a tudo.

"Vai saber o impacto que aquilo teve na China?", disse Page. "O rock 'n' roll ajudou a transformar a sociedade russa em vários sentidos, depois que o muro caiu. Muita gente da China veio falar comigo depois e me disse o quanto havia gostado da apresentação, e eu fiquei pensando: Aí, missão cumprida! É isso, porra! Aí está, depois de tudo — tem tudo a ver com aquele riff, sabe?"

Ross Halfin, amigo e fotógrafo, estava viajando com Page e recorda-se da memorável apresentação.

"As cerimônias incluíram a entrega da bandeira olímpica ao prefeito de Londres, pois a cidade seria a próxima a receber a Olimpíada", disse Halfin. "Jimmy foi um dos poucos selecionados para representar o Reino Unido na passagem. Embora não estivesse lá para apresentar-se com o Led, foi um evento imenso e uma oportunidade para eu fotografar Jimmy numa ocasião histórica.

"Fomos para lá uma semana antes para ensaiar e se aclimatar. O voo chegou às 5h30 da manhã num terminal supermoderno que faz qualquer aeroporto ocidental parecer decrépito. Fomos recebidos por um estudante segurando uma plaqueta e o acompanhamos à imigração e à alfândega. Foi como uma viagem escolar europeia.

"Lá fora, o calor nos assolava; já estava mais de 30 °C. Passamos uma hora no carro até o centro de Pequim, mas o mais estranho era não haver tráfego algum na estrada. Chegamos ao hotel, o Grand, cercado de barricadas, arame farpado e provavelmente metade da polícia chinesa. Tivemos que entrar na fila de novo e passar por vários guichês de segurança, como aqueles em aeroportos, mas algo bem mais rigoroso do que se vê no JFK ou no LAX. Enfim chegamos ao hotel, onde parecia não haver ninguém além de nós e alguns representantes da Olimpíada. Foi literalmente uma coisa saída de um episódio de *Além da imaginação*. Ao contrário do terminal de aeroporto ultramoderno, o hotel parecia ter parado nos anos 1970.

"Decidi dar uma caminhada passando as duas faixas de segurança e vi ruas imensas vazias. Caminhei quase dois quilômetros e encontrei mais barricadas, carros blindados e essas coisas. Do outro lado ficava a China normal: gente fazendo compras, comendo, bebendo, vivendo o dia a dia. Era como se estivéssemos presos numa bolha olímpica.

"Os ensaios para o show de encerramento aconteceram num antigo aeródromo passando a Grande Muralha, a uma hora de distância. Nos quatro dias seguintes, Jimmy e eu passamos os dias inteiros lá, nos quais ele trabalhou uns cinco minutos por vez. Saímos algumas vezes à noite, mas era um tédio tão grande passar pela segurança que preferimos ficar no hotel vazio. Numa das caminhadas fora da prisão de luxo, achei o Grand Hyatt. Era um hotel normal, frequentado por chineses, sem nada daquelas merdas do outro. Contei a Jimmy e imediatamente fomos transferidos, para grande desgosto do comitê olímpico.

"No dia do evento, Jimmy e eu, junto com Leona e o jogador de futebol David Beckham, que tinha levado uns mil guarda-costas, fomos espremidos num ônibus para a cerimônia no estádio Ninho de Pássaro. Fazia quarenta graus lá fora e não havia ar-condicionado no ônibus. Paramos três vezes a caminho do estádio, e então passamos pelas duas rodadas tradicionais de seguranças e caminhamos um quilômetro até um complexo onde aconteceria o ensaio final. Estávamos dentro do complexo olímpico, e era uma caminhada de pelo menos trinta minutos até o estádio. Não tinha banheiro, comida, nada. Esse pessoal da Olimpíada sabe tratar bem a gente!

"Depois de ficar lá mais de metade do dia, acabamos sendo levados às entranhas do estádio. Enfim, às 20h30, Jimmy, Leona e David entraram no 'Magic Bus' — um tradicional ônibus londrino de dois andares que os conduziu até o campo do estádio. A plateia irrompeu com a chegada do ônibus, e Jimmy entrou com o riff de abertura de "Whole lotta love". Leona foi excelente, e fotografar o show do campo foi bem mais fácil e tranquilo do que fotografar um show comum.

"Devido à alta demanda por voos para sair da China, Jimmy e eu decidimos ficar mais uns dias. Acabou sendo a melhor parte da viagem. Aonde quer que fôssemos, todo mundo, fosse velho ou novo, reconhecia Jimmy

— e todos eles tocavam guitarras imaginárias! Uma manhã, às sete horas, entramos na Cidade Proibida. Estava cheia, e Jimmy foi cercado.

"Até sair da China foi uma experiência agradável. Não houve incômodo algum no aeroporto; o pessoal da imigração e da alfândega só queria foto e autógrafo de seu novo deus da guitarra. Jimmy estava mais do que disposto a conceder."

MESMO QUE NÃO tão monumental quanto a Olimpíada de Pequim, a empreitada seguinte de Page foi igualmente fascinante e impressionante. O produtor Thomas Tull, presidente e CEO da Legendary Pictures, e o diretor Davis Guggenheim decidiram realizar o sonho que tinham de "captar em película a beleza da guitarra". Visto que Tull havia produzido sucessos como *Batman begins*, *300 de Esparta* e *Se beber não case*, e que Guggenheim havia recebido o Oscar pelo documentário revolucionário sobre o aquecimento global *Uma verdade inconveniente*, narrado por Al Gore, o sonho deles tinha garras.

Em vez de produzir uma simples história da guitarra, foi ideia de Tull selecionar três guitarristas de gerações diferentes para explicar, em suas próprias palavras, a importância do instrumento para sua arte e seu impacto na cultura. No topo da lista de Tull e Guggenheim estavam Page, The Edge e Jack White.

"Provavelmente não teríamos o filme se não conseguíssemos esses caras", disse Guggenheim. "Era o filme que queríamos, e estávamos determinados a fazê-lo do jeito certo."

O conceito do filme era simples e atraente. A primeira parte era constituída por três sequências fechadas nas quais cada artista falaria de sua relação pessoal com a música e com a guitarra. Seria seguida de uma "conferência", em que os três tocariam juntos um a música do outro.

"Davis, que havia acabado de fazer o filme do Al Gore, entrou em contato e me passou as linhas gerais do projeto", disse Page. "Ficou claro que ele era fã de música, e gostei disso. Tinha paixão. E uma das coisas que ele disse foi: 'Primeiro vamos fazer uma entrevista e eu gravo. Não vai ser com a câmera ligada, só uma coisa meio que para a gente se conhecer, para ganhar força'. E eu achei isso muito legal. Tudo partiu daí."

Um dos momentos mais interessantes do filme é aquele em que Jimmy mostra aos outros dois guitarristas como tocar o riff central de "Whole lotta love". Por um instante, White e The Edge visivelmente se transformam em adolescentes obcecados pela guitarra, estonteados por estarem prestes a aprender um dos riffs mais icônicos do rock com seu criador igualmente icônico.

Como explicou White: "Esse riff é uma daquelas coisas com as quais você cresceu. Fica na sua memória como uma cantiga de ninar". The Edge concordou: "Uma música como 'Whole lotta love' a gente conhece tão bem, é como a Bíblia ou sinais de trânsito. Mas ver os dedos originais tocando... é como entrar nas pirâmides".

A todo volume foi recebido calorosamente pelos críticos e foi um sucesso de bilheteria, acabando por tornar-se um dos cem documentários de maior bilheteria de todos os tempos. Embora não tenha sido a declaração épica sobre a guitarra que Tull e Guggenheim haviam projetado, foi um registro cativante de três músicos de relevância histórica. Para muitos, seria a primeira vez que vivenciariam a experiência de ver Page, The Edge e White de forma tão pessoal e tão próxima.

O PINTOR FIGURATIVO Francis Bacon comentou uma vez: "O trabalho do artista é aprofundar sempre no mistério". Ninguém na indústria da música entende essa máxima melhor do que Page, que passou anos sendo o paradigma da inescrutabilidade entre os astros do rock. Mas sua atuação mais recente demonstra um desejo renovado de que suas realizações sejam entendidas. Se *A todo volume* foi sua primeira tentativa de explicar sua arte, seu projeto seguinte deu um passo além. Durante os anos pregressos, Page vinha revendo meticulosamente milhares de fotos, conferindo datas e linhas do tempo para criar o que chamou de "autobiografia fotográfica". Com o título *Jimmy Page by Jimmy Page*, o imenso volume com capa de couro é o retrato mais completo do artista até então, com mais de 650 imagens — algumas vindas da coleção pessoal do guitarrista — cuidadosamente comentadas por Page.

"O livro conta a história da minha vida como músico", explicou Page. "Foi o projeto para mostrar onde começou minha paixão pela música e como

282 LUZ & SOMBRA

ela se desenvolveu. Mas ao mesmo tempo eu queria que fosse reminiscente. Procurei fotos que tivessem conexões sutis e pequenos pontos de referência que você não nota de cara, mas que capta depois de ver várias vezes. A verdade é que ninguém mais poderia ter feito esse livro."

Catherine Roylance, editora e designer do selo que publicou o livro, concorda. "Ele esteve envolvido em cada detalhe e foi muito veemente quanto ao conteúdo, à encadernação, aos materiais", disse ela. "Ele tem um olho muito bom e conseguiu entender como as imagens se relacionavam, o ritmo do livro de uma página para outra. Acho que esse tipo de 'autobiografia fotográfica' nunca havia sido feita, o que cria uma publicação que vira referência."

O livro se desenvolve em ordem estritamente cronológica, a começar por uma série espantosa de fotos do final dos anos 1950 que capturam um jovem Page fazendo rock com suas primeiras guitarras (uma Höfner President e uma Futurama Grazioso) e suas primeiras bandas (Red E. Lewis and the Red Caps e Neil Christian and The Crusaders). Vislumbres raros de sua vida como músico de estúdio no início dos anos 1960 são seguidas de várias imagens de Page com os Yardbirds, incluindo uma foto incrivelmente íntima dele e Jeff Beck afinando as guitarras antes de um show modesto no auditório do colégio Staples, em Westport, Connecticut.

Claro que o período do Led Zeppelin foi amplamente representado, com fotos nunca antes vistas da banda em cada estágio da carreira. O livro também faz paradas fascinantes em locações como Bron-Yr-Aur, no País de Gales, onde Page e Plant compuseram músicas para o terceiro álbum do Led. Outra foto, tirada em 1971, mostra Page em frente a sua Boleskine House, poucas vezes vista, no lago Ness, que já foi de propriedade de Aleister Crowley.

O livro também faz justiça ao período pós-Led de Page, incluindo fotos do guitarrista na turnê do ARMS, com Eric Clapton e Beck, tocando no Cambridge Folk Festival com Roy Harper, participando de jams em Marrakech e encerrando a Olimpíada de 2008 em Pequim. Tudo se soma para criar um vislumbre iluminador da carreira do enigmático guitarrista.

Embora *Jimmy Page by Jimmy Page* seja revelador, também reflete a relutância natural dele em compartilhar *muito* de si com o mundo. Ele entrega pouco de sua vida pessoal, seus comentários raramente passam de duas ou três frases, e o livro em si foi limitado à tiragem de 2.500 exemplares — com preço de capa de cerca de setecentos dólares, o que garante que seus leitores estão reduzidos a um pequeno grupo de fãs endinheirados.

Talvez num gesto que vise seus outros milhões de fãs, o projeto seguinte de Jimmy Page foi amplamente acessível. Inspirado na pesquisa por seu livro de fotos, Page sentiu que era hora de oferecer algo similar na internet. Assim nasceu JimmyPage.com.

"Tenho o domínio há alguns anos e estava parado com ele", disse. "Achei que era a hora certa de montar alguma coisa."

O que o levou a dar o salto para a internet foi a existência de diversos websites sobre ele: "Quando se tem fãs, principalmente os que se dedicam a fazer websites, tudo bem", disse Page. "O único problema é quando aparecem imprecisões que ganham vida própria. Ao longo dos anos, com a internet e os fóruns, lendas urbanas musicais sobre mim e minha carreira agora são tratadas como verdade.

"Outro motivo para fazer o website foi que, se você falava com gente que não estava totalmente ligada no que eu fazia, elas deviam pensar: 'Ah, sim, ele foi guitarrista do Led Zeppelin, não foi? E ele esteve na 02'. Se sabiam alguma outra coisa, tinha a ver com aquela vinheta da BBC [*em que Page toca no programa* All your own, *de Huw Wheldon, em 1957*], de quando eu tinha uns treze anos. É tudo o que sabem de mim — e estou na ativa há mais de cinquenta anos."

Até o momento, a seção mais interessante e ambiciosa do site é a página de abertura, que muda todo dia para coincidir com algum fato na vida de Page. Tal como *Jimmy Page by Jimmy Page*, a página inicial traz uma foto interessante com uma introdução de três ou quatro frases do guitarrista que explicam sua relevância. O diferencial é que as imagens são geralmente acompanhadas por áudios ou vídeos raros dos arquivos pessoais de Page, que complementam ou amplificam a significância da data. Embora boa parte do material seja muito boa — incluindo uma performance bem forte de seu período na Neil Christian e uma fantástica "In my time of dying" de sua turnê *Outrider* —, há uma escassez torturante de informações, que deixa os visitantes desejando sempre mais. "Aprofundar no mistério" de verdade.

INTERLÚDIO MUSICAL

————

**UMA CONVERSA COM O ESTILISTA
DE MODA MASCULINA JOHN VARVATOS**

O AGITADOR DO MUNDO FASHION JOHN VARVATOS
EXPLICA POR QUE O ESTILO DE JIMMY PAGE
CONTINUA NA MODA.

A MAIORIA DOS famosos tem sorte de ter conseguido criar uma única imagem icônica ao longo da carreira. Jimmy Page, contudo, criou várias: o dândi pré-rafaelita com sua Telecaster caleidoscópica; o showman das arenas de estrelas negras e prateadas empunhando a Les Paul *sunburst*, e o decadente Lorde Negro em seu traje de dragão com sua Gibson double-neck são apenas algumas de suas personas facilmente identificáveis, e elas continuam a ressoar entre os maiores experts em moda.

John Varvatos, um dos estilistas de maior renome na atualidade, cita Page como uma das figuras mais influentes do rock 'n' roll chique. "Pouquíssimos músicos tiveram um impacto na moda que transcende sua geração", disse Varvatos, que trabalhou para Calvin Klein e Ralph Lauren e agora coordena sua própria casa de moda. "Jimmy está nessa lista. Os *looks* que ele lançou nos anos 1960, 1970 e depois ainda têm efeito sobre estilistas do mundo inteiro. Somos constantemente estimulados pelas imagens clássicas dele no Led Zeppelin, e ele influenciou a maneira como pensamos. O visual que ele cultivou ao longo da carreira foi totalmente planejado, e era a perfeição. Era realmente a perfeição."

286 LUZ & SOMBRA

O que torna o estilo de Jimmy Page singular?

JOHN VARVATOS Certos músicos possuem um senso de estilo pessoal, mas eles não são muitos. A maioria deles não entende do assunto. Jimmy tratava o visual como um todo, até qual echarpe ficaria melhor. Ele entendia de roupas de palco também. Ele sabia como ficar legal bem de perto e bem de longe, e sabia como ganhar estatura no palco. Mesmo quando deixou a barba crescer, ela não parecia malcuidada — ficava legal nele. Funcionava. Minha outra grande influência fashion foi o ator Steve McQueen, que tinha algo parecido. Eles têm uma aura que garante seu sucesso.

Jimmy ainda está ótimo. Deixar o cabelo branco é um ótimo exemplo de seguir o rumo certo. Ele parece estar no comando. Ele tem uma aura — sempre houve essa... *aura*.

Como Page influenciou seu trabalho?

VARVATOS Sempre tive paixão por música e por moda, e o Led Zeppelin é o que vinculava as duas coisas. Mesmo agora, se você olhar meus painéis conceituais, tanto para homens quanto mulheres, verá imagens do Led Zeppelin e do Jimmy Page coladas neles. Não se trata de copiar um visual; tem a ver com capturar uma *vibe*. Eu gostava em particular daquele período no início dos anos 1970, quando ele se produzia, mas de maneira bem descolada.

Quando as pessoas pensam nesse estilo dos anos 1970, geralmente citam David Bowie ou Marc Bolan. Jimmy não é a primeira escolha.

VARVATOS Nos anos 1970, o estilo virou uma coisa muito andrógina. Gente como Lou Reed, Bowie e Bolan se vestiam de maneira mais feminina, mas Jimmy nunca cruzou essa linha. Ele se vestia no estilo da época, porém nunca se deixou levar. Tinha seu próprio ponto de vista; seguia seu próprio rumo, não era de seguir os outros.

Os músicos têm conexão com as energias tanto masculina quanto feminina. Jimmy dava um jeito de ficar bem na fronteira, com roupas muito extravagantes mas ainda assim muito masculinas. Há pouco tempo eu estava vendo fotos da banda UFO, tiradas nos anos 1970. É claro que eles eram

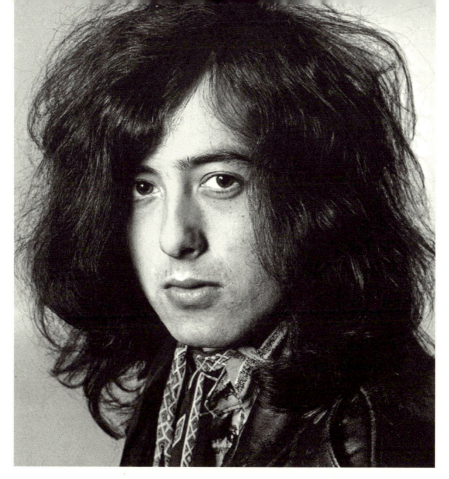

Page no início do Led Zeppelin, 1968 (© *Dick Barnatt/Getty Images*)

influenciados pela androginia da época, e havia homens que chegavam a usar tops femininos. Nunca achei as roupas de Jimmy femininas.

Talvez porque a palheta de cores fosse relativamente discreta.
VARVATOS Ele entendia o que era se vestir de preto — o poder que há no preto. Isso é uma coisa que muita gente descobriu com o tempo, mas ele sabia desde o início. Jimmy tinha uma palheta de cores limitada, porém ele a ampliou com bom gosto ao embelezar suas roupas de base preto e branco com o dragão e os símbolos bordados.

Mas o melhor foi que ele nunca parecia teatral; a aparência dele era de quem ia tocar um show de rock. Muitos músicos não conseguem usar o que têm nos dedos para criar essa outra imagem. Já Jimmy estava sempre olhando para o macro. Como vai ser o palco? Como vão ser as pessoas nesse palco? Ele era claramente obcecado por detalhes, até o ponto de usar o arco de violino na guitarra.

O estilo de Jimmy Page ainda é relevante hoje?

VARVATOS Ele tem um grande efeito na moda há mais de 35 anos. Mesmo que não seja algo literal, o mundo da moda ainda é constantemente estimulado por essas imagens.

Jimi Hendrix teve seu impacto — a jaqueta militar ainda tem força na indústria da moda. Jovens ainda olham para Hendrix e o acham *cool*, mas Jimmy Page é algo maior.

GRAND FINALE

O MAPA ASTRAL DE JIMMY PAGE NA INTERPRETAÇÃO
DA ASTRÓLOGA MARGARET SANTANGELO.

NÃO É SEGREDO QUE PAGE tem grande interesse pela astrologia. Pode-se dizer que está estampado em seu rosto, ou, melhor dizendo, em sua calça. Embora sua data de nascimento em 9 de janeiro de 1944 seja discutível, os elementos mais importantes de seu mapa astral foram bordados na coxa esquerda da roupa de dragão, o uniforme preto que ele usou nos palcos de 1975 a 1977. Os glifos representam Capricórnio como seu signo solar, Escorpião como ascendente e Câncer como signo lunar. Esses três signos são os arquétipos astrológicos mais dominantes e interessantes no horóscopo de Jimmy Page.

Ao ornamentar seu traje de apresentação com emblemas e talismãs de significado esotérico, tal como uma maquiagem astrológica, Page estava fazendo mais do que criar uma moda excêntrica: estava invocando e tornando manifestas as qualidades sutis que esses símbolos representam e, consciente ou não, reforçando aspectos-chave de sua essência individual.

O signo solar representa o ego no mapa astral, que mostra a posição dos planetas no horário e local de nascimento do indivíduo. O Sol em Capricórnio confere ambição, pragmatismo e bom juízo para os negócios. No mapa de Jimmy Page, ele cai na segunda casa, a casa do dinheiro, dos valores e das finanças. A posição do Sol garante que Jimmy nunca terá problemas para ganhar dinheiro. Aliás, indica que ele será um homem de negócios muito astuto.

"Eu financiei e gravei por completo o primeiro álbum antes de ir na Atlantic [*Records*]", disse Page. Sua perspicácia financeira, assim como seu sucesso consumado em lucro e comércio, é função da conjunção Sol-Mercúrio na segunda casa. Sua capacidade de usar o mercado como escape para sua produção e manter alguma integridade artística pode ser creditada à influência disciplinada, arguta e cautelosa de Capricórnio.

O segundo glifo na roupa de dragão de Page representa Escorpião ascendente e talvez seja o mais importante. O signo ascendente indica como você se projeta para os outros, ou seja, como você é visto, diferente de como você realmente é por dentro (que é uma função do Sol). A verdadeira persona de Jimmy Page — assim como o que ele projetava para a mídia e o mundo exterior — foi desde o princípio a de um Escorpião. Aliás, a maioria dos aspectos conhecidos da sua persona — seu interesse pelo ocultismo, seus segredos e sua privacidade, sua natureza controladora — é qualidade do ascendente em Escorpião. Esse ascendente deu a Jimmy espaço para esconder seu verdadeiro eu, representado pelo Sol em Capricórnio, e permitiu que ele projetasse uma persona mais sutil, obscura e matizada para o mundo.

O último glifo representa Câncer, o quarto signo do zodíaco. A Lua de Jimmy cai em Câncer, e já que a Lua é o regente natural de Câncer, essa posição é especialmente poderosa. Indica uma pessoa de grande intensidade emocional, em geral muito intuitiva, talvez até um médium. A Lua em Câncer também pode protelar tendências depressivas ou escapistas e geralmente se encontra nos mapas de músicos que abusam de álcool e drogas. A Lua em Câncer é o veículo por meio do qual Jimmy acessou suas emoções e pensamentos mais profundos e os canalizou na música. Também é a fonte de suas tendências autodestrutivas, a saber, sua tendência às drogas.

Intensificando essa influência lunar, sua Lua em Câncer cai na oitava casa, associada a Escorpião, que trata de como lidamos com bens materiais, com sexo e tudo o que é oculto. Isso fica em evidência nas suas qualidades de autopreservação e reclusão. Com tanta energia de Escorpião combinada a

A calça de Page bordada com dragões e símbolos astrológicos (© *Ross Halfin*)

um grande número de planetas em movimento retrógrado, é incrível ele ter conseguido deixar o estúdio e apresentar-se diante de uma plateia. Contudo, Júpiter no exibido Leão na nona casa, pertinho do Meio do Céu, garantiu que ele não apenas conseguiria apresentar-se, mas também dar ao público um dos maiores shows na Terra. Além do mais, Júpiter — o planeta da boa sorte — é o planeta mais alto no mapa, o que indica grande sucesso profissional.

Outro tema persistente no mapa de Jimmy é o movimento retrógrado. Na hora de seu nascimento, com exceção de Vênus, todos os planetas estavam em retrocesso. Essa influência cria uma pessoa com grande foco interno, que se sente desconfortável aos olhos do público e é naturalmente introspectiva. Com Mercúrio em retrocesso em conjunção exata com seu Sol em Capricórnio, a espiritualidade e a autorreflexão lhe surgem naturalmente. Isso confere grande relevância a Vênus em Sagitário, o signo da espiritualidade, do intelecto, da grande instrução, dos livros e das viagens ao exterior, que cai na sua primeira casa. Isso indica que, apesar da energia introvertida de todos os planetas restantes, Vênus é o indicador primário de como exatamente ele deixaria sua marca no mundo e afirma seu ego, que é função primária da primeira casa, na qual cai Vênus.

Uma dessas empreitadas sagitarianas/nona casa foi a livraria de ocultismo de Page, a Equinox, que ele abriu em Londres em 1973. Page não esperava ganhar dinheiro com a livraria, "queria mais que a loja fosse um núcleo, só isso", disse. Ele chegou a publicar um livro traduzido por Crowley, *O livro da goetia*, assim como criou um centro de convergência para a rede social ocultista de Londres.

Além disso, Vênus em Sagitário foi o que levou Page a tornar-se distribuidor tanto de sua música quanto da de colegas ao montar o selo Swan Song, em 1974. A força de Vênus de Page, combinada a seu domínio dos negócios em Capricórnio, lhe permitiu criar seu selo de grande sucesso, que lançou discos do Led Zeppelin e de artistas escolhidos a dedo por Page, tais como Bad Company e The Pretty Things.

Vênus é um dos planetas mais importantes no horóscopo do artista, representando a voz, o canto e a música em geral (assim como todas as artes criativas). No mapa de Page, é o único planeta direto e está na primeira casa, do ego e da identidade, e em Sagitário, que governa a espiritualidade, o estrangeiro, a viagem, a educação e a filosofia. A reverência de Page pela música e seu zelo e dedicação quase religiosos diante de todos os aspectos do processo criativo ilustram a energia de Vênus em Sagitário. Como Page considerava a criação musical um empreendimento transcendente, ele conseguiu subjugar as demandas do ego na primeira casa para promover uma dinâmica de banda mais harmoniosa. Page usou termos metafísicos para descrever sua síntese natural, intuitiva, com o colega Robert Plant, destacando que "éramos apenas o canal pelo qual a música passava... ela saía praticamente sem esforço".

Page, por intermédio do trabalho com o Led Zeppelin, explorou os aspectos metafísicos da música, em comunhão e comunicação com o espírito, numa jornada espiritual em busca da luz da sabedoria. Page é, na verdade, um alquimista musical: por meio da manipulação do som, das frequências, da tecnologia e do que mais for necessário, ele efetiva uma manifestação ressoante, viva, da própria essência do espírito criativo etéreo.

Contudo, o Eremita não é apenas quem busca a luz — é também aquele que traz a luz. Page, ao longo de sua jornada, superou as limitações potenciais de suas tendências escorpianas reservadas e misteriosas e saiu das sombras para compartilhar os segredos de sua mística sonora. Netuno, o planeta da intuição, da espiritualidade e da criatividade cósmica, está em oposição ao Meio do Céu de Page, o que o leva a completar sua transformação nesse arquétipo eterno que tanto repercutia em sua mente jovem: o do sábio instruído, a fazer brilhar sua lanterna da sabedoria do alto para os iniciados não esclarecidos que seguiriam seus passos.

OBRIGADO

Primeiro e acima de tudo gostaria de agradecer a Jimmy Page pelo tempo e pela paciência ao longo desses anos. Sempre que eu o entrevistava, era mais ou menos a mesma coisa: a primeira hora era ótima; na segunda, entrávamos na mesma batida, e na terceira ele educadamente começava a procurar a saída mais próxima. Mas que Deus o abençoe, pois ele sempre escapulia de maneira educada.

A seguir, gostaria de agradecer meu fotógrafo preferido do rock 'n' roll, Ross Halfin, cujo trabalho enfeita este livro, e sua adorável assistente Kazuso Horie. Ross sempre tira as melhores fotos de Jimmy, e ele e Kaz são excelente companhia sempre que vou a Londres.

Em diversas ocasiões, o vivaz sr. Greg di Benedetto serviu de acompanhante nas entrevistas com Jimmy. Grande guitarrista por sua própria conta, Greg preencheu lacunas quando eu às vezes buscava um novo rumo de perguntas, e por isso lhe sou grato.

A seguir, gostaria de me curvar a Alexis Cook, Chris Scapelliti, Alan di Perna, Harold Steinblatt e John Bednar. Alexis é o brilhante diretor de arte que me ajudou a projetar as páginas deste livro tão complicado; Chris serviu de conselheiro mais próximo e Alan permitiu que eu pilhasse seus melhores trabalhos sobre os anos solo de Page. O sr. Steinblatt também fez inestimá-

296 LUZ & SOMBRA

veis cortes e sugestões de última hora, enquanto o supremo técnico de guitarra, Bednar, me deu aulas sobre o equipamento de Jimmy. Há um espaço especial no céu reservado para todos vocês.

Por apoiar meu trabalho apesar de eu ter monopolizado a cozinha um ano inteiro com meu computador e minhas pesquisas, dou todo o crédito a minha mulher Lorinda, a meu filho Kane e a minha filha Nico.

Por fim, agradeço a Phyllis, do Thelesis Lodge da seção Philadelphia do Ordo Templi Orientis, a Chris Dreja, John Varvatos, Paul Rodgers, meu fabuloso agente David Dunton, meu fabuloso editor Charles Conrad, a Joe Bosso, Margaret Santangelo, Dave Lewis, Peter Makowski, Dave Brolan, Bill McCue, Steve Karas, Jaan Uhelszki, Izzy Zay e à equipe *Guitar World*, composta por Anthony Danzi, Jimmy Brown, Tom Beaujour e Jeff Kitts, que me deixaram matar serviço no deadline deste livro. Eu não teria conseguido sem vocês!

BIBLIOGRAFIA

Livros

CASE, George. *Jimmy Page: magus, musician, man*, Hal Leonard, 2007.

CLAYSON, Alan. *The Yardbirds*, Backbeat Books, 2002.

CROWLEY, Aleister, editor. *The goetia: the lesser key of Solomon the King*, Wei ser Books, 1995 (tradução de Samuel Liddell MacGregor Mathers).

DANIELS, Neil. *Robert Plant: Led Zeppelin, Jimmy Page and the solo years*, Independent Music Press, 2008.

LEWIS, Dave com PALLETT, Simon. *Led Zeppelin: the concert file*, Omnibus Press, 2005.

Artigos em revistas

BEHUTET Editors. "Interview: Eric Hill, manager of London's Equinox Book Shop", *Behutet* 37, equinócio vernal 2008.

BLAKE, Mark. "Graffiti art", *Guitar World*, maio 2005.

BOSSO, Joe, com DI BENEDETTO, Greg. "Physical Riffiti", *Guitar World*, jan. 1991.

BURROUGHS, William S. "Rock magic", *Crawdaddy*, jun. 1975.

DI PERNA, Alan. "Birds of a feather", *Guitar World*, maio 1995.

_____. "Higher ground", *Guitar World*, jun. 1998.

HARPER, Clive. "The Equinox Bookshop: some images and impressions", *Behutet* 33, equinócio vernal 2007.

HOUGHTON, Mick. "The Jimmy Page page", *Sounds*, 10 jul. 1976.

ICENINE, Alexander. "Led Zeppelin III", *Creem*, dez. 1970.

INGHAM, John. "Technological gypsy", *Sounds*, 13 mar. 1975.

MAKOWSKI, Peter. "Speak of the devil", *Guitar World*, Natal 2006.

MENDELSOHN, John. "Led Zeppelin I", *Rolling Stone*, mar. 1969.

_____. "Led Zeppelin II", *Rolling Stone*, dez. 1969.

ROSEN, Steven. "Jimmy Page: The interview", *Guitar World*, jul. 1986.

WEBSITES

www.jimmypage.com
www.ledzeppelin.com
www.led-zeppelin.org
www.tightbutloose.co.uk
www.wholelottaled.webs.com

SOBRE O AUTOR

Brad Tolinski é editor-chefe da revista *Guitar World* há mais de duas décadas. Já entrevistou os grandes nomes da guitarra, como Eric Clapton, B. B. King, Eddie Van Halen, Jack White e Jeff Beck. É também autor dos livros ilustrados *Classic Hendrix: The Ultimate Hendrix Experience* e *The Faces: 1969-75*.

Este livro, composto na fonte Scala,
foi impresso em Pólen 80g na Gráfica Cromosete
São Paulo, Brasil, outubro de 2012